中华古籍保护计划

ZHONG HUA GU JI BAO HU JI HUA CHENG GUO

·成果·

册府千華

山东省藏国家珍贵古籍特展图录

山东省图书馆（山东省古籍保护中心） 编

国家图书馆出版社

图书在版编目（CIP）数据

册府千华：山东省藏国家珍贵古籍特展图录 / 山东省图书馆（山东省古籍保护中心）编. — 北京：国家图书馆出版社, 2024.10

ISBN 978-7-5013-7308-6

Ⅰ. ①册… Ⅱ. ①山… Ⅲ. ①古籍—中国—图录 Ⅳ. ①G256.22-64

中国版本图书馆CIP数据核字（2021）第150220号

书　　名　册府千华——山东省藏国家珍贵古籍特展图录
著　　者　山东省图书馆（山东省古籍保护中心）　编
责任编辑　潘云侠　赵　嫄
封面设计　一瓢文化 · 邱特聪

出版发行　国家图书馆出版社（北京市西城区文津街7号　100034）
（原书目文献出版社　北京图书馆出版社）
010-66114536　63802249　nlcpress@nlc.cn（邮购）
网　　址　http://www.nlcpress.com
印　　装　北京雅图新世纪印刷科技有限公司
版次印次　2024年10月第1版　2024年10月第1次印刷

开　　本　889 × 1194　1/16
印　　张　17
书　　号　ISBN 978-7-5013-7308-6
定　　价　298.00元

编委会

序　言

本《图录》以2014年9至10月间在山东省图书馆举办的“册府千华——山东省藏国家珍贵古籍特展”为基础，又从山东省入选一至四批《国家珍贵古籍名录》中遴选部分珍品，两相合璧，编纂而成。

“册府千华——山东省藏国家珍贵古籍特展”，是在孔子诞辰2565周年纪念日来临之际，国家图书馆（国家古籍保护中心）筹划主办的系列展览之一，由山东省图书馆（山东省古籍保护中心）承办，济南市图书馆、青岛市图书馆、烟台图书馆、孔子博物馆（原曲阜市文物管理委员会、孔府文物档案馆）、泰安市博物馆等古籍收藏单位协办，是一次全省性的珍贵古籍大揭示，也是山东古籍保护工作的大展示。

自2007年“中华古籍保护计划”正式实施以来，在山东省文化和旅游厅的正确领导下，在国家古籍保护中心的关怀和支持下，在各公共图书馆、博物馆、高校图书馆等古籍收藏机构的共同努力下，山东省古籍保护中心扎实工作，勇于探索，建立了集普查、修复、培训、展示、研究、利用、管理“七位一体”的古籍保护工作模式，古籍保护事业取得显著成效：基本完成全省普查工作，在全国率先开展“古籍普查十大新发现”“五大镇馆之宝”的评选；举办全省修复技艺大赛，修复水平不断提升；创新古籍修复初级导师、初级学员培训制度；推出“文明的守望”系列展览，打造“齐鲁文明之光”活动品牌，通过古籍问诊课堂、古籍沙龙、古籍展览、古籍体验等形式，晒经典、晒国宝、晒技艺，并首次走出国门，将山东珍贵典籍向世界推广；明代大藏经数据库建设填补国内空白。

在名录评审方面，山东省坚持以国家和全省名录申报、评审为抓手，建立国家级、省级、市级、县级四级名录保护体系。截至目前，山东已有14家单位成功入选“全国古籍重点保护单位”，966部古籍入选前六批《国家珍贵古籍名录》；33家单位入选“山东省古籍重点保护单位”，8477部古籍入选前四批《山东省珍贵古籍名录》；烟台、日照、潍坊公布了市级名录，青州、寿光公布了县级名录。

“册府千华——山东省藏国家珍贵古籍特展”展出的珍品，即是从入选前四批《国家珍贵古籍名录》中遴选出来的。在这些珍品中，既有银雀山汉墓出土的汉简，又有敦煌出土的唐代写经卷子；既有珍贵的宋元旧椠，又有明清齐鲁名人著述手稿；既有宫廷故物，又有海源阁旧藏；既有精美刻本，又有罕见写本、活字本，可谓稀世珍籍，荟萃山左。但限于场地、安全等原因，此展览并不能展示前四批珍品之万一，故本《图录》在编纂时，特从中再选出一部分，两相结合，达187部，收录单位也扩大至15家，其中不乏藏书极具特色的慕湘藏书馆、蒲松龄纪念馆和藏书质量甚高的山东博物馆、青岛市博物馆、孔子博物馆等。同时，为使读者更深入了解这些典籍，本《图录》除著录基本信息外，特撰写提要，以飨读者。

山东为圣人桑梓之邦，中国数千年文明的发源地。本《图录》的编纂出版，不仅为展示儒家文化的博大精深、源远流长，更期让珍贵典籍真正走近大众，促进文化传承，联结民族情感，弘扬民族精神，从而激发民众的民族自豪感，坚定振兴中华、实现中国梦的信心和决心。

编　者

2022年10月

创立“七位一体”模式　扎实保护齐鲁典籍
——山东省古籍保护十五周年纪实

自2007年“中华古籍保护计划”正式实施以来，山东省图书馆（山东省古籍保护中心）在国家古籍保护中心和山东省文化和旅游厅的正确领导和坚强支持下，在全省各公共图书馆、博物馆、高校图书馆等古籍收藏机构的共同努力下，求实奋进、开拓创新、多措并举、勇于探索，建立了集普查、修复、培训、展示、研究、利用、管理“七位一体”的古籍保护工作模式，古籍保护事业取得显著成效。仅山东省图书馆就获得“全国古籍重点保护单位”“国家级古籍修复中心”“国家古籍保护人才培训基地”“国家级古籍修复技艺山东传习所”“中华优秀传统文化实践基地试点单位”“全国古籍保护工作先进单位”等全国荣誉，古籍修复技艺、雕版印刷技艺入选省级非物质文化遗产。截至目前，山东已有14家单位成功入选“全国古籍重点保护单位”，位居全国第三；966部古籍入选前六批《国家珍贵古籍名录》，位居全国第四。

一、强化顶层设计，完善全省古籍保护体制机制

围绕建立全省联动的古籍保护工作机制，山东省主要做了三项工作。

（一）依托总体规划，明确发展方向。自国务院办公厅下发《关于进一步加强古籍保护工作的意见》，“中华古籍保护计划”开展伊始，2007年10月，山东省人民政府率先发布《关于进一步加强古籍保护工作的意见》，这是全国省级政府颁布的第一份同类文件，为全省古籍保护工作指明了方向。山东省原文化厅（现文化和旅游厅）又发布了《山东省“十三五”时期古籍保护工作规划》《山东省“十四五”时期古籍保护工作规划》，规定了我省古籍保护的指导思想、基本方针、主要任务、总体规划和保障措施。

（二）完善厅际联席会议，构建跨部门联动机制。召开全省古籍保护厅际联席会议，原省文化厅、发展改革委、财政厅、教育厅、科技厅、民委、文物局等九厅局负责同志，共商全省古籍保护大计，形成古籍保护工作合力。

（三）拓宽投入渠道，提升保障能力。山东省采取从财政争取专项经费、从运转经费中列支、从社会基金争取支持等方式，省财政连续投入专项经费1677.5万，争取字节跳动、中国古籍保护协会资金19万，有力支持了各项工作的开展。

二、坚持创新驱动，探索丰富多样的工作方法

山东省坚持创新驱动，不断探索新的工作方法，形成了以“统筹安排、激励激活、督导落实、借力引智”为代表的古籍保护工作方法体系。

（一）坚持举办年会，统筹全省工作。坚持每年举办一次“全省古籍保护工作会议”，对全省古籍保护工作进行统筹安排。全省同行聚在一起交流工作经验，研究工作中遇到的困难和问题，起到了很好的统一思想、统一行动的作用。

（二）推行督导制度，督促工作落实。为提升保护工作的科学化与规范化水平，多次组织古籍保护工作专项督导。通过督导见证成绩、发现问题、反馈结果、监督整改，起到了积极的推动促进作用。

（三）建立激励机制，激发工作热情。自2008年开始，我省每年评选全省古籍保护工作先进单位和先进个人，由省厅或省保护中心进行表彰，并在培训、科研等方面给予扶持，有效调动了全省同行的积极性和主动性。

（四）发挥专家作用，提高工作水准。为了提高全省古籍保护工作水平，先后成立了以李致忠、张志清等国内知名专家为主任的专家委员会，在重大问题上，如省名录评选、珍贵古籍修复、金石文献整理等召开专家评审会或论证会10余次，保障了决策的科学性。

三、坚持统筹兼顾，构建“七位一体”工作模式

随着工作的不断深入，我省对于古籍保护工作内涵的认识也在不断深化，构建集普查、修复、培训、展示、研究、利用、管理“七位一体”的古籍保护工作模式的思路越来越清晰，并逐步打造，臻于完善。

（一）创新工作方式，圆满完成古籍普查

1. 普查工作全面完成。我省坚持问题导向，创新工作方式，全面完成全省古籍普查工作。截至 2021 年底，全省 16 市 136 家单位普查古籍共计 121055 部，全国第四个向国家古籍保护中心提交《山东省古籍普查报告（2007—2020）》。

2. 构建四级名录体系。我省坚持以国家和全省名录申报、评审为抓手，建立国家级、省级、市级、县级四级名录保护体系。33 家单位入选“山东省古籍重点保护单位”，8477 部古籍入选前四批《山东省珍贵古籍名录》；烟台、日照、潍坊等公布了市级名录；青州、寿光等建立了县级名录。

3. 评选普查十大新发现。为展现“中华古籍保护计划”实施 15 年间我省古籍普查工作成绩和亮点，推动全社会关心、支持古籍保护事业，2021 年 5 月，在全省开展“中华古籍保护计划山东省古籍普查十大新发现”活动，全省共 23 家单位申报 25 部古籍，经国内顶尖专家评审，清乾隆初拓本《乾隆御定石经》等 10 部珍贵典籍入选。活动被新华社山东频道、学习强国等媒体报道，引起强烈反响。这是“中华古籍保护计划”正式实施以来，第一次全省范围的古籍普查新发现评选活动，也是全国第一个正式发布十大古籍普查新发现的省份，开了全国先河。

4. 多措并举加快进程。为解决普查进度慢的难题，一是采取“人上门”的模式，省中心派人到普查力量薄弱的单位帮助完成普查；二是采取“书上门”的模式，由收藏单位送书到省中心，由省中心组织人员普查；三是采取“课堂式”的模式，招聘学生志愿者，如山东省图书馆、济南市图书馆等藏量大的单位从高校文史专业招聘学生帮助普查；四是积极参与“中华古籍普查文化志愿服务行动·山东行”活动。

（二）聚焦原生态保护，强化全省修复网络建设

1. 省修复中心提升硬件设施。修复中心设施从无到有，从小到大；修复设备从少到多，不断完善。先后被评为国家级古籍修复中心、国家级古籍修复技艺山东传习所，全新打造的“山东省古籍保护与修复重点实验室”已经落成。

2. 建立全省古籍修复网络。2017 年 6 月从全省古籍重点保护单位中评选公布了第一批“省级古籍修复站点”名单，从中选拔出 11 名初级修复学员，由省中心特聘修复专家潘美娣老师与中心青年修复师进行培训，用三年时间打造全省古籍修复站点和人才网络体系。

3. 重点项目带动引领。省修复中心实施的宋刻本《文选》修复项目，运用项目管理的理念，引入专家论证会制度，建立试修本制度，预做装帧形式，建立完备的修复档案，以科学检测为依据，建立科学报告制度。该项目实现七大创新，被称为一级古籍修复科学管理的典范，由国家古籍保护中心在全国推广。

（三）守正创新，不断探索人才培养新业态

依托省中心“国家古籍保护人才培养基地”的资源优势，守正创新，借助互联网 +，实现培训的新业态。

1. 坚持举办“基地型”培训。省中心以山东省图书馆为基地，以山东大学等优势资源为依托，坚持每年至少举办一次全省或全国古籍培训班。自主或合作举办古籍普查、版本鉴定、编目、普查登记平台、修复等各类培训班 20 次，累计培训全国及全省从业人员近千人次，全省古籍从业人员基本轮训一遍。

2. 积极争取“走出去”培训。全省总计派出 200 余人次到全国各地学习，参加古籍保护工作管理、鉴定、编目、登记平台、分省卷编纂、碑拓、修复等各类培训。

3. 创新“多元化”培训形式。2020 年 10 月举办的“潍坊市古籍保护培训班”，在省中心的支持下，借助互联网 +，采取微视频直播的方式，在潍坊市图书馆网站和微信平台同步直播，两门课程累计 33 万人次观看，创我省古籍保护培训开展以来受众人次之最。

（四）强化品牌建设，全面提升展览展示水平

1. 打造展示平台。2011 年底，山东省古籍保护中心在省馆打造了古籍保护成果专题展厅——“册府琳琅”，制定了《山东省图书馆册府琳琅展厅展览方案》，该展厅是全国第一个省级古籍保护成果专题展厅。

2. 创建展示品牌。重视社会宣传，策划“文明的守望”系列、“走近古籍体验日”、“齐鲁文明之光”、中华传统晒书节品牌项目。坚持在世界“文化和自然遗产日”期间，举办“线装书装帧体验活动”“传拓技艺体验活动”“雕版印刷技艺体验活动”“馆长晒国宝”“古籍沙龙”“古籍问诊课堂”活动，宣传品牌全面开花。其中的“山东省图书馆藏珍稀家谱展”吸引大批读者观展和媒体报道，新华社关于家谱展的通稿被中国政府网采用并转发。

3. 展览走出国门。“一山一水一圣人——山东珍贵文献展”在澳大利亚南澳州图书馆成功举办，南澳州州长史蒂芬·马潇专门向时任山东省委书记刘家义致感谢信，这是全国省级图书馆第一次走出国门办古籍展。

4. 传播展示全省开花。孔子博物馆“馆藏汉魏碑刻拓片展”、山东大学“晒传统技艺·享雕刻时光”活动、青岛市图书馆“楮墨芸香”网上专栏、淄博市图书馆线上“馆藏地方刻书展”、烟台图书馆“刻鹊遗箴传家远——福山王氏刻书展”等是其中的代表。山东师范大学图书馆还打造了全新的古籍展示中心。

5. 创新宣传模式。主动拥抱互联网，让融媒体为古籍宣传插上翅膀，馆长带队直播晒国宝、晒技艺，在新华社直播平台、省文旅厅“好客山东”直播矩阵等16个线上平台同步播出，直播观看量达783.7万。相较于往年，古籍传播的影响力实现了指数级增长。策划拍摄《未若清心对素书——山东省图书馆古籍修复师日记》系列短视频，向大众传播古籍修复技艺。

（五）不断提高认识，古籍研究项目实现突破

1. 古籍科研项目实现突破。“山东方志人物传记资料索引”获2013年度教育部人文社科研究项目立项，“宋金元伤寒著述版本研究与辑佚”获2016年度国家社科基金青年项目立项，“海内外现存易学古籍版本目录的调查与研究”获2017年度国家社科基金项目立项，《〈佩文斋书画谱〉校点》《捕蝗文献集成整理》获批2021年度山东省社科基金项目立项。

2. 古籍研究全省开花。抓住山东省图书馆“馆员文库”出版的机遇，出版《〈隋书·经籍志〉研究》《山东书局研究》《清代历城人物与著述研究》等专著多部；编辑“修·行”系列丛书，先后出版《潘美娣与古籍修复》《蝶变记——山东省图书馆宋刻本〈文选〉保护与修复研究报告》等，实现了对古籍资源的深入挖掘。淄博市图书馆参与山东省古代文学重点课题项目《历代诗咏齐鲁总汇·淄博卷》整理、编纂；烟台图书馆与《烟台晚报》合办《文献里的烟台》专栏，挖掘整理有关烟台的文献典籍，研究解读烟台历史事件、人物；日照市图书馆在《黄海晨刊》“典藏日照”专栏发表有关日照文献的文章多篇，等等。

（六）着力活化利用，加大古籍开发力度

1. 大力推进古籍数字化建设。完成“山东省图书馆古籍珍本数据库”“山东省古籍特色图书馆——易学古籍数据库”“山东省图书馆明代大藏经数据库”建设，并参与国家古籍保护中心组织的全国联合发布，免费为读者提供阅览。

2. 古籍影印整理稳步推进。先后参与山东省政府重大项目《山东文献集成》、国家社科基金重大委托项目《子海》、尼山世界儒学中心（中国孔子基金会）重大项目《孟子文献集成》《儒典》的影印工作。济南市图书馆再造古籍地方文献累计达22种，省委党校图书和文化馆开发了馆藏《孔子圣迹图》《共产党宣言》纪念版口袋书等。山东大学图书馆影印出版《山东大学图书馆藏稀见书目书志丛刊》（全30册），曲阜师范大学影印出版《曲阜师范大学图书馆藏孔子故里儒门文献汇编》（全56册）。

3. 古籍文创蓬勃发展。为贯彻落实国务院、省政府关于推动文化文物单位文化创意产品开发有关精神，创新文化服务新方式，2018年我馆举办首届文创产品设计大赛，2021年山东省文化和旅游厅在省图书馆举办山东省首届公共文化机构文创大赛，收到文创设计作品5000余件，以赛促建，依托馆藏深厚的文化内涵和独特的文化要素，开发文化创意产品，推动中华文化创造性转化和创新性发展。

（七）强化管理力度，提升工作保障水平

十五年来，山东省不断强化管理力度，克服种种困难，不断改造基础设施，全面提升古籍存藏硬件，实现了古籍的预防性保护。

1. 省图书馆率先带头。山东省图书馆先后对古籍书库进行了漏水报警线路铺设、除湿机设备更换、空调安装等硬件设备的升级改造，杜绝了漏水隐患，改善了地下书库夏天湿度大、八楼书库夏季温度过高等问题，古籍存藏条件上了一个新台阶。

2. 全省持续跟进。山东大学图书馆全面更新消防设备，山东博物馆改造库房管线，孔子博物馆购置低氧杀虫设备。济南市图书馆、滨州市图书馆、潍坊市图书馆、威海市图书馆、日照市图书馆、济宁市图书馆等馆利用新馆建设和搬迁的契机，积极跟进，超前规划，改善了古籍书库条件，提高了书库硬件设施标准，古籍存藏条件实现质变。

多年来，山东省做了大量艰苦细致的工作，也取得了一些成绩。随着越来越多的单位纳入普查范围，我省四级名录体系建设还有待完善，市县单位古籍保护人才尤其是修复人才还应大力培养。

关山初度路犹长，策马扬鞭再奋蹄。山东省图书馆（山东省古籍保护中心）将再接再厉、扎实工作，在新时代、新形势、新任务下，深化完善“七位一体”的古籍保护模式，不断开创古籍保护事业的新局面，为传承弘扬优秀齐鲁文化再立新功！

山东省图书馆（山东省古籍保护中心）

2022年10月

展览总体情况说明

一、展览目的

为深入贯彻落实习近平总书记关于传承中华优秀传统文化的一系列重要指示及国务院办公厅《关于进一步加强古籍保护工作的意见》、山东省人民政府办公厅《关于进一步加强古籍保护工作的意见》等文件精神，让珍贵典籍走近大众，促进文化传承，弘扬民族精神，从而激发民众的民族自豪感，坚定振兴中华、实现中国梦的信心和决心，在孔子诞辰2565周年纪念日来临之际，特举办此展览。

二、组织形式

主办：国家图书馆（国家古籍保护中心）

承办：山东省图书馆（山东省古籍保护中心）

协办：济南市图书馆、青岛市图书馆、烟台图书馆、孔子博物馆（原曲阜市文物管理委员会、孔府文物档案馆）、泰安市博物馆

三、展期及安排

展期2014年9至10月，分三个阶段：

1. 9月19—22日：展览山东省图书馆入选一至四批《国家珍贵古籍名录》的古籍100部；

2. 9月27—29日：展览山东省图书馆、济南市图书馆、青岛市图书馆、烟台图书馆、孔子博物馆、泰安市博物馆6家单位入选一至四批《国家珍贵古籍名录》的儒学典籍近80部；

3. 10月8—31日：展览山东省图书馆入选一至四批《国家珍贵古籍名录》及《中华再造善本》中影印的山东省其他单位入选一至四批《国家珍贵古籍名录》的古籍100部。

四、展览效果

1. 观众多达 25800 人次。为了加大宣传力度，山东省图书馆（山东省古籍保护中心）特精选部分展品制作了图录和宣传册，在展览现场及图书馆内发放，达到了良好的社会效果。

2. 9 月 19—22 日，正值“山左先贤与齐鲁典籍研讨会暨中国历史文献研究会第 35 届年会”在山东省图书馆召开，一百多名代表参观展览后，纷纷表示这个展览展品质量高，一是从学术史角度，历代大儒佳作如珠，可见儒学发展的轨迹；二是从版本学角度，历代版刻珍品荟萃，见证雕版印刷的精妙；三是从观众接受角度，既有精刻精印的刻本，也有朱墨粲然的套印本，还有名家手稿，观赏性极强。与会许多学者是第一次接触这些平日珍藏在秘库中的国宝，对工作人员的专业讲解赞不绝口。

展览主要珍贵版本情况及亮点

本次展览，从收藏单位来说，既有圣人后裔藏书所在地，如孔子博物馆；也有历代帝王祭祀泰山之地——岱庙藏书所在处，如泰安市博物馆；还有藏书量颇丰的公共图书馆，如山东省图书馆、济南市图书馆、青岛市图书馆、烟台图书馆等，可谓册府千华，咸集于斯。

从内容上，既有历代大儒解释儒家原典的巨作，如汉郑玄注、唐贾公彦等疏、唐陆德明释文的《周礼注疏》，宋欧阳修《毛诗本义》、宋吕祖谦《吕氏家塾读诗记》、宋真德秀《大学衍义》，元熊良辅《周易本义集成》等；又有文字、音韵学家的经典著作，如《说文》大家段玉裁、王筠、桂馥的文字学著作，明代杨慎、李攀龙的音韵学著作等；还有历代先贤韩愈、柳宗元、欧阳修、周敦颐、王安石、苏轼、朱熹等人的文集，可谓鸿篇巨著，琳琅满目。

从版本来说，既有宋元旧椠，如山东省图书馆所藏的宋绍兴二十一年（1151）两浙西路转运司王珏刻元明递修本《临川先生文集》、存世孤本元至治元年（1321）建安虞信亨宅刻本《楚辞集注》、元刻本《周易本义集成》等；又有明代精校精刻，如泰安市博物馆所藏的明万历二十七年（1599）神宗朱翊钧颁赐岱庙的《道藏》（此部《道藏》为明正统年间内府刻万历年间印本，随书并赐圣旨一帧，至今保存完好）、烟台图书馆所藏的海内孤本明潘方凯刻本《墨苑》、济南市图书馆所藏的明嘉靖二十八年（1549）安如石刻本《南丰曾先生文粹》、青岛市图书馆所藏的明永乐十三年（1415）内府刻本《周易传义大全》、孔子博物馆所藏的明刻本《司马太师温国文正公传家集》等，均为海内珍品；还有名家手稿、名家批校本，如山东省图书馆所藏的清代《说文》大家王筠《说文系传校录》《文字蒙求》等著作的稿本，孔广森、翟云升等人的稿本；清代著名学者何焯、顾广圻，著名收藏家弘晓、方功惠等人的批校题跋本等等，可谓丹黄满纸，珍品迭现。

本次展览媒体报道情况

本次展览有五家媒体进行宣传，既有全国性媒体，也有山东本地媒体；既有传统媒体，也有网络新媒体。

序号	题目	时间	媒体	版面
1	册府千华——山东省藏国家珍贵古籍特展27日开展	2014.09.26	大众网	
2	省藏国家珍贵古籍展今日起省图开展	2014.09.27	舜网	
3	山东省藏国家珍贵古籍特展今天开展	2014.09.27	《济南时报》	A8版
4	山东省藏国家珍贵古籍省图书馆展出	2014.09.28	人民网	
5	看珍稀古籍到山东省图书馆	2014.09.29	《齐鲁晚报》	

凡　例

一、本书所收187种古籍，皆为从山东省入选一至四批《国家珍贵古籍名录》中遴选的珍贵古籍。

二、本书按经、史、子、集、丛五部分类，分类参考《中国古籍善本书目》。

三、书影一般选取正文卷端及有标志特征的书叶。

四、每种著录内容包括书名、卷数、著者、版本、所属部类、分类、册数、存（缺）卷、收藏单位、版式、尺寸、入选《国家珍贵古籍名录》批次及名录号等。

五、提要内容包括著者、书籍内容之介绍及版本之考订，部分参考了各收藏单位申报《国家珍贵古籍名录》时的申报书内容。

六、本书文字一律用简体字。

目　录

经　部

史部

子部

集　部

丛　部

册府千華
山东省藏国家珍贵古籍特展图录
经部

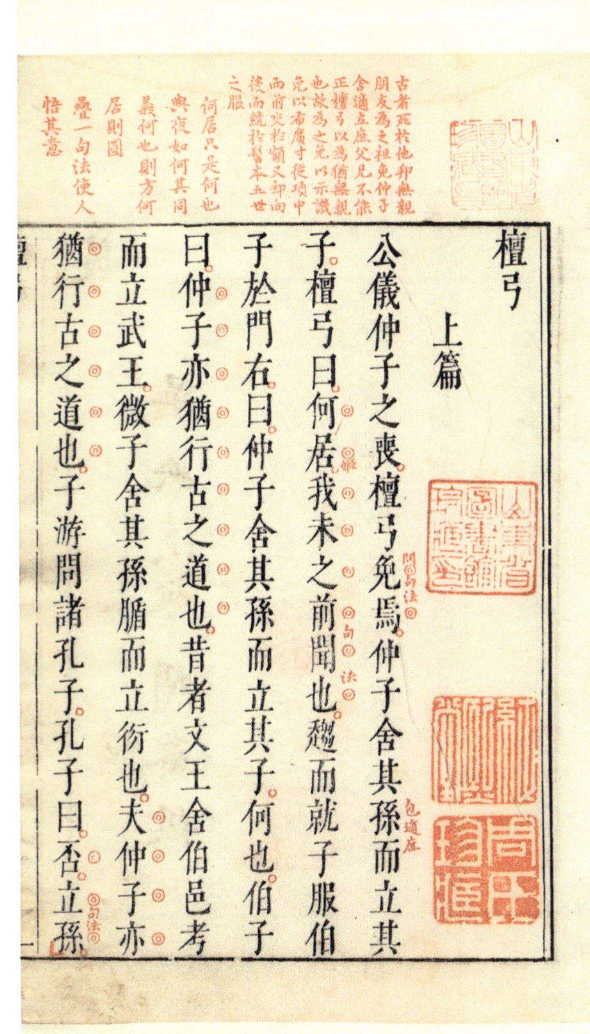

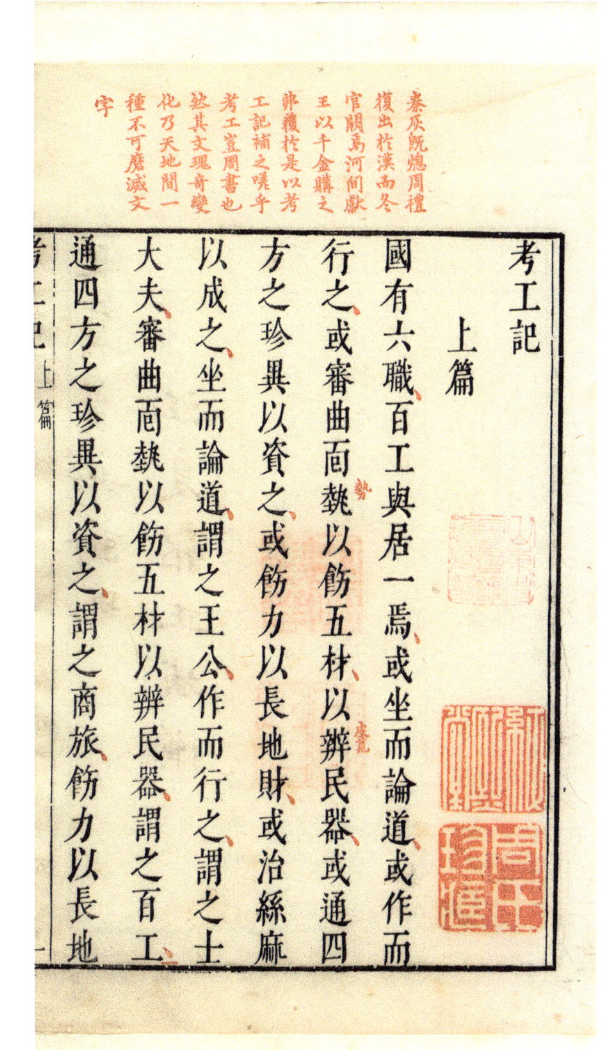

三经评注五卷

（明）闵齐伋辑　明万历闵齐伋刻三色套印本　经部总类　八册　山东省图书馆藏

八行十八字，白口，左右双边，版框 20.8 厘米 ×15.4 厘米，开本 30.2 厘米 ×19.5 厘米。

三经分别为《檀弓》《考工记》《孟子》。闵齐伋（1580—？），字及武，号遇五（一作寓五），乌程（今属浙江湖州）人。刻书家。明万历四十四年（1616），闵齐伋主持采用朱、墨两色套印《春秋左传》，获得成功。后创为五色套印，印刷技艺日臻成熟，名声大振，与刻书家凌濛初齐名。钤有“周氏珍藏”“海曲马氏”“惠阶校阅”“纯熙堂”等印。入选第三批《国家珍贵古籍名录》，名录号 07258。

蘇老泉批點孟子引

天之繫星漢山之尚草木烟雲水之承風皆文也夫人而欲知之也必由觀夫達觀先覺者以發之孟子傳道述德之言其文至矣願其運規矩於無

孟子引 一

此篇皆引君以當道得進諫之體[illegible]兩段作波瀾照繳上文

孟子

梁惠王

孟子見梁惠王王曰叟不遠千里而來亦將有以利吾國乎孟子對曰王何必曰利亦有仁義而已矣王曰何以利吾國大夫曰何以利吾家士庶人曰何以利吾身上下交征利而國危矣萬乘之國弒其君者必千乘之家千乘之國弒其君者必百乘之家萬取千焉千取百焉不為

孟子 上 一

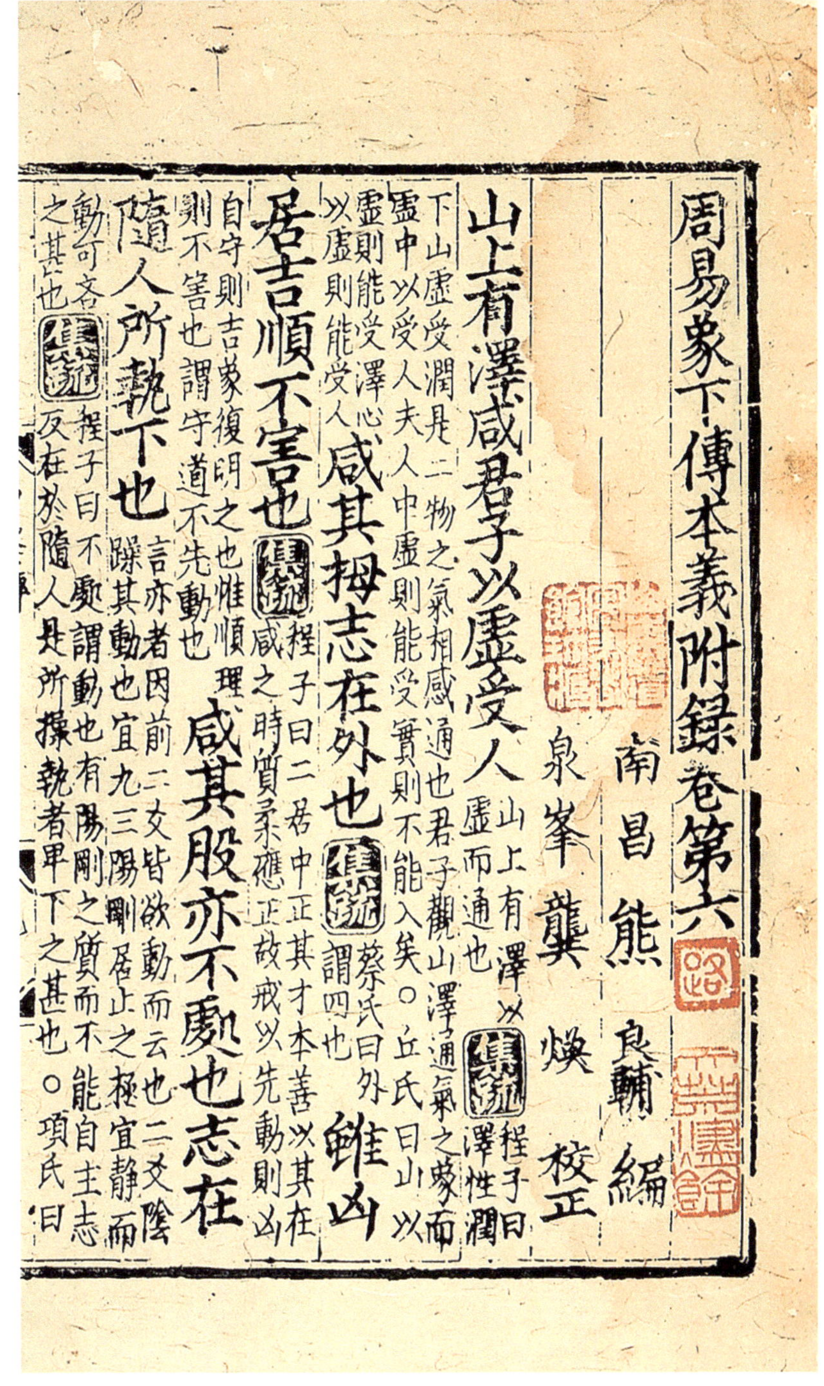

周易本义集成十二卷

（元）熊良辅撰　元刻本　经部易类　四册　存七卷（六至十二）　山东省图书馆藏

十行字不一，黑口，四周双边，版框 19.7 厘米×13.6 厘米，开本 31.1 厘米×17.7 厘米。

熊良辅，生卒年不详，字任重，号梅边，南昌（今属江西）人。元仁宗延祐四年（1317）举人。此书国内仅存三部，其中两部藏国家图书馆，均为元刻明修本；此部藏山东省馆，为元刻本。钤有“路”“大荒烬余”等印。入选第一批《国家珍贵古籍名录》，名录号 00214。

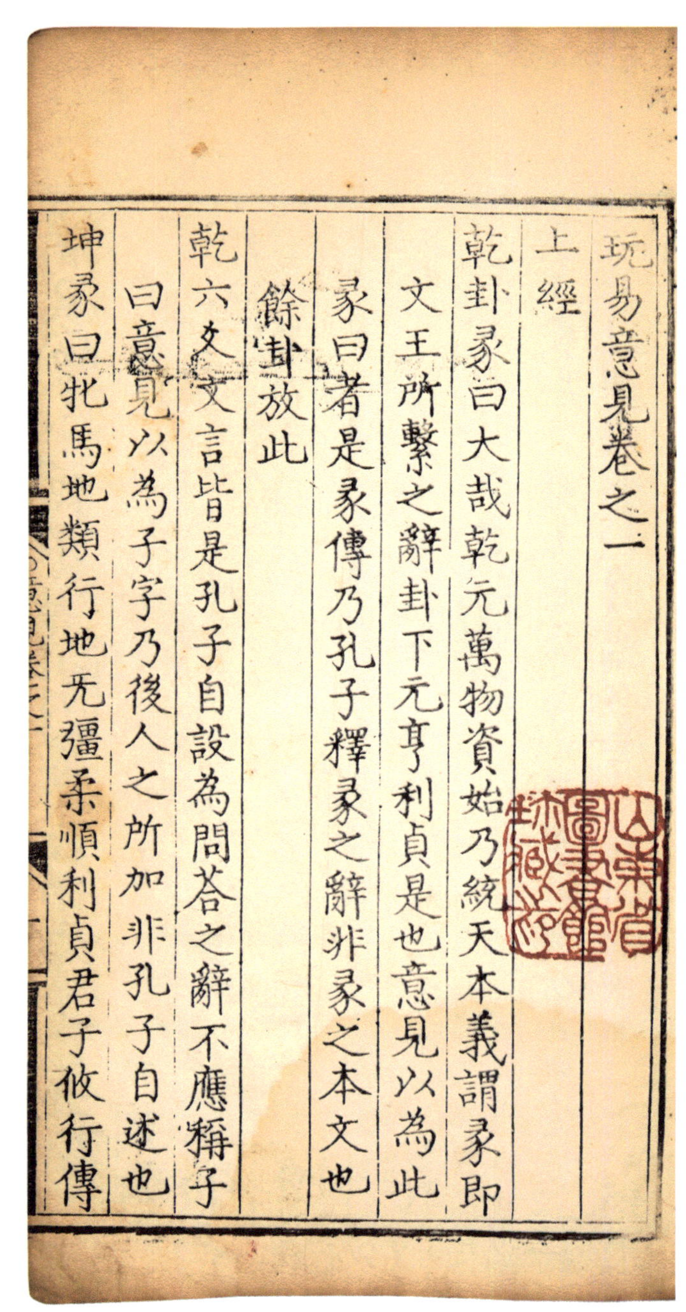

玩易意見卷之一

上經

乾卦彖曰大哉乾元萬物資始乃統天本義謂彖即文王所繫之辭卦下元亨利貞是也意見以為此彖曰者是彖傳乃孔子釋彖之辭非彖之本文也餘卦放此

乾六爻文言皆是孔子自設為問荅之辭不應稱子曰意見以為子字乃後人之所加非孔子自述也

坤彖曰牝馬地類行地无疆柔順利貞君子攸行傳

玩易意见二卷

（明）王恕撰　明正德刻本　经部易类　一册　山东省图书馆藏

九行二十字，黑口，四周双边，版框 21 厘米 ×13.5 厘米，开本 25.8 厘米 ×15 厘米。

王恕（1416—1508），字宗贯，号介庵，又号石渠，三原（今属陕西）人。经学家。明正统十三年（1448）进士，选庶吉士。明弘治十五年（1502）养疴家居，对《周易》程、朱之说有异议者，则札记以成此书，因居处有玩易轩，故名《玩易意见》。此书二卷，未对全经加以诠释，而是有所意见者才笔之，《四库全书总目》云“其说颇自出新意”。入选第二批《国家珍贵古籍名录》，名录号 03230。

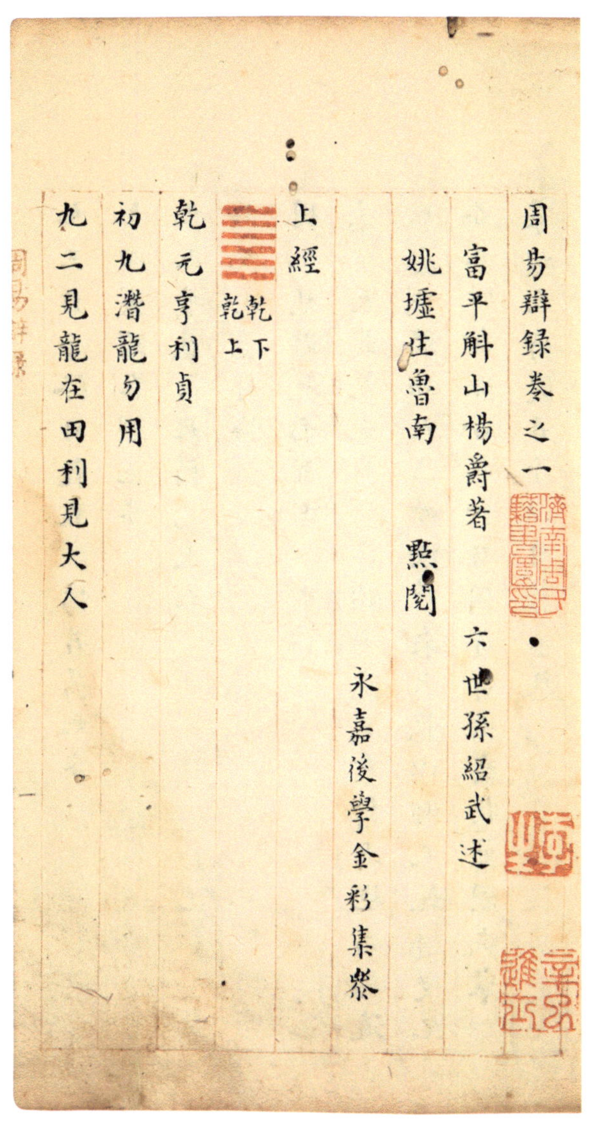

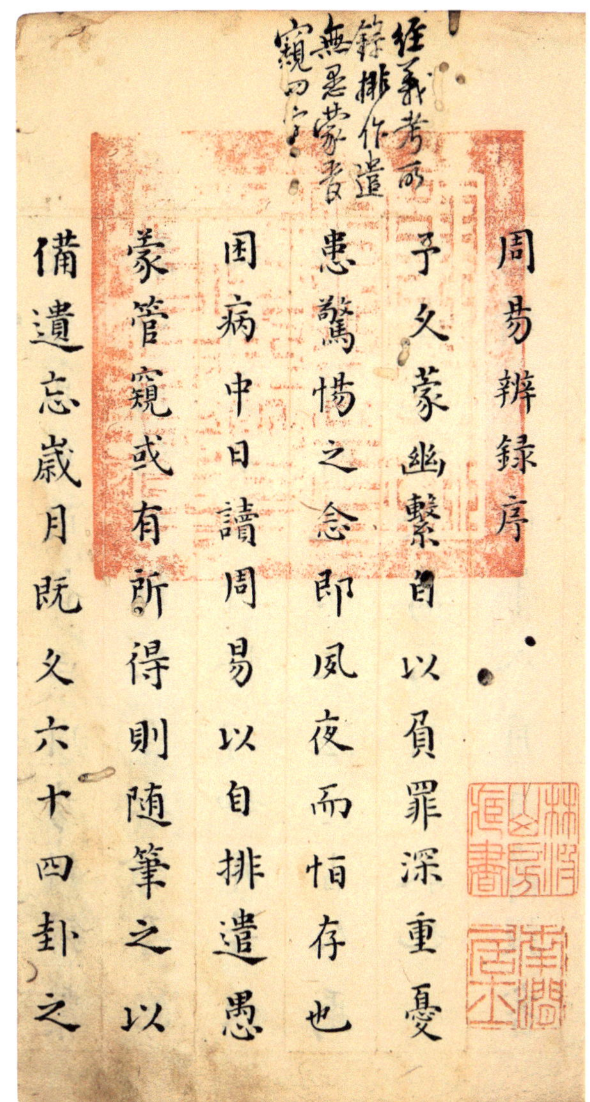

周易辩录四卷

（明）杨爵撰　清初抄本［四库进呈本］　经部易类　四册　山东省图书馆藏

九行二十一字，红格，开本 25.6 厘米×15.3 厘米。

杨爵（1493—1549），字伯修，富平（今属陕西）人。明嘉靖八年（1529）进士。四库馆臣评论是书为“多以人事为主，颇剀切著明”。清李文藻批校并跋。钤有“翰林院印”“乾隆三十□年□月山东巡抚徐绩送到周易辩录壹部计书四本”“南涧居士”“林汲山房藏书”等印。入选第二批《国家珍贵古籍名录》，名录号 03235。

周易辨録四卷著録於朱氏經義
考蓋楊伯修先生繫獄八年中所
著也此本有楊楼山太宰序及永
嘉王彩跋乃濰縣南方伯滙源鈔
本予過高密濰縣他家購得之而偶甚
琴如告乾隆丙戌六月初七日文藻記

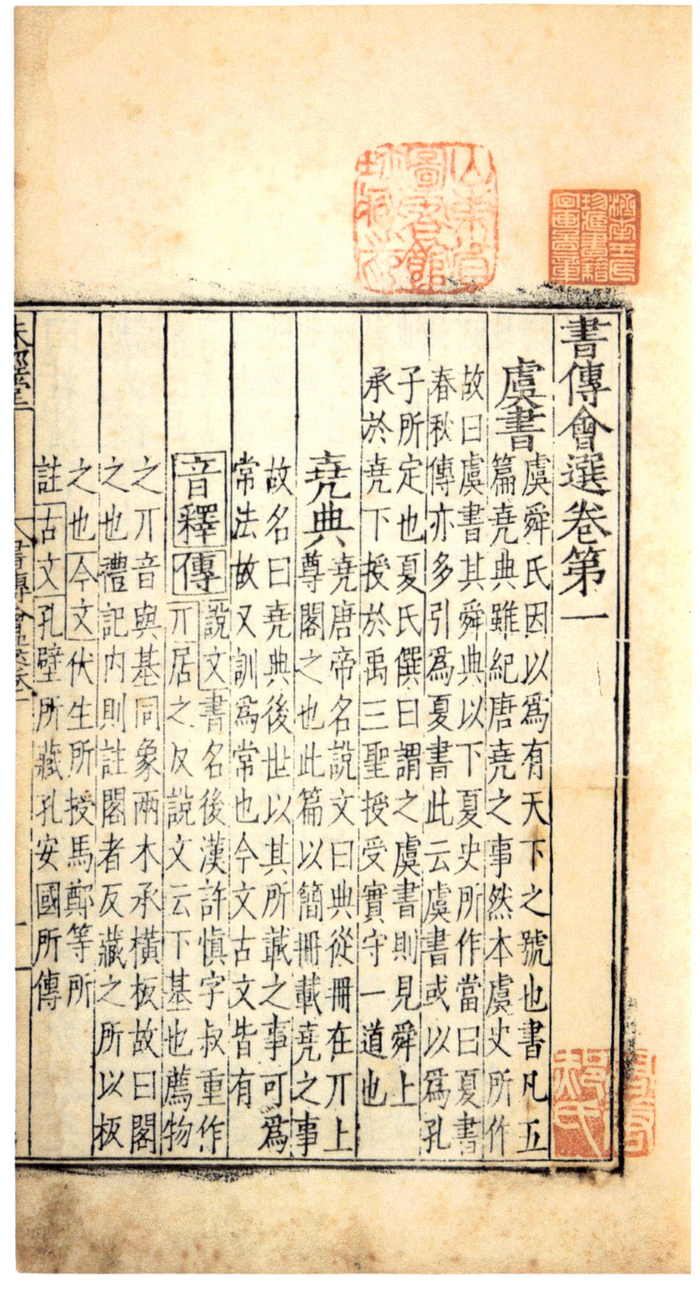

书传会选六卷

（明）刘三吾等撰　明嘉靖赵府味经堂刻本　经部书类　六册　山东省图书馆藏

九行十八字，细黑口，四周双边，版框 20 厘米×14.5 厘米，开本 29.1 厘米×19.1 厘米。

刘三吾（1313—1400），初名如孙，以字行，号坦甫，又号坦坦翁，茶陵（今属湖南）人。南宋学者蔡沈所作《书集传》，宋元学者诘问迭出。明洪武二十七年（1394），朱元璋命刘三吾等修成此书平息议论，清顾炎武赞此书“有功于后学”，四库馆臣认为“以炎武之淹博绝伦，罕所许可，故其论如是，则是书之足贵，可略见矣”。钤有“高唐郝氏”“济南王氏珍藏书籍字画图章”等印。入选第二批《国家珍贵古籍名录》，名录号 03248。

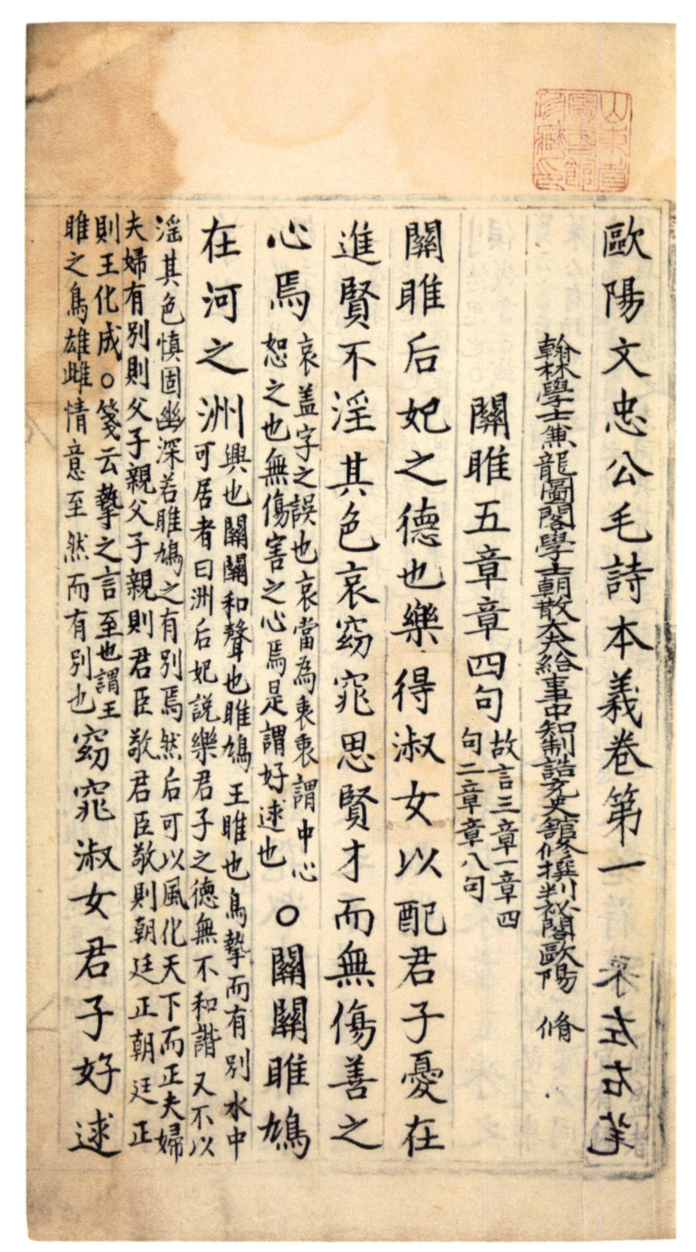

歐陽文忠公毛詩本義卷第一

翰林學士兼龍圖閣學士朝散大夫給事中知制誥充史館修撰判秘閣歐陽 脩

關雎五章章四句 故言三章一章四句二章章八句

關雎后妃之德也樂得淑女以配君子憂在進賢不淫其色哀窈窕思賢才而無傷善之心焉 哀蓋字之誤也哀當為衷衷謂中心恕之也無傷害之心焉是謂好逑也 ○關關雎鳩在河之洲 興也關關和聲也雎鳩王雎也鳥摯而有別水中可居者曰洲后妃說樂君子之德無不和諧又不以淫其色慎固幽深若雎鳩之有別焉然后可以風化天下而正夫婦夫婦有別則父子親父子親則君臣敬君臣敬則朝廷正朝廷正則王化成○箋云摯之言至也謂王雎之鳥雄雌情意至然而有別也 窈窕淑女君子好逑

欧阳文忠公毛诗本义十六卷

（宋）欧阳修撰　明抄本　经部诗类　六册　山东省图书馆藏

九行十七字，白口，四周双边，蓝格，版框24.6厘米×17.1厘米，开本30.8厘米×18.8厘米。

欧阳修（1007—1072），字永叔，号醉翁，晚号六一居士，吉州永丰（今属江西）人。北宋著名政治家、文学家，所撰《毛诗本义》开《诗经》宋学风气之先。本书习见之《通志堂经解》本、《四库全书》本、《四部丛刊》三编所收宋十行本为一系统，均不附传、笺，且有阙文。此明抄本附传、笺，与上述诸本非一系统，又可补传世本《驺虞》篇之阙文，弥足珍贵。上海图书馆所藏另一明抄本当即从该本出。钤有“孙氏山渊阁藏书记”“孙仲恒”等印。入选第二批《国家珍贵古籍名录》，名录号03256。

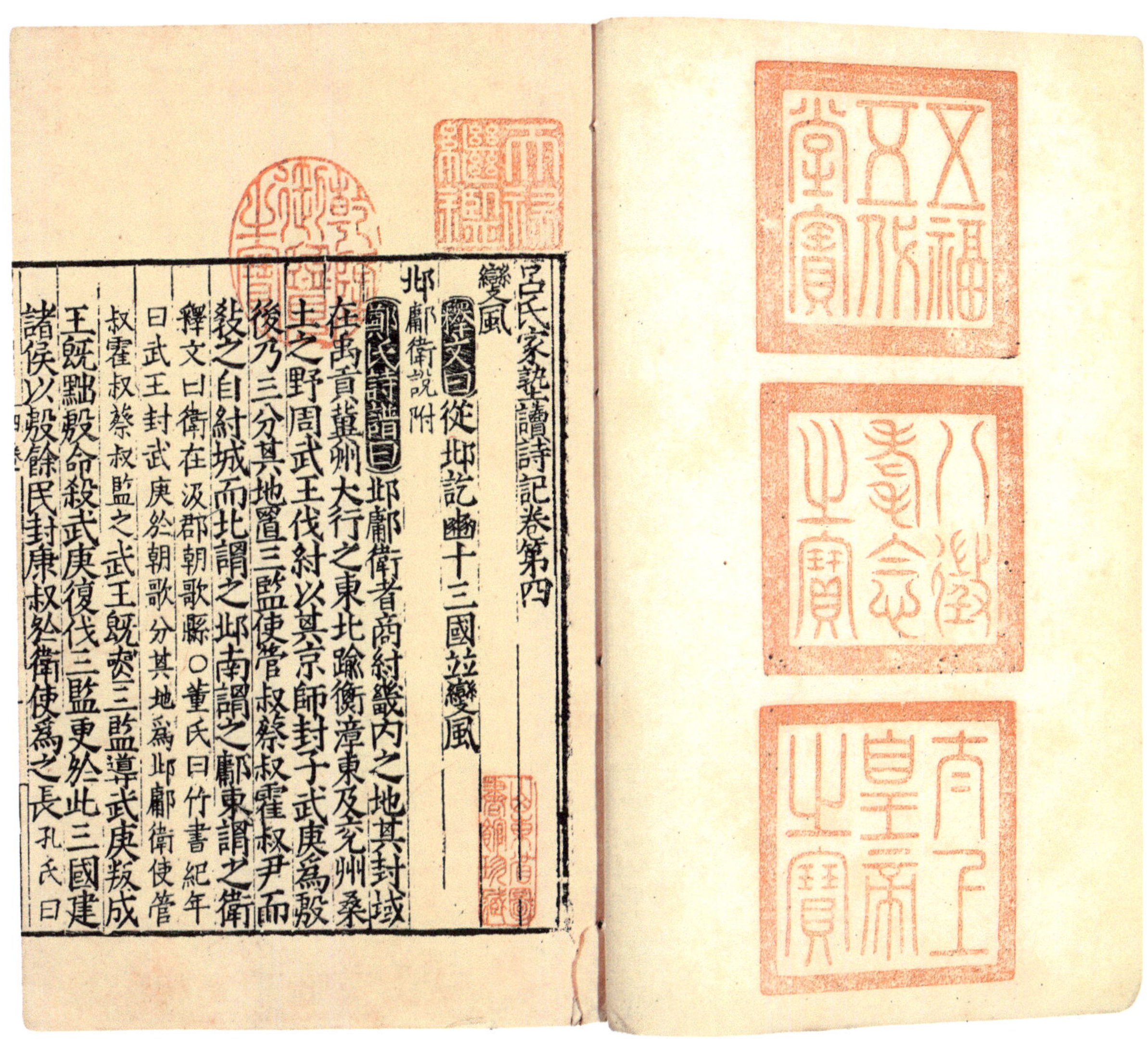
呂氏家塾讀詩記卷第四

變風

釋文曰從邶訖豳十三國並變風

邶鄘衛說附

鄭氏詩譜曰邶鄘衛者商紂畿內之地其封域在禹貢冀州大行之東北踰衡漳東及兗州桑土之野周武王伐紂以其京師封子武庚為殷後乃三分其地置三監使管叔蔡叔霍叔尹而教之自紂城而北謂之邶南謂之鄘東謂之衛釋文曰衛在汲郡朝歌縣○董氏曰竹書紀年曰武王封武庚於朝歌分其地為邶鄘衛使管叔霍叔蔡叔監之武王既喪三監導武庚叛成王既黜殷命殺武庚復伐三監更於此三國建諸侯以殷餘民封康叔於衛使為之長孔氏曰

吕氏家塾读诗记三十二卷

（宋）吕祖谦撰　明嘉靖十年（1531）傅凤翱刻本　经部诗类　十三册　存十九卷（二至十一、十五至十六、二十至二十三、二十五至二十七）　山东省图书馆藏

十四行十九字，细黑口，左右双边，版框 14.9 厘米×12.3 厘米，开本 22.2 厘米×15 厘米。

吕祖谦（1137—1181），字伯恭，婺州（今属浙江金华）人。南宋理学家，人称“东莱先生”。是书为论说《诗经》之作。吕祖谦与朱熹交往契密，初解《诗经》观点一致，本于毛传；后朱熹观点改从郑樵，祖谦仍守其说，书中凡谓“朱氏曰”者，即朱熹《诗集传》初稿之说。此书宗毛之外，又博采诸家，对研究宋代《诗经》学极富价值。钤有“乾隆御览之宝”“天禄琳琅”“五福五代堂宝”“八征耄念之宝”“太上皇帝之宝”“天禄继鉴”等印。入选第一批《国家珍贵古籍名录》，名录号 01317。

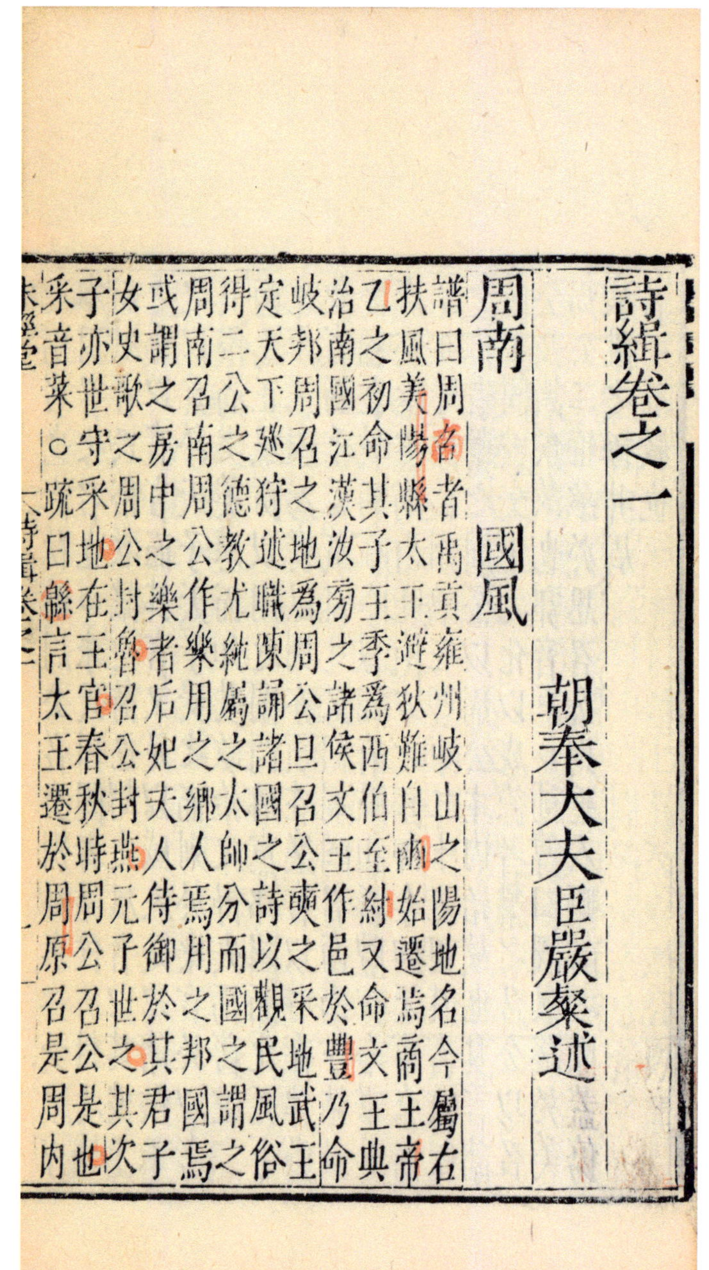
詩緝卷之一

朝奉大夫臣嚴粲述

周南 國風

譜曰周者禹貢雍州岐山之陽地名今屬右扶風美陽縣太王避狄難自豳始遷焉商王帝乙之初命其子王季爲西伯至紂又命文王典治南國江漢汝旁之諸侯文王作邑於豐乃命岐邦周召之地爲周公旦召公奭之采地武王定天下巡狩述職陳誦諸國之詩以觀民風俗得二公之德教尤純屬之太師分而國之謂之周南召南周公作樂用之鄉人焉用之邦國焉或謂之房中之樂者后妃夫人侍御於其君子女史歌之周公封魯召公封燕元子世之其次子亦世守采地在王官春秋時周公召公是也采音菜○疏曰緜言太王遷於周原召是周內

诗缉三十六卷

（宋）严粲撰　明嘉靖赵府味经堂刻本　经部诗类　十八册　山东师范大学图书馆藏

九行十八字，小字双行同，白口，四周双边，版框 20 厘米 ×14.2 厘米，开本 27 厘米 ×17 厘米。

严粲（1197—？），字坦叔，又字明卿，号华谷，邵武（今属福建）人。南宋后期进士，曾任全州清湘令。著有《华谷集》《诗缉》等。《诗缉》以吕祖谦《吕氏家塾读诗记》为主，兼采百家之说，加以发挥，是明代研究《诗经》的重要著作。此赵府味经堂本，版式宽大，纸墨精好，是明代藩府刻书的代表作。入选第一批《国家珍贵古籍名录》，名录号 01320。

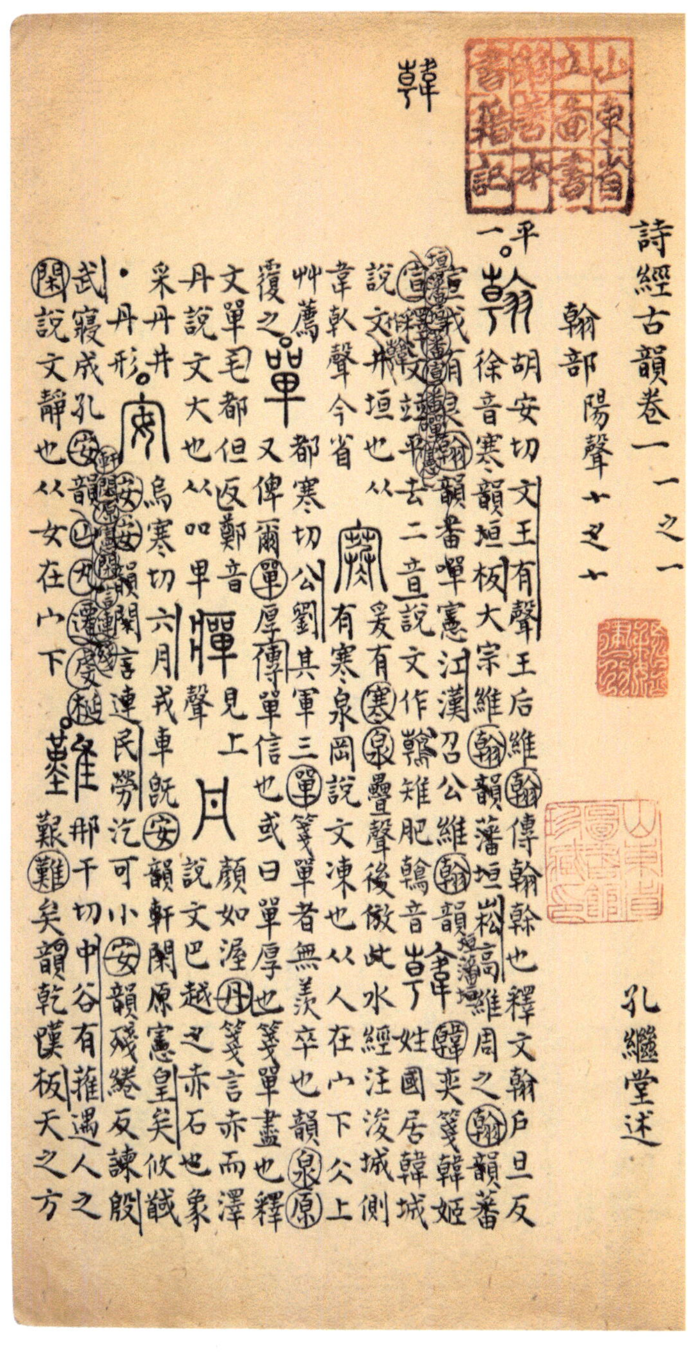
詩經古韻卷一 一之一

翰部 陽聲十之十

孔繼堂述

诗经古韵四卷

（清）孔继堂撰　稿本　经部诗类　五册　山东省图书馆藏

九行，小字双行二十三字，开本 27 厘米 ×16.7 厘米。

孔继堂，生卒年不详，字廉甫，号恕斋，牟平（今属山东烟台）人。清嘉庆、道光间学者、诗人、书法家。道光二十一年（1841）与宫卜万、赵希憬、赵田在、吕凤藻成立蛟山诗社，影响较大。是书为孔继堂研究《诗经》之作，为未刊稿本。钤有“魏建功”等印。入选第二批《国家珍贵古籍名录》，名录号 03278。

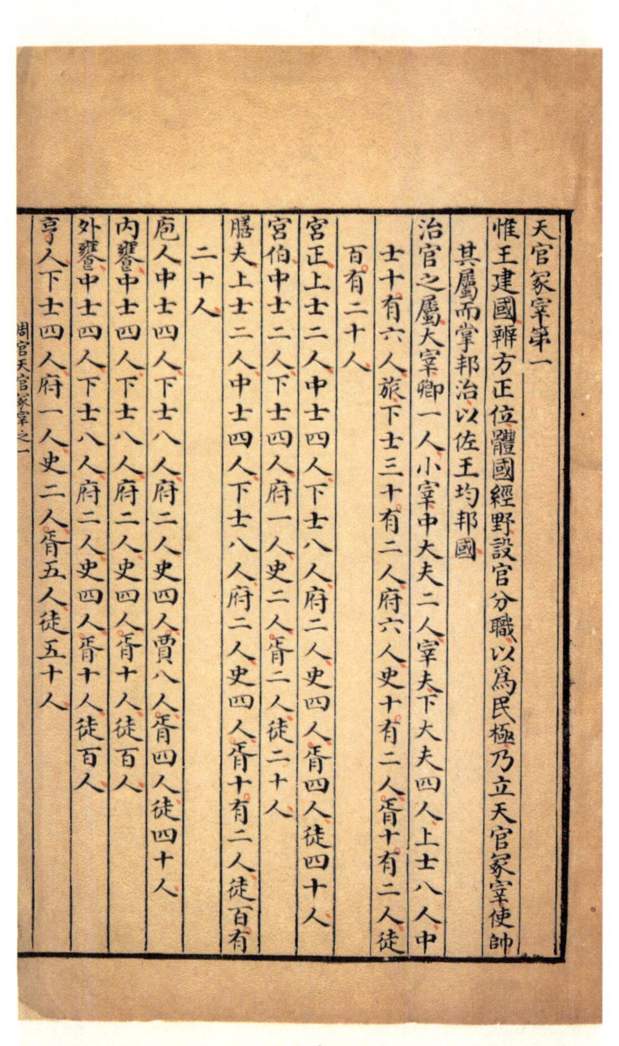

天官冢宰第一
惟王建國辨方正位體國經野設官分職以爲民極乃立天官冢宰使帥
其屬而掌邦治以佐王均邦國
治官之屬大宰卿一人小宰中大夫二人宰夫下大夫四人上士八人中
士十有六人旅下士三十有二人府六人史十有二人胥十有二人徒
百有二十人
宮正上士二人中士四人下士八人府二人史四人胥四人徒四十人
宮伯中士二人下士四人府一人史二人胥二人徒二十人
膳夫上士二人中士四人下士八人府二人史四人胥十有二人徒百有
二十人
庖人中士四人下士八人府二人史四人賈八人胥四人徒四十人
內饔中士四人下士八人府二人史四人胥十人徒百人
外饔中士四人下士八人府二人史四人胥十人徒百人
亨人下士四人府一人史二人胥五人徒五十人
周官天官冢宰之一

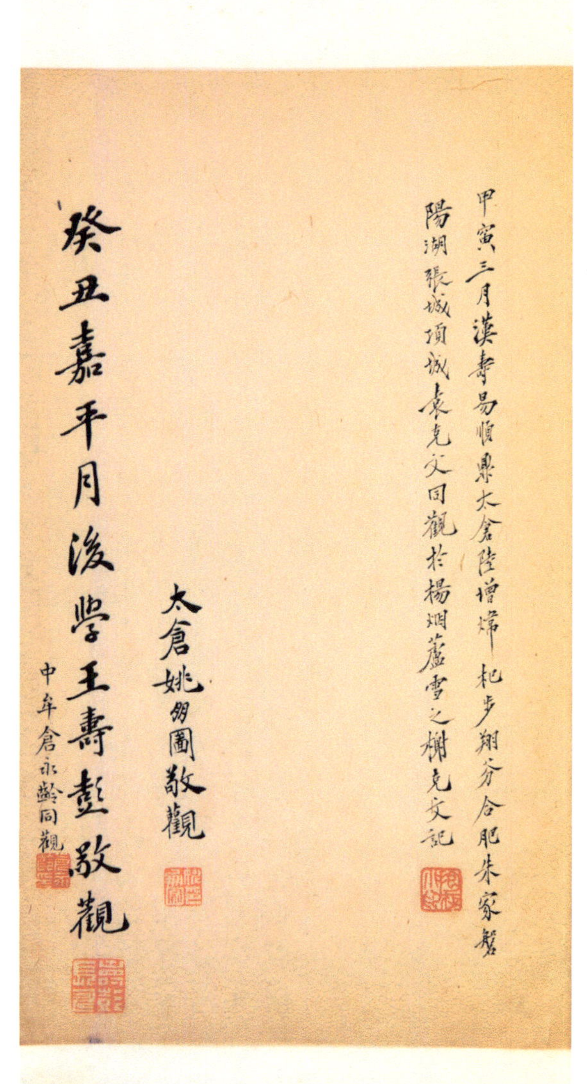

甲寅三月漢壽易順鼎太倉陸增煒杞步翔汾合肥朱家磐
陽湖張鉞項城袁克文同觀於楊烟蘆雪之榭克文記
太倉姚朋圖敬觀
中牟倉永齡同觀
癸丑嘉平月後學王壽彭敬觀

周官经六卷

清乾隆三十七年（1772）孔广林抄本　经部礼类周礼　二册　山东省图书馆藏
十四行二十八字，白口，左右双边，版框 19.2 厘米 ×14.6 厘米，开本 29.2 厘米 ×18.4 厘米。

孔广林（1746—？），字丛伯，号幼髯，曲阜（今属山东）人，孔子第七十代孙。清代经学家，有《孔丛伯经说稿》传世。此书由孔广林亲手精抄，后附民国时期袁克文、姚朋图、仓永龄、王寿彭、陆增炜、杨承训等人跋语，精抄名跋，相映生辉。钤有“抱存小印”“姚朋图印”“寿彭长寿”等印。入选第二批《国家珍贵古籍名录》，名录号 03281。

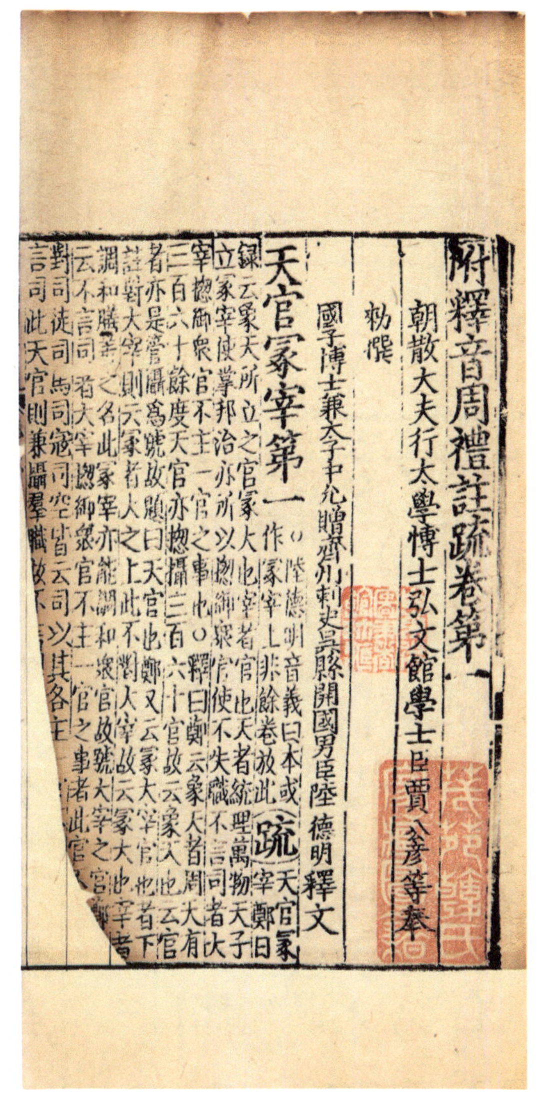
附釋音周禮註疏卷第一
朝散大夫行太學博士弘文館學士臣賈公彥等奉
勑撰
國子博士兼太子中允贈齊州刺史吳縣開國男臣陸德明釋文
天官冢宰第一 ○陸德明音義曰本或作冢宰上非餘卷放此 疏 天官冢宰鄭目
錄云象天所立之官冢大也宰者官也天者統理萬物天子
立冢宰使掌邦治亦所以總御衆官使不失職不言司者大
宰總御衆官不主一官之事也○釋曰鄭云象天者周天有
三百六十餘度天官亦總攝三百六十官故云象天也云官
者亦是嘗屬爲號故題曰天官也鄭又云冢大宰官也者下
註對大宰則云冢者大之上此不對大宰故云冢大也宰者
調和膳羞之名此冢宰亦能調和衆官故號大宰之宮鄭
云不言司者大宰總御衆官不主一官之事者此官
對司徒司馬司寇司空皆云司以其各主
言司此天官則兼攝羣職故不

附释音周礼注疏四十二卷

（汉）郑玄注　（唐）贾公彦等疏　（唐）陆德明释文　元刻明修本　经部礼类周礼　十六册　山东省图书馆藏

十行十七字，小字双行二十三字，元刊大黑口，明刊白口，版框 19.3 厘米 ×13.2 厘米，开本 28.2 厘米 ×16.6 厘米。

郑玄（127—200），字康成，北海高密（今属山东）人。东汉末经学大师，精通三礼，后世称“礼是郑学”。贾公彦，生卒年不详，河北邯郸人。唐代经学家。陆德明（约 550—630），名元朗，苏州人。唐代经学家。汉代《周礼》注家迭出，郑玄融会贯通，取代诸说；贾公彦为经及郑注作《疏》，成为《周礼》又一功臣；陆德明《经典释文》考群经古音，兼辨训义，为后世推崇。经注、疏文、释文最初均是单独刊行，直至南宋始将注疏合刻，后又出现将《释文》散附于经注之下的附释音注疏本。钤有“茂苑韩氏家藏图籍”“又尘鉴藏”“仙井胡菊潭藏书印”。入选第三批《国家珍贵古籍名录》，名录号 06980。

周禮正義序

唐朝散大夫行太學博士弘文館學士臣賈公彥等奉

勑撰

夫天育蒸民無主則亂立君治亂事資
賢輔但天皇地皇之日無事安民降自
燧皇方有臣矣是以易通卦驗云天地
成位君臣道生君有五期輔有三名註
云三名公卿大夫又云燧皇始出握
矩表計寘其刻日蒼牙通

儀禮圖第一

士冠禮第一冠古亂反

士冠禮○筮于廟門筮者以蓍問日吉凶於易也冠必筮日於廟門者重以成人之

禮成子孫也廟謂禰廟不於堂者嫌蓍之靈由廟神○疏曰言子兼言孫者家事統於尊若祖在則爲冠

主故兼孫也主人玄冠朝服緇帶素韠韠音畢○蔽膝也即位于

門東西面主人將冠者之父兄也玄冠委貌也朝服者十五升布衣而素裳也衣不言色者衣

與冠同也筮必朝服者尊蓍龜之道緇帶黑繒帶素韠白韋韠長三尺上廣一尺下廣二尺其頸五寸肩

革帶博二寸天子與其臣玄冕以視朔皮弁以日視朝諸侯與其臣皮弁以視朔朝服以日視朝凡染黑

五入爲緅七入爲緇玄則六入與○緇自陵反○今按朝服重於玄端冠時主人玄端爵韠今此筮亦在

廟不服玄端而服朝服是尊蓍龜之道也有司如主人服即位于西方東

仪礼图十七卷旁通图一卷

（宋）杨复撰　明嘉靖十五年（1536）吕柟刻本　经部礼类仪礼　八册　山东省图书馆藏

十行二十字，小字双行同，白口，左右双边，版框 21.6 厘米 ×15.7 厘米，开本 29 厘米 ×17.4 厘米。

杨复，生卒年不详，字志仁，长溪（今属福建）人。受业于朱熹，世称信斋先生。此书成于南宋绍定元年（1228），序称严陵赵彦肃作《特牲》《少牢》二礼图，朱熹认为还应作《冠》《婚》图及堂室制度一并考之。杨氏遂成图二百零五幅；又分《宫庙门》《冕弁门》《牲鼎礼器门》，成图二十五幅，名为《仪礼旁通图》附后，古礼之梗概，于此书可睹其大端。本书是海源阁旧藏。入选第二批《国家珍贵古籍名录》，名录号 03301。

卷二

册一

禮服釋名

大裘冕十有二旒其服十有二章朱衣彤裳朱芾赤舄

冕一作絻旒一作斿芾一作市紱韍紼

周官司服王祀昊天上帝則服大裘而冕祀五帝亦如之按郊特牲祭之日王被袞以象天戴冕璪十有二旒則天數也鄭司農說大裘黑羔裘玄衣冕無旒並與記文不合先儒辨之詳矣

冕俛也上覆曰延（左傳作綖）以麻衣木玄表朱裏充耳謂之瑱天子諸侯以玉大夫士以石（詩瓊華瓊瑩並衡下石之次玉者）縣瑱者紞（國語王后親織玄紞天子以玄也漢書黈纊塞耳諸侯以黃也士喪禮瑱用白纊士以素也著之次章充耳以青毛云卿大夫）

礼服释名一卷

（清）孔广森撰　稿本　经部礼类仪礼　一册　孔子博物馆藏

行字不等，开本 26.8 厘米×16.6 厘米。

孔广森（1752—1786），字众仲，号巽轩，曲阜（今属山东）人，孔子七十代孙。清乾隆三十六年（1771）进士。生性淡泊，以养亲告归，遂不复出，于经史小学，无不深研。该书释经典所载“大裘”以下诸礼服。全书先列服名及其形制，后低一格列经传中相关记载，附孔广森双行小字注释。本书系孔广森稿本，全书多有朱墨涂改批校。入选第三批《国家珍贵古籍名录》，名录号 07351。

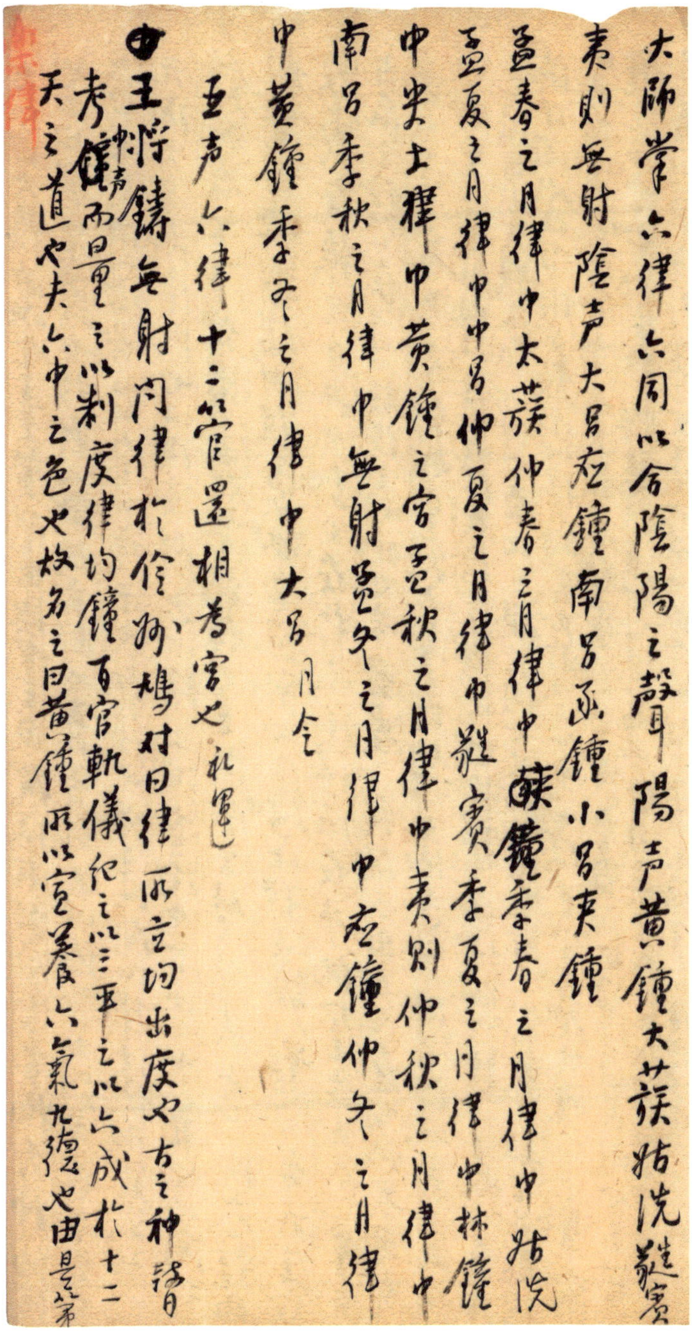

礼仪器制考释不分卷

（清）孔广森撰　稿本　经部礼类仪礼　八册　孔子博物馆藏

行字不一，开本 30.2 厘米 ×18.9 厘米（大），26.9 厘米 ×18.8 厘米（小）。

孔广森简介见《礼服释名》。该书计有《宾礼》《相见仪》《宫室制》《器度制》《吉服制》《嘉礼》《军礼》《师田仪》《乐制》《丧仪》《凶礼》《恤仪》《学仪》《家庭仪》等，每篇各冠目录于首，篇后条目多寡不一。该书系孔广森稿本，中有涂乙勾画，并于左上角以朱笔标注篇名。入选第三批《国家珍贵古籍名录》，名录号 07325。

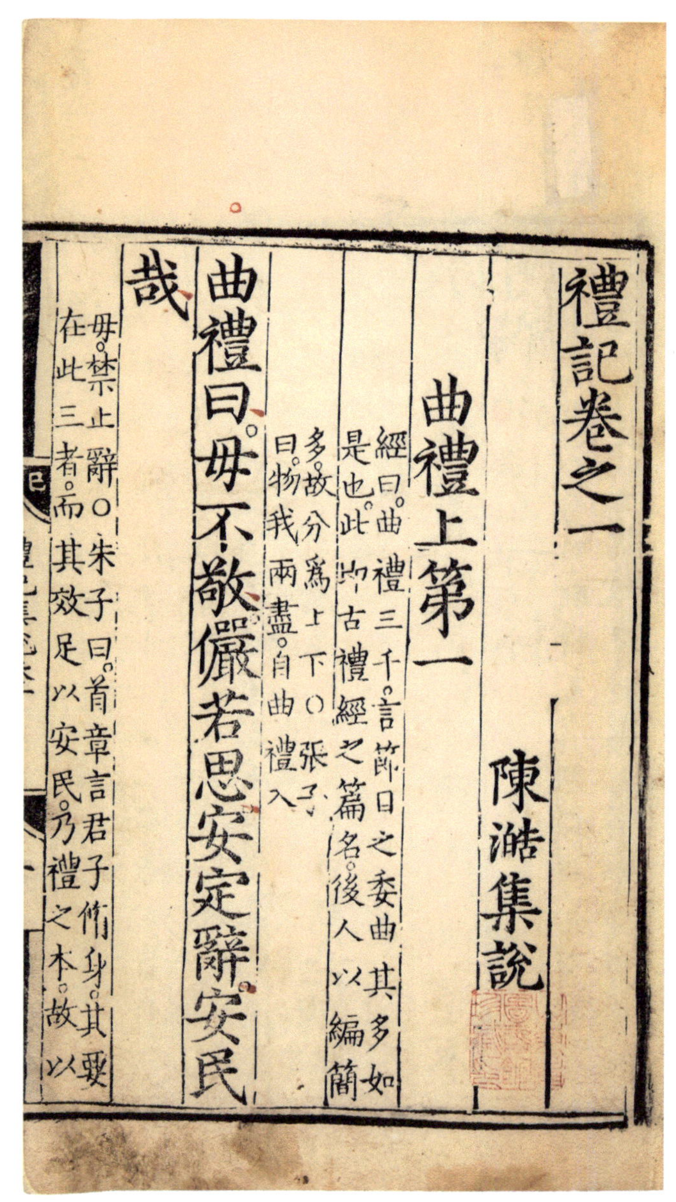
禮記卷之一
陳澔集說
曲禮上第一
經曰。曲禮三千。言節目之委曲。其多如是也。此以古禮經之篇名。後人以編簡多。故分爲上下。○張子曰。物我兩盡。自曲禮入。
曲禮曰。毋不敬。儼若思。安定辭。安民哉
毋禁止辭。○朱子曰。首章言君子脩身。其要在此三者。而其效足以安民。乃禮之本。故以

礼记集说十六卷

（元）陈澔撰　明正统十二年（1447）司礼监刻本　经部礼类礼记　十六册　山东省图书馆藏

八行十四字，小字双行十八字，粗黑口，四周双边，版框 22.5 厘米×16.5 厘米，开本 29.6 厘米×19.8 厘米。

陈澔（1260—1341），字可大，号云住，人称“经归先生”，南康都昌（今属江西）人。宋末元初著名理学家。陈澔为朱熹四传弟子，其《礼记集说》承程朱学说，为《礼记》各篇作注释。元代经学家吴澄称其“可谓善读书，其论《礼》无可疵矣”。是书为明、清科考取士必读之书，流行颇广，影响颇大。该本为明司礼监刻本，版式疏朗，字体清秀，为明内府刻书的代表之一。入选第三批《国家珍贵古籍名录》，名录号 07329。

礼记注疏补缺一卷

（清）孔广森撰　稿本　经部礼类礼记　一册　孔子博物馆藏

行字不一，开本 27 厘米 ×20 厘米。

孔广森简介见《礼服释名》。是书卷端不题撰者姓名，杂入孔广森其他书稿中，亦系孔广森稿本。全书自《礼记注疏》第五卷补起，所补长短不一，或二三字，或千余言。中有涂乙勾画，并于左上角以朱笔标注篇名。入选第三批《国家珍贵古籍名录》，名录号 07337。

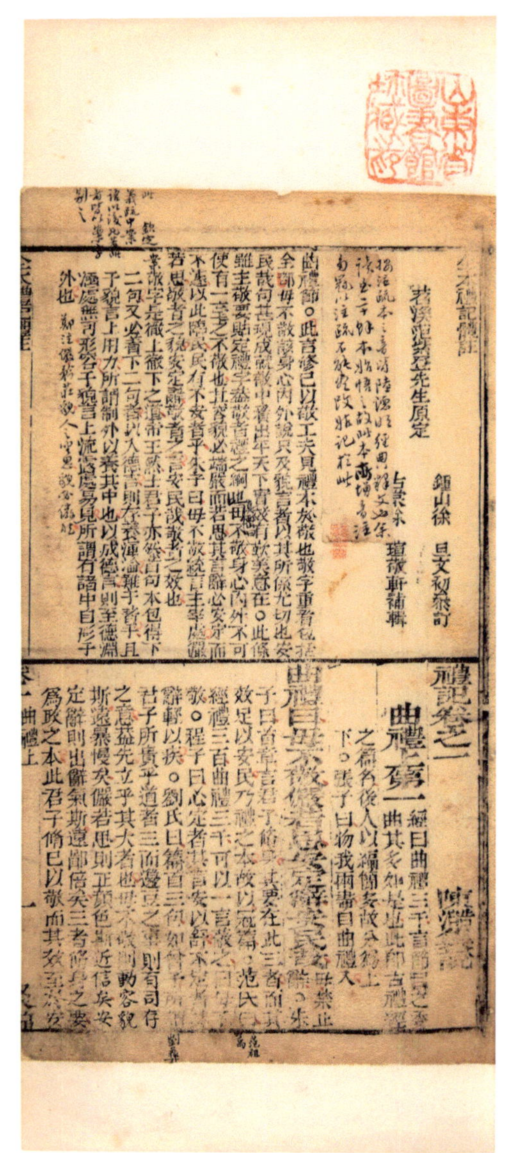

全本礼记体注十卷

（清）范翔原定　（清）徐旦参订　（清）徐瑄补辑　清聚锦堂刻本　经部礼类礼记　十册　山东省图书馆藏

上下栏，上栏二十行二十四字，下栏九行十八字，小字双行同，白口，左右双边，版框 23.7 厘米×14.5 厘米，开本 34.4 厘米×18.8 厘米。

范翔（字紫登）、徐旦（字文初）、徐瑄（字敬轩），俱清代学者。该书为清代说解《礼记集说》的科举用书。有王筠详细批注及姚鹏图跋。王筠（1784—1854），字贯山，号菉友，安丘（今属山东）人。著名文字学家、训诂学家，清《说文解字》四大家之一。姚鹏图（1872—1921），字柳坪，号古凤，太仓（今属江苏）人。清季山东创设图书馆，多所规划，身后藏书亦多归本馆。本书版式较为独特，又有名家批注，版本及学术价值合璧。钤有“王筠之印”“筠”“贯山”等印。入选第三批《国家珍贵古籍名录》，名录号 07338。

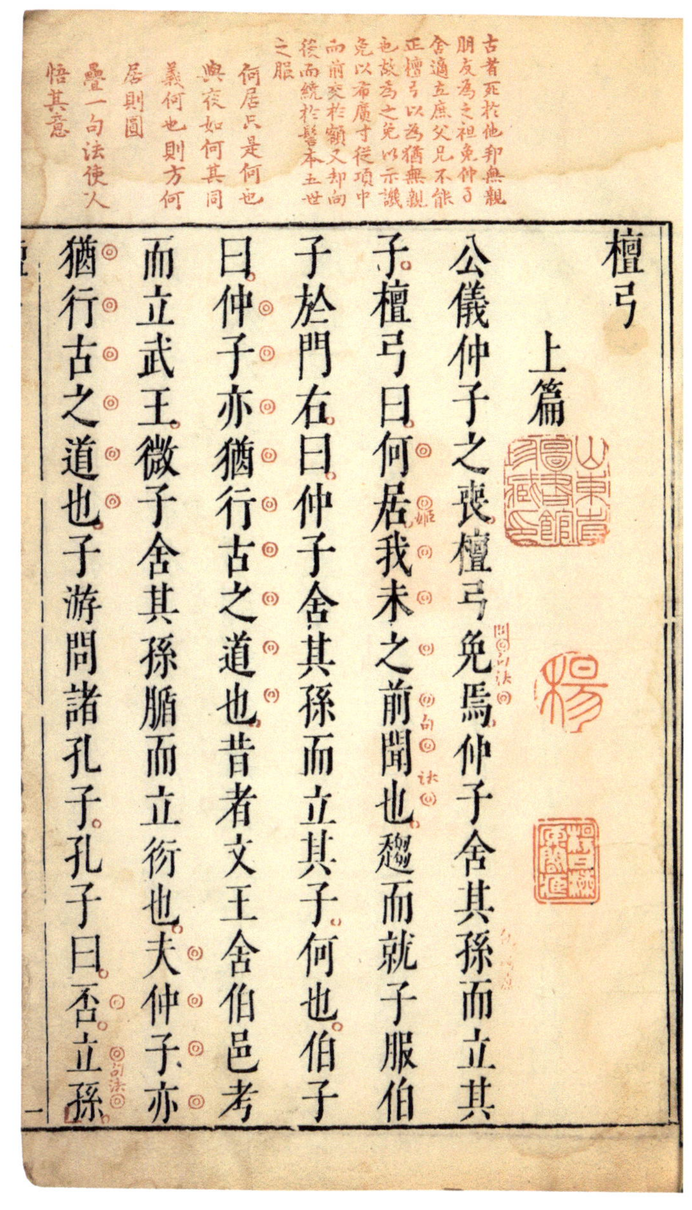
古者死於他邦無親朋友為之袒免仲子舍適立庶父兄不能正檀弓以為猶無親也故為之免以示譏免以布廣寸從項中而前交於額又却向後而繞於髻本五世之服

何居只是何也與夜如何其同義何也則方何居則圓

疊一句法使人悟其意

檀弓 上篇

公儀仲子之喪檀弓免焉仲子舍其孫而立其子檀弓曰何居我未之前聞也趨而就子服伯子於門右曰仲子舍其孫而立其子何也伯子曰仲子亦猶行古之道也昔者文王舍伯邑考而立武王微子舍其孫腯而立衍也夫仲子亦猶行古之道也子游問諸孔子孔子曰否立孫

檀弓二卷

（宋）谢枋得批点　明万历四十四年（1616）吴兴闵齐伋刻朱墨套印本　经部礼类礼记　一册　山东省图书馆藏

八行十八字，白口，左右双边，版框 20.4 厘米 ×15.4 厘米，开本 26.5 厘米 ×17.2 厘米。

谢枋得（1226—1289），字君直，号叠山，信州弋阳（今属江西）人。南宋宝祐四年（1256）与文天祥同举进士。宋末率军抗元，宋亡不仕，后被胁迫入大都，绝食而死。有《叠山集》传世。《檀弓》为《礼记》的一篇，据郑玄《礼记目录》，因檀弓此人“善于礼”，故用他的名字来做篇名。实际上，《檀弓》绝大部分是杂记丧礼的文字，所涉善礼之人物也甚多。本书为海源阁旧藏。钤有“杨氏海源阁藏”“杨”等印。入选第一批《国家珍贵古籍名录》，名录号 01343。

曾子立事第四十九

曾子曰君子攻其惡

計其失

求其過

省其身

彊其所不能去私欲從事於義可謂學矣君子愛日以學及時以行難者弗辟易者弗從唯義所在日旦就業夕而自省思以歿其身亦可謂守業矣君子學必由其業

故業必請之

問必以其序問而不決承間觀色而復之

復白也補復再也

雖不說亦不彊爭也

雖不說未解不彊爭補說讀如相說以解之說

大戴礼记补注十三卷序录一卷

（清）孔广森撰　稿本　经部礼类礼记　三十九册　孔子博物馆藏

行字不一，开本 27 厘米×19 厘米。

孔广森简介见《礼服释名》。孔广森以《大戴礼记》在流传过程中产生的文句讹脱衍倒甚多，旧注又“词旨简略，大义虽举，微言仍隐”（卷首《序录》），遂博稽群书，广采众说，为之补注。孔氏《补注》，多补释卢辩旧注之未备，旧注已逸者，则“稍以己意，备其诂训”。孔注前有“补”字明己之所释，所校诸本异同等，则以圆圈别之。此其稿本，“补”字皆朱笔，正文有涂改。入选第三批《国家珍贵古籍名录》，名录号 07341。

儀禮經傳卷第三　家禮三

内則第五

后王命冢宰降德于衆兆民子事父母雞初鳴咸盥漱櫛縰笄總拂髦冠緌纓端韠紳搢笏左右佩用左佩紛帨刀礪小觿金燧右佩玦捍管遰大觿木燧偪屨著綦婦事舅姑如事父母雞初鳴咸盥漱櫛縰笄總衣紳左佩紛帨刀礪小觿金燧右佩箴管線纊施縏袠大觿木燧衿纓綦屨以適父母舅姑之所及所下氣怡聲問衣燠寒疾痛苛癢而敬抑搔之出入則或先或後而敬扶持之進盥少者奉槃長者奉水請沃盥盥卒授巾問所欲而敬進之柔色以温之饘酏

仪礼经传通解三十七卷

（宋）朱熹撰　**续二十九卷**　（宋）黄榦（宋）杨复撰　明正德十六年（1521）刘瑞、曹山刻本　经部礼类通礼　十九册　山东省图书馆藏

十一行二十字，白口，左右双边，版框 20.3 厘米×14.6 厘米，开本 27.5 厘米×17.6 厘米。

朱熹（1130—1200），字元晦，又字仲晦，号晦庵、晦翁等，谥文，亦称朱文公，徽州婺源（今属江西）人。南宋理学家，程朱学派代表人物，后世尊称朱子。《仪礼经传通解》初名《仪礼集传集注》，是朱熹在充分占有文献材料基础上，通过独特的分类，将礼学资料条理化的一部著作，对后世影响巨大。《四库全书总目》评价“古礼之梗概节目，亦略备于是矣”。其后学黄榦、杨复又续补二十九卷。本书为海源阁旧藏。钤有“山东省立图书馆点收海源阁书籍之章”等印。入选第三批《国家珍贵古籍名录》，名录号 07347。

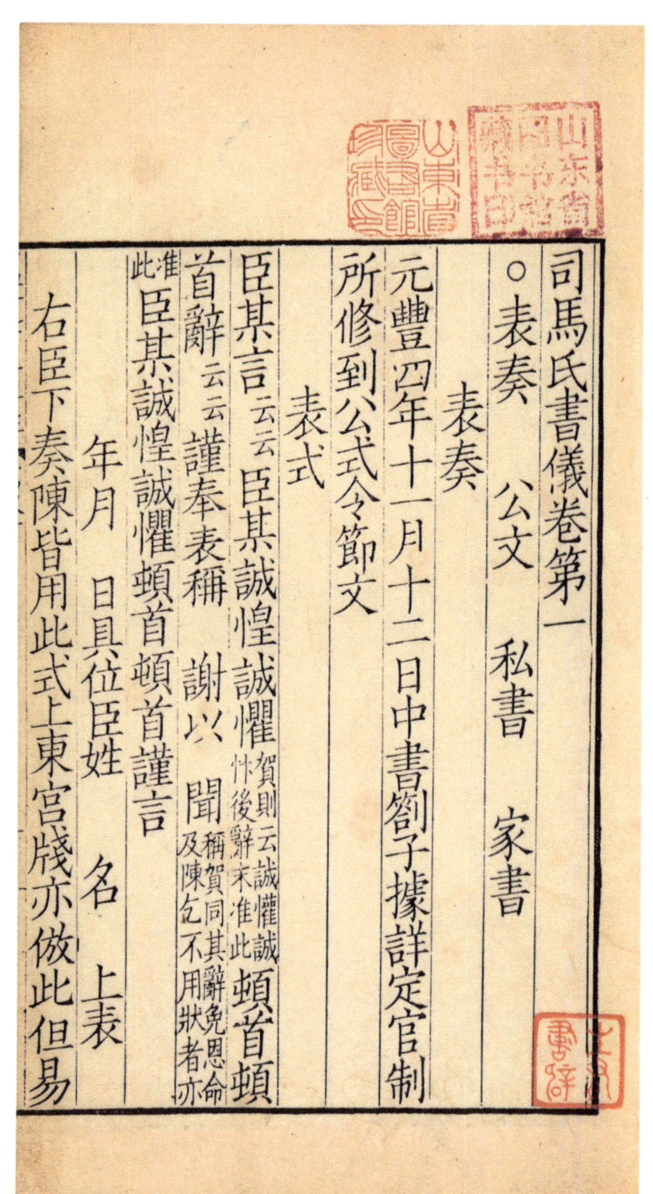
司馬氏書儀卷第一
○表奏　公文　私書　家書
表奏
元豐四年十一月十二日中書劄子據詳定官制
所修到公式令節文
表式
臣某言云云臣某誠惶誠懼（賀則云誠懽誠忭後辭末准此）頓首頓
首辭云云謹奉表稱謝以聞（稱賀同其辭免恩命及陳乞不用狀者亦准此）
臣某誠惶誠懼頓首頓首謹言
年月　日具位臣姓　名　上表
右臣下奏陳皆用此式上東宮牋亦倣此但易

司马氏书仪十卷

（宋）司马光撰　清雍正元年（1723）汪亮采刻本　经部礼类杂礼　四册　山东省图书馆藏

十一行十九字，小字双行二十四字，白口，左右双边，版框 19.1 厘米×13.2 厘米，开本 25.6 厘米×16.6 厘米。

司马光（1019—1086），字君实，陕州夏县（今属山西）人。宋宝元元年（1038）进士，北宋著名政治家、史学家，卒谥文正，追赠太师、温国公，有《资治通鉴》《传家集》《稽古录》等著作传世。“书仪”指的是古代士大夫关于书札体式、典礼仪注的著述，该词最早见于北齐颜之推《颜氏家训》一书，《隋书·经籍志》便载谢元撰《内外书仪》等。此书为宋代礼学的代表作之一，对后世影响颇大，《朱子家礼》即多采其说。钤有“生有书辟”“太初山人”“太初山馆珍藏秘籍”等印。入选第三批《国家珍贵古籍名录》，名录号 07349。

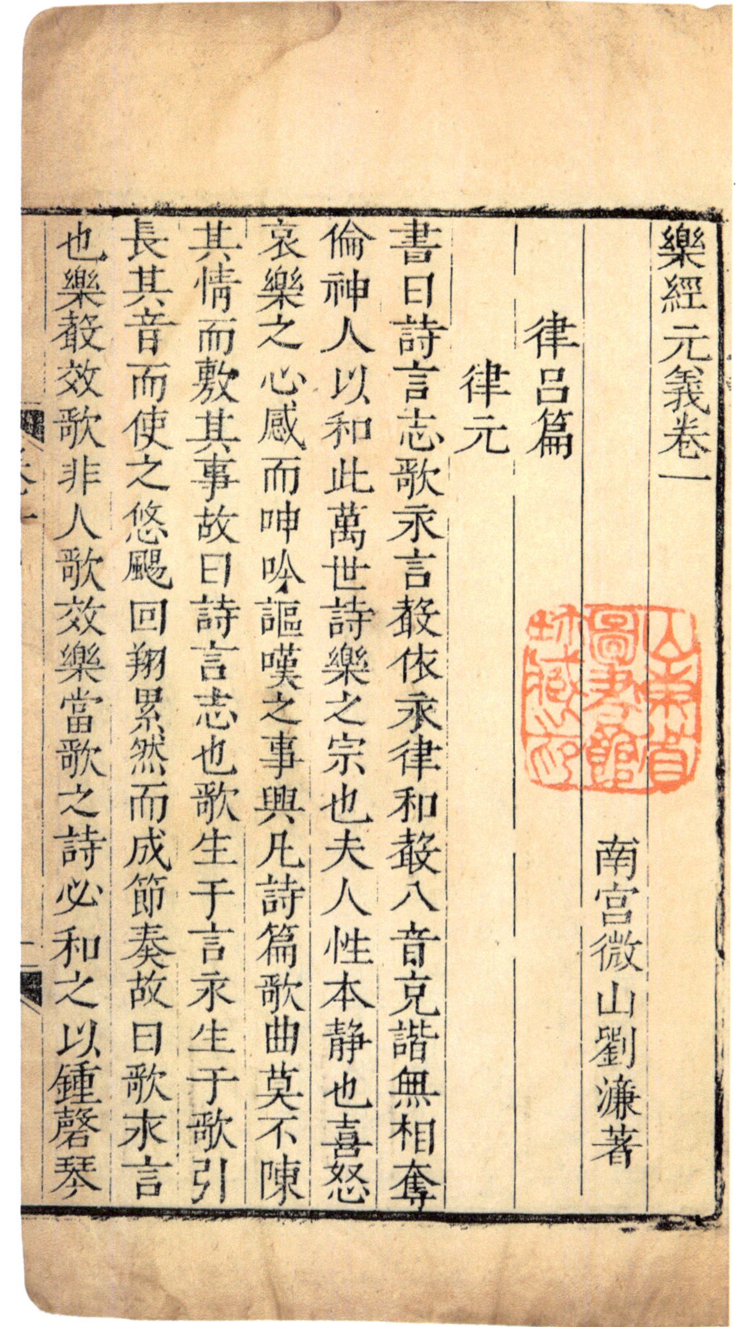
樂經元義卷一

南宮徵山劉濂著

律呂篇

律元

書曰詩言志歌永言聲依永律和聲八音克諧無相奪倫神人以和此萬世詩樂之宗也夫人性本靜也喜怒哀樂之心感而呻吟謳嘆之事與凡詩篇歌曲莫不陳其情而敷其事故曰詩言志也歌生于言永生于歌引長其音而使之悠颺回翔累然而成節奏故曰歌永言也樂聲效歌非人歌效樂當歌之詩必和之以鍾磬琴

乐经元义八卷

（明）刘濂撰　明嘉靖刻本　经部乐类　三册　山东省图书馆藏

十行二十一字，白口，四周单边，版框 18.5 厘米 ×13.2 厘米，开本 24.2 厘米 ×15 厘米。

刘濂（1494—1567），字濬伯，南宫（今属河北）人。明正德进士，曾任河南杞县知县，嘉靖四年（1525）升任监察御史，后因弹劾严嵩未果，辞官专心著述。是书谓《乐经》不缺，不从《礼记·乐记》与《周礼·大司乐》说，创为新论，有一定参考价值。钤有“河北男子校过”“佩卿”等印。入选第二批《国家珍贵古籍名录》，名录号 03331。

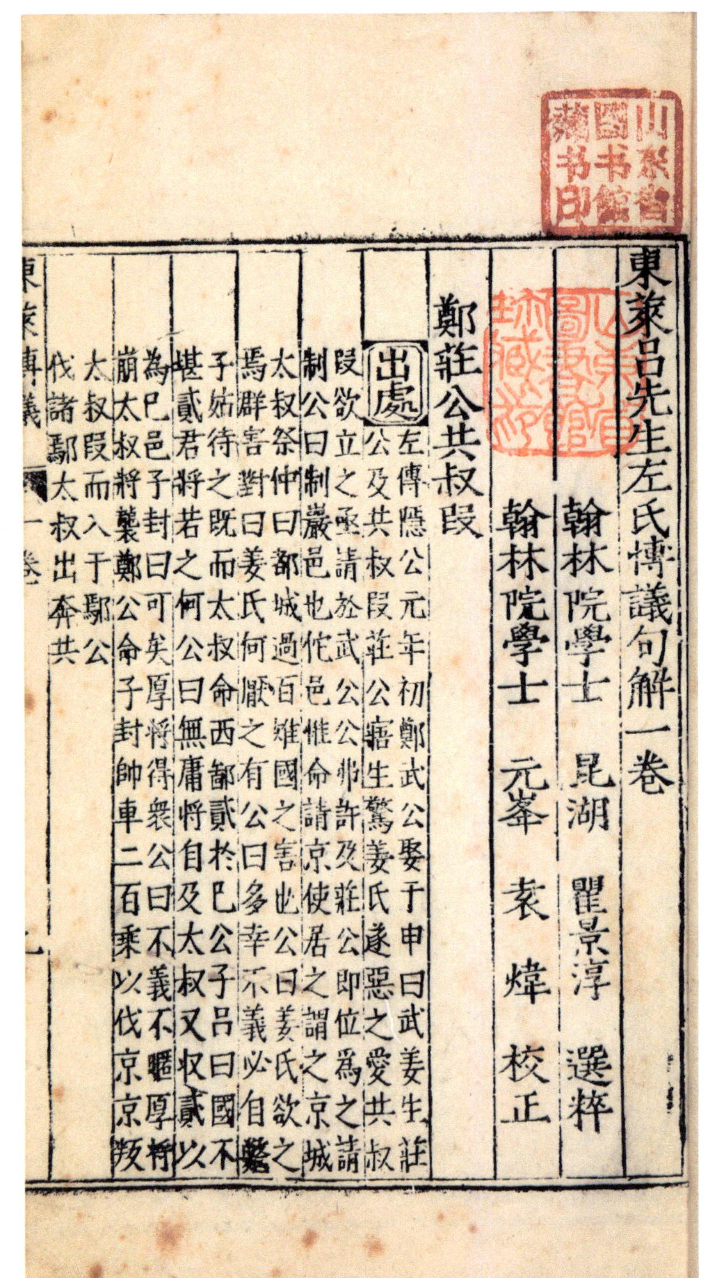

東萊呂先生左氏博議句解一卷

翰林院學士　昆湖　瞿景淳　選粹

翰林院學士　元峯　袁　煒　校正

鄭莊公共叔段

出處　左傳隱公元年初鄭武公娶于申曰武姜生莊公及共叔段莊公寤生驚姜氏遂惡之愛共叔段欲立之亟請於武公公弗許及莊公即位爲之請制公曰制巖邑也佗邑惟命請京使居之謂之京城太叔祭仲曰都城過百雉國之害也公曰姜氏欲之焉辟害對曰姜氏何厭之有公曰多行不義必自斃子姑待之既而太叔命西鄙貳於巳公子呂曰國不堪貳君將若之何公曰無庸將自及太叔又收貳以爲巳邑子封曰可矣厚將得衆公曰不義不暱厚將崩太叔將襲鄭公命子封帥車二百乘以伐京京叛太叔段而入于鄢公伐諸鄢太叔出奔共

東萊博議　一卷

东莱吕先生左氏博议句解十六卷

（宋）吕祖谦撰　（明）瞿景淳辑　明刻本　经部春秋类左传　六册　山东省图书馆藏

十行二十二字，小字双行同，白口，四周双边，版框19.7厘米×14.1厘米，开本26.3厘米×16厘米。

吕祖谦简介见《吕氏家塾读诗记》。本书为吕氏研究《左传》著作，主张从文字入手探求“春秋大义”，代表了宋代《春秋》学的典型做法。《四库全书总目》对其评价颇高。瞿景淳（1507—1569），字师道，号昆湖，常熟（今属江苏）人。明嘉靖曾任重抄《永乐大典》总校官。钤有“高唐郝氏”“敬堂”等印。入选第三批《国家珍贵古籍名录》，名录号07371。

自此起至攝也纔是釋不書卽位之義文氣甚貫宜附元年經後不宜上據傳元年字截置經前

春秋左傳　孫月峰先生批點

隱公

○惠公元妃孟子孟子卒繼室以聲子生隱公宋武公生仲子仲子生而有文在其手曰爲魯夫人故仲子歸于我生桓公而惠公薨是以隱公立而奉之

元年春王正月

元年春王周正月不書卽位攝也

三月公及邾儀父盟于蔑

春秋左傳　隱公　一

春秋左传十五卷

（明）孙鑛批点　明万历四十四年（1616）吴兴闵齐伋刻朱墨套印本　经部春秋类左传十册　山东省图书馆藏

九行十九字，白口，四周单边，版框 21.3 厘米×15.1 厘米，开本 26.7 厘米×17.3 厘米。

孙鑛（1543—1613），字文融，号月峰、湖上散人，余姚（今属浙江）人。明万历二年（1574）进士。一生勤奋，著述达四十种七百余卷，曾点评群经，该书即是其中一种，对明代《左传》研究具有参考价值。本书为朱墨套印本，正文、评点分色套印，品相美观。钤有“杨氏海源阁藏”“保彝私印”等印。入选第一批《国家珍贵古籍名录》，名录号 01369。

即位例

元年春王正月
公何以不言即位成公意也
隱何以無正月隱將讓乎桓故不有其正月也
元年春王正月公即位 桓
繼弑君不言即位此其言即位何如其意也
元年春王正月 莊
公何以不言即位春秋君弑子不言即位
元年春王正月 閔
公何以不言即位繼弑君不言即位
元年春王正月 僖
公何以不言即位繼弑君子不言即位此非子也其稱子何臣子一例也
元年春王正月公即位 文

列国事语分类考释一卷

（清）孔广森撰　稿本　经部春秋类公羊　一册　孔子博物馆藏
行字不等，开本 26.8 厘米×18.7 厘米。

孔广森简介见《礼服释名》。该书亦为孔广森稿本，为《春秋》公羊学著作，或分类抄录《公羊传》“条例”相关经传，或用表格形式列出某“例”相关经传位置。中有涂乙勾画，另有佚名朱笔批校。入选第三批《国家珍贵古籍名录》，名录号 07388。

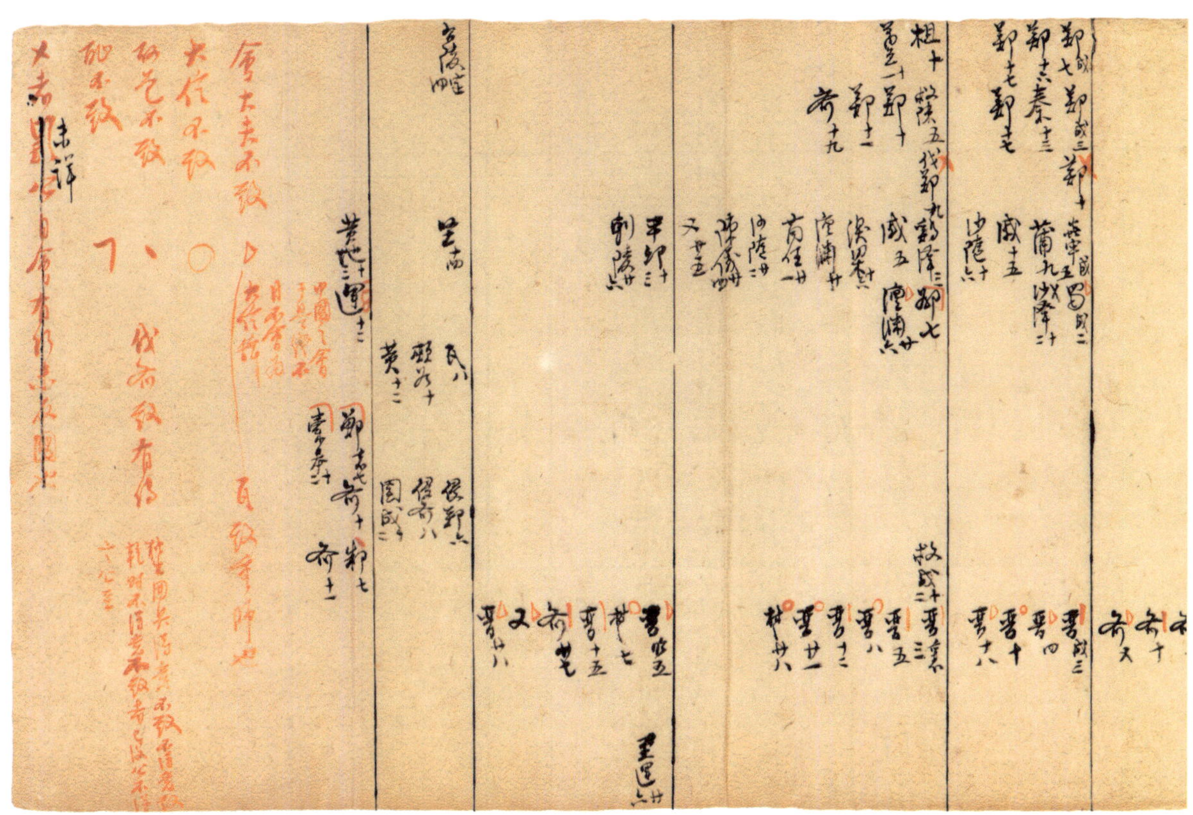

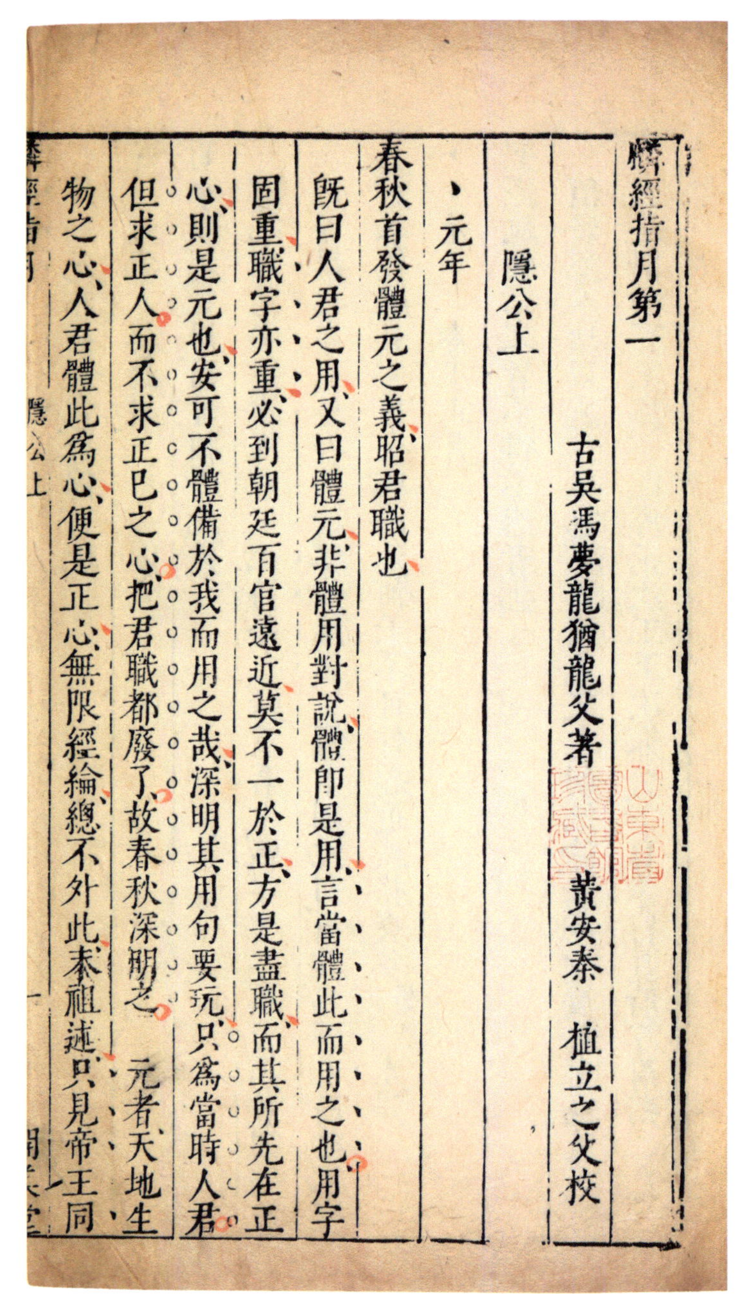
麟經指月第一
古吳馮夢龍猶龍父著　黃安泰　植立之父校
隱公上
、元年
春秋首發體元之義昭君職也
旣曰人君之用又曰體元非體用對說體即是用言當體此而用之也用字固重職字亦重必到朝廷百官遠近莫不一於正方是盡職而其所先在正心則是元也安可不體備於我而用之哉深明其用句要玩只爲當時人君但求正人而不求正己之心把君職都廢了故春秋深明之　元者天地生物之心人君體此爲心便是正心無限經綸總不外此末祖述只見帝王同
麟經指月　隱公上　一　開美堂

麟经指月十二卷

（明）冯梦龙撰　明泰昌元年（1620）开美堂刻本　经部春秋类春秋总义　六册　山东省图书馆藏

十行二十九字，白口，左右双边，版框 23.6 厘米 ×14.5 厘米，开本 27 厘米 ×16.9 厘米。

冯梦龙（1574—1646），字犹龙，又字子犹、耳犹，号龙子犹、绿天馆主人等，长洲（今属江苏苏州）人。明代文学家、戏曲家。因孔子绝笔于获麟，故“麟经”为《春秋》别称。冯梦龙虽多致力于通俗文学，然其毕生用力之处亦包括经学，如《麟经指月》《论语指月》等。该书语言平易，于解经独辟蹊径。入选第二批《国家珍贵古籍名录》，名录号 03372。

御纂春秋直解卷第一

春秋繼詩書也雅亡於黍離書終文侯之命斯春秋作焉託始隱公時相接也據時事以維王迹而是非著治亂具法戒昭使後世得以考而鑒焉孔子之志也

己未
平王四十有九年 在位五十有一年孫桓王立

春秋爲尊王而作而用魯紀年者本魯史也後人因以干支與天王之年冠其上其意善矣第經所

御纂春秋直解 卷一 隱公元年 一

御纂春秋直解十二卷

（清）傅恒等撰　清乾隆二十三年（1758）内府刻本　经部春秋类春秋总义　八册　山东省图书馆藏

八行二十字，白口，四周双边，版框 22.3 厘米×16.2 厘米，开本 29.8 厘米×19.4 厘米。

傅恒（1722—1770），字春和，富察氏，满洲镶黄旗人。清乾隆二十三年（1758）奉敕撰成《御纂春秋直解》，以十二公为十二卷，庄公、僖公、襄公篇幅稍繁，各析一子卷，实十五卷。全书直列经文，不列传文，意在发明《春秋》本义，而铲除种种迂曲之说，故名“直解”。入选第一批《国家珍贵古籍名录》，名录号 01379。

重广陈用之学士真本入经论语全解义十卷

（宋）陈祥道撰　清初抄本　经部四书类论语　四册　山东省图书馆藏
十行二十二字，开本 26.4 厘米 ×17.2 厘米。

陈祥道（1042—1093），字用之，福州闽清（今属福建）人。宋治平进士，元祐中为太常博士，历秘书省正字、馆阁校勘等职，长于三礼之学，著作除该书外，存世另有《礼书》等。本书征引详博，释《论语》于礼制最为明晰。此为清初精抄本，为清乾嘉时期名儒朱筠旧藏，且有朱氏批校，价值可观。钤有“朱筠”“虚中”等印。入选第二批《国家珍贵古籍名录》，名录号 03377。

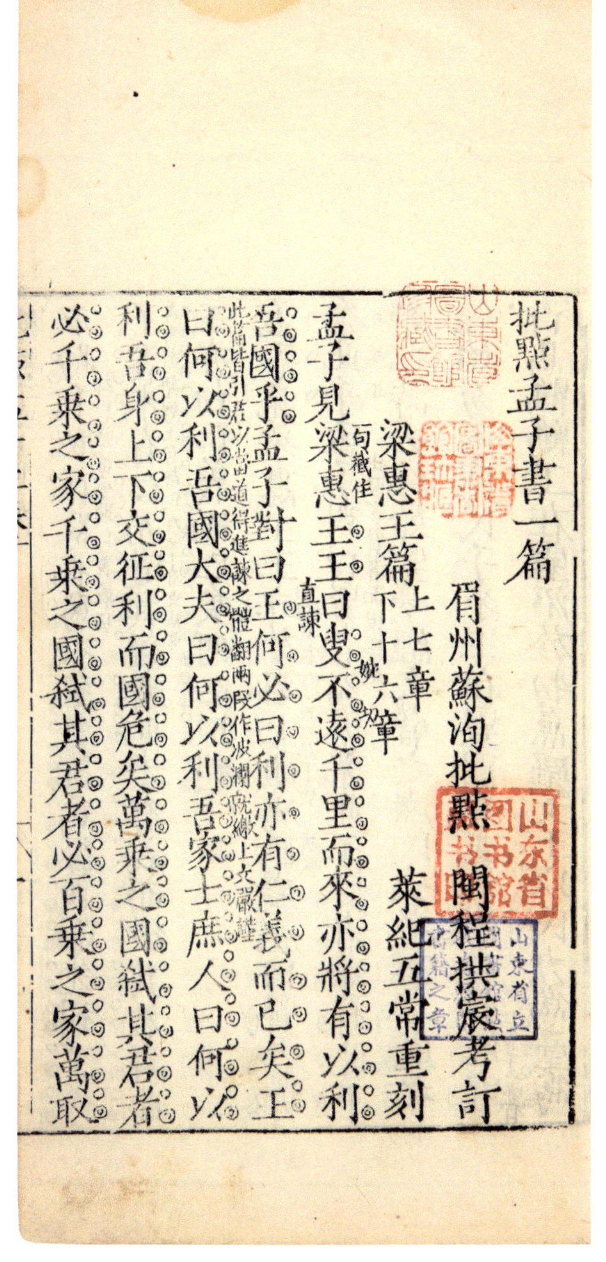
批點孟子書一篇
眉州蘇洵批點　閩程拱宸考訂
梁惠王篇上七章　下十六章　萊紀五常重刻
孟子見梁惠王王曰叟不遠千里而來亦將有以利
吾國乎孟子對曰王何必曰利亦有仁義而已矣王
曰何以利吾國大夫曰何以利吾家士庶人曰何以
利吾身上下交征利而國危矣萬乘之國弒其君者
必千乘之家千乘之國弒其君者必百乘之家萬取

批点孟子书二卷

题（宋）苏洵批点　明纪五常刻本　经部四书类孟子　二册　山东省图书馆藏
八行二十字，白口，四周单边，版框 19.5 厘米 × 13.1 厘米，开本 29.6 厘米 × 18 厘米。

苏洵（1009—1066），字明允，号老泉，眉州眉山（今属四川）人。北宋儒学家、文学家。与其子苏轼、苏辙并以文学著称于世，世称“三苏”，均被列入“唐宋八大家”。苏洵是宋代“蜀学”的创立人，该学派兼容儒、释、道三家，而以儒学为核心。本书旧题苏洵批点，实际上《四库全书总目》已经考证，非出苏洵之手而为后人托名之作。本书为孤本，系海源阁旧藏。入选第二批《国家珍贵古籍名录》，名录号 03379。

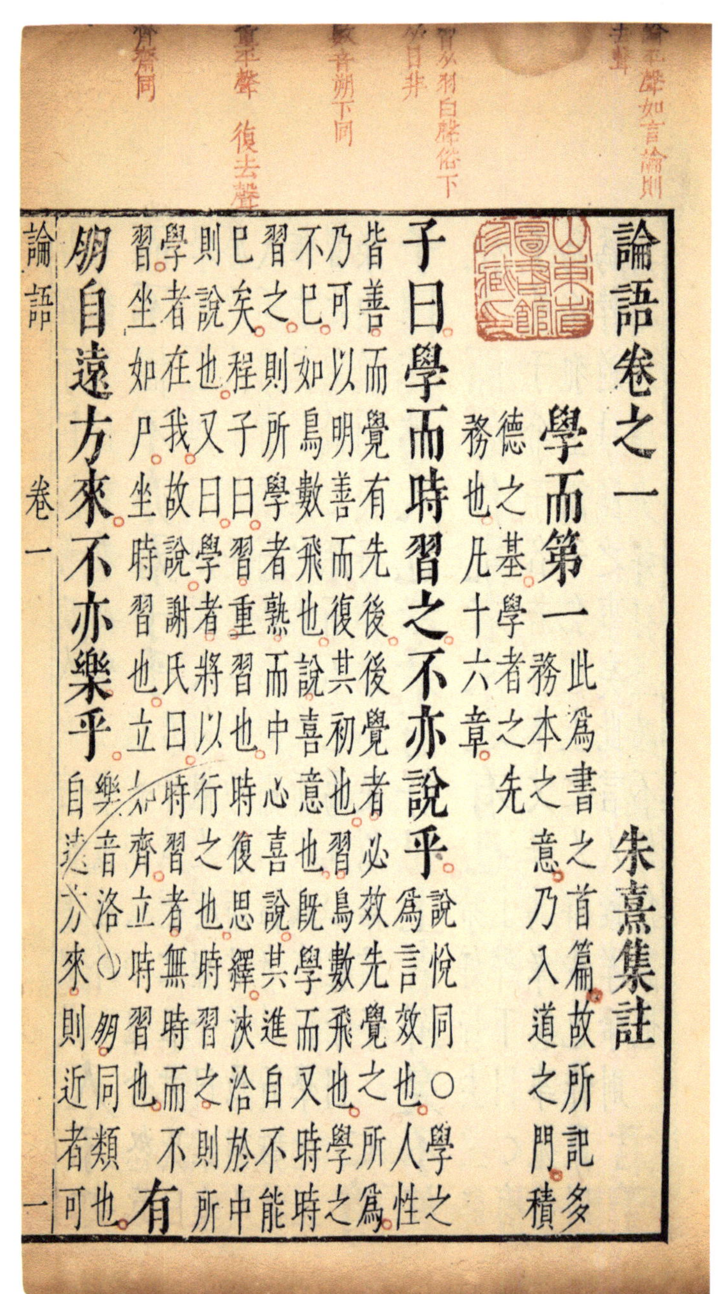
論語卷之一　朱熹集註

學而第一　此爲書之首篇故所記多務本之意乃入道之門積德之基學者之先務也凡十六章

子曰學而時習之不亦說乎　說悅同○學之爲言效也人性皆善而覺有先後後覺者必效先覺之所爲乃可以明善而復其初也習鳥數飛也學之不已如鳥數飛也說喜意也既學而又時時習之則所學者熟而中心喜說其進自不能已矣程子曰習重習也時復思繹浹洽於中則說也又曰學者將以行之也時習之則所學者在我故說謝氏曰時習者無時而不習坐如尸坐時習也立如齊立時習也

有朋自遠方來不亦樂乎　樂音洛○朋同類也自遠方來則近者可

論語　卷一　一

四书章句集注二十一卷

（宋）朱熹撰　明刻朱墨套印本　经部四书类四书总义　六册　山东省图书馆藏

九行十七字，小字双行同，白口，四周单边，版框21.3厘米×13.9厘米，开本26.4厘米×17.3厘米。

朱熹简介见《仪礼经传通解》。朱熹将《论语》《孟子》及《礼记》中之《大学》《中庸》两篇并成“四书”，详加注释，成《四书章句集注》，是其重要代表作之一。元延祐年间开始，以之为科举考试用书，此后元明清三代影响巨大。此朱墨套印本存世稀少。入选第二批《国家珍贵古籍名录》，名录号03385。

重刊增訂虛齋舊續四書蒙引大學卷之一

晉江 蔡清 著

安福 伍希周

同安 林希元 校正

大學章句序

讀此序見得教法始於伏羲神農黃帝堯舜備於三代廢於周衰傳於孔子曾子失其傳於孟子之後而復得表章於程子發明透徹於朱子自三代而上其教行於天下自孔曾而下其法僅傳於天下而已○原聖賢之所以著是書者以是教法不行於天下故為是書以傳

四書蒙引　大學卷之一　一

重刊增订虚斋旧续四书蒙引十五卷

（明）蔡清撰　明刻本　经部四书类四书总义　十四册　山东省图书馆藏

十行二十二字，白口，四周双边，版框 22 厘米 ×15.9 厘米，开本 28.3 厘米 ×17.7 厘米。

蔡清（1453—1508），字介夫，号虚斋，泉州（今属福建）人。明成化二十年（1484）进士，儒学家，“清源学派”创始人。本书为蔡氏代表作之一，版本稀见，版心下方有刻工。入选第三批《国家珍贵古籍名录》，名录号 07410。

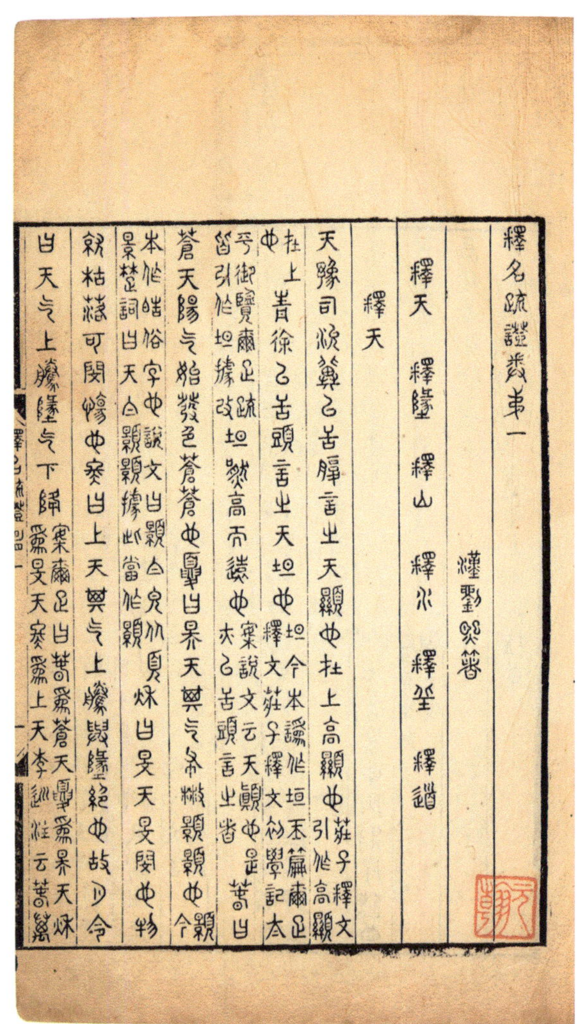

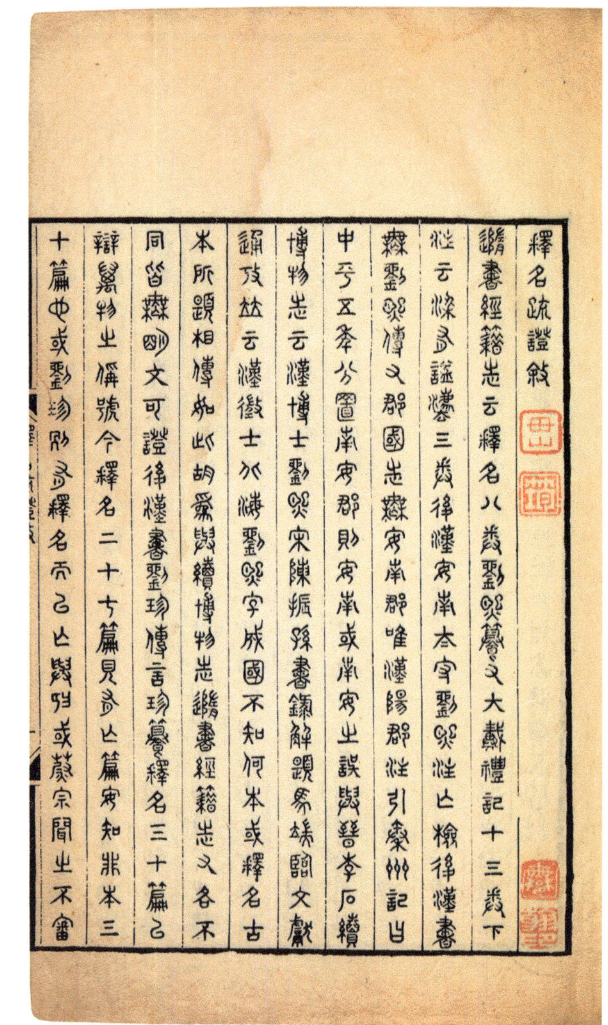

释名疏证八卷补遗一卷续释名一卷

（清）毕沅撰　清乾隆五十五年（1790）毕氏刻本　经部小学类训诂　二册　山东省图书馆藏

十一行二十二字，大黑口，四周单边，版框19.5厘米×14.7厘米，开本27.1厘米×17.5厘米。

毕沅（1730—1797），字纕蘅，一字秋帆，自号灵岩山人，太仓（今属江苏）人。清乾隆二十五年（1760）一甲一名进士，官至湖广总督。《释名疏证》为毕沅代表作之一。《中国古籍善本书目》收录包含本书在内的《释名疏证》批校本五种，足见该书为学者所重。本书有清王筠、许瀚批校并跋。钤有“许翰私印”“元翰”“王筠私印”“贯山”“筠”“许翰印”等印。入选第三批《国家珍贵古籍名录》，名录号07429。

釋名疏證 上

菉友大兄深通說文之學著述甚富而釋例八卷尤爲毋串嘗欲假瀚舊藏篆本釋名以資采錄瀚別有副本遂以此本奉贈辛丑閏三月重爲裝訂因識於簡端

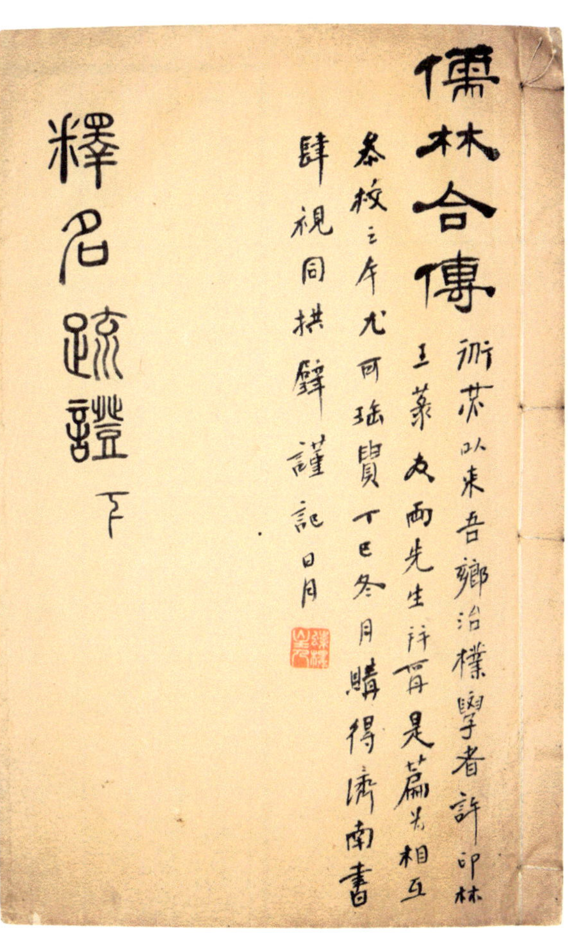

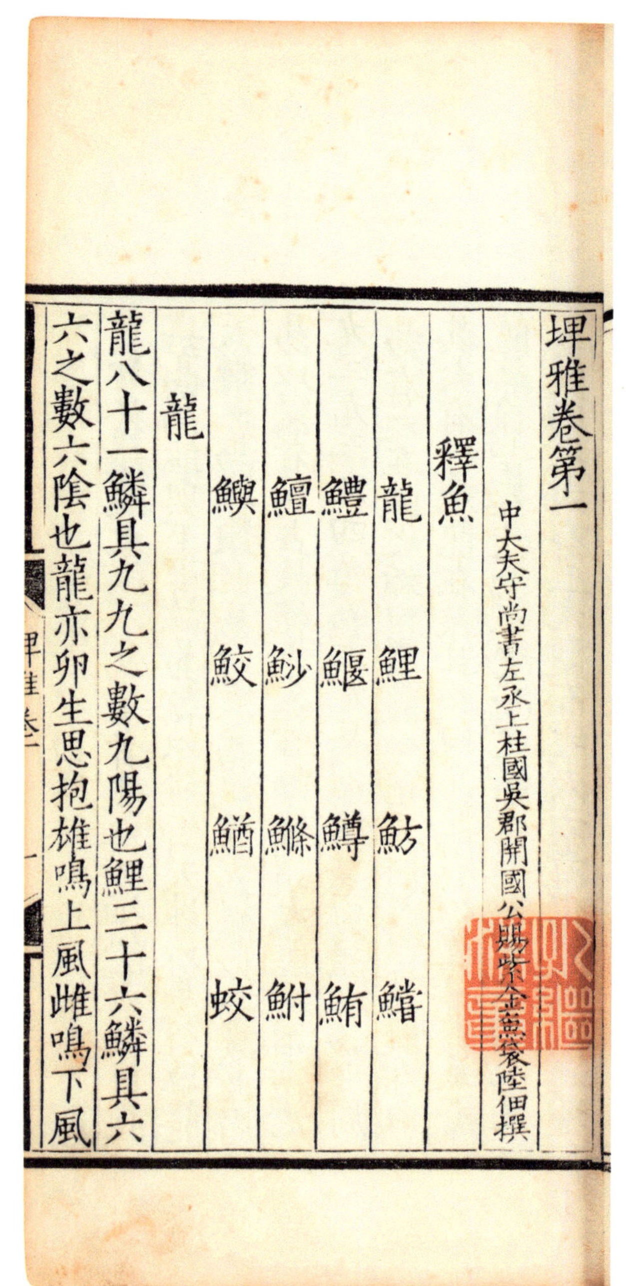
埤雅卷第一
中大夫守尚書左丞上柱國吳郡開國公賜紫金魚袋陸佃撰
釋魚
龍　鯉　魴　鱨
鱧　鰋　鱒　鮪
鱣　魦　鰷　鮒
鱮　鮫　鰌　蛟
龍
龍八十一鱗具九九之數九陽也鯉三十六鱗具六
六之數六陰也龍亦卵生思抱雄鳴上風雌鳴下風

埤雅二十卷

（宋）陆佃撰　明刻本　经部小学类训诂　三册　孔子博物馆藏

十行二十字，黑口，四周双边，版框 22 厘米 ×14.8 厘米，开本 31.5 厘米 ×17.8 厘米。

陆佃（1042—1102），字农师，号陶山，越州山阴（今属浙江绍兴）人。南宋诗人陆游之祖父。少从学于王安石，神宗熙宁三年（1070）进士，官至尚书左丞，精礼学和名物训诂之学。《埤雅》为陆佃辅益《尔雅》而作，解释名物，大抵略于形状而详于名义。该书释义全面，引证详博，援引诸书，多有今已失传者。钤有“孔继涑章”“古中都王世雍氏私印”“孔子七十一世孙昭薰琴南氏印”。入选第三批《国家珍贵古籍名录》，名录号 07431。

爾雅翼卷第一　釋草一

黍　稷　稻　粱　麥　麰

麻　菽　秬　秠　芪

黍

禾屬而黏者也以大暑而種故謂之黍從禾雨省聲孔子曰黍可爲酒禾入水也然則又以禾入水三字合而爲黍不但從雨而已黍以大暑而種故農家以三月上旬爲上時四月上旬爲中時五月上旬爲下時然月令仲夏之月農旣登黍天子以雛嘗黍羞與含桃先薦寢廟爲鄭說者以爲黍

尔雅翼三十二卷

（宋）罗愿撰　明正德十四年（1519）罗文殊刻本　经部小学类训诂　八册　山东师范大学图书馆藏

十行十九字，白口或细黑口，左右双边，版框 19.6 厘米 ×14.6 厘米，开本 28.3 厘米 ×18.8 厘米。

罗愿（1136—1184），字端良，号存斋，徽州歙县（今属安徽）人。南宋乾道二年（1166）进士，历官知县、通判、知州等职，有治绩。生平精博物之学，长于考证，文章醇实谨严，为朱熹等人所推重。所著此书，成于南宋淳熙元年（1174），考据精博，体例谨严。此书最早刊本为南宋咸淳六年（1270）王应麟徽州刻本，已失传，存世最早刊本即为此本。罗文殊亦歙县人。钤有“正定经文”“邵氏二云”“臣晋涵印”“沈氏粹芬阁所得善本书”“研易楼藏书印”等印，知此书曾经邵晋涵、沈仲涛收藏。入选第三批《国家珍贵古籍名录》，名录号 07434。

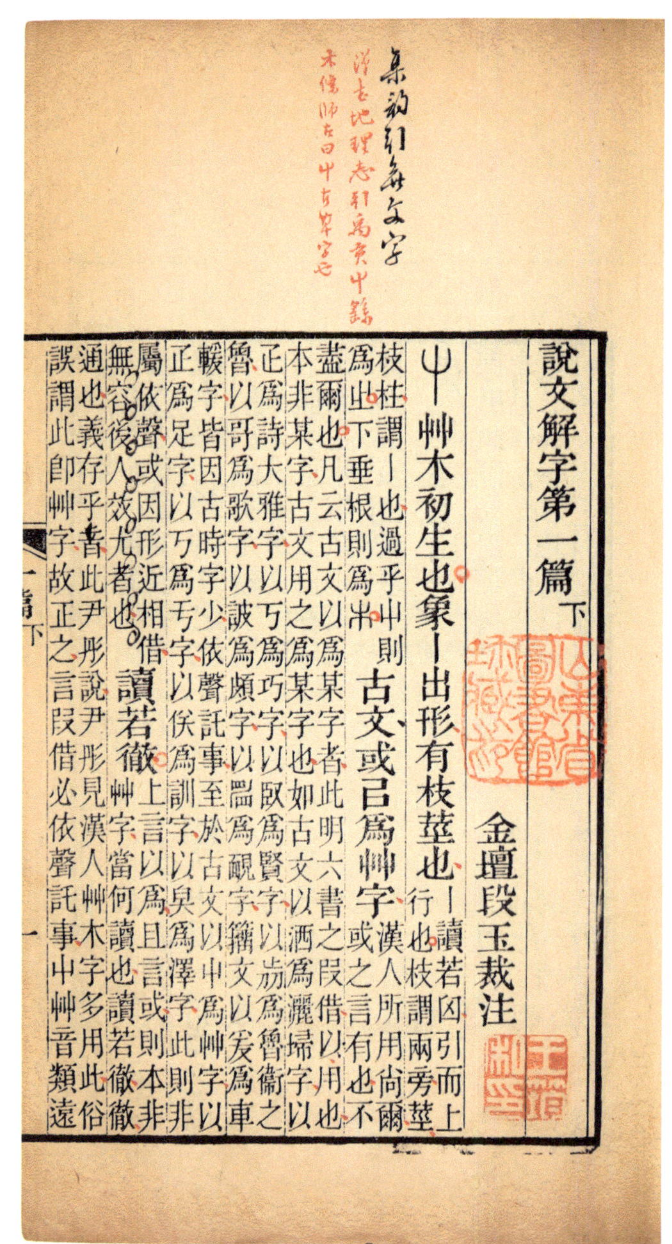

說文解字第一篇下

金壇段玉裁注

屮　艸木初生也象丨出形有枝莖也丨讀若囟引而上行也枝謂兩旁莖枝柱謂丨也過乎中則為㞢下垂根則為朩古文或㠯為艸字漢人所用尚爾或之言有也不盡爾也凡云古文以為某字者此明六書之叚借以用也本非某字古文用之為某字也如古文以洒為灑埽字以疋為詩大雅字以丂為巧字以臤為賢字以𣥂為魯衛之魯以哥為歌字以詖為頗字以𡇎為靦字籀文以𠬝為車轅字皆因古時字少依聲託事至於古文以屮為艸字以疋為足字以丂為亏字以俟為訓字以臭為澤字此則非屬依聲或因形近相借無容後人效尤者也讀若徹上言以為且言或則本非屮字當何讀也讀若徹徹通也義存乎音此尹彤說尹彤見漢人艸木字多用此俗誤謂此即艸字故正之言叚借必依聲託事屮艸音類遠

一篇下　一

集韵引無文字

说文解字注三十卷六书音均表五卷

（清）段玉裁撰　清乾隆、嘉庆间段氏经韵楼刻本　经部小学类字书　三十二册　山东省图书馆藏

九行二十二字，小字双行同，白口，左右双边，版框 19.1 厘米 ×13.9 厘米，开本 28.2 厘米 ×17.8 厘米。

段玉裁（1735—1815），字若膺，号懋堂，金坛（今属江苏）人。清代文字学家、经学家，《说文解字》四大家之一。《说文解字注》为清代《说文》学最负盛名之作。此本又有清王筠批校，段玉裁与王筠均为清代《说文》学大家，段书、王校相映生辉。钤有“王筠私印”“孝陆”“赵氏模鬯阁收藏图籍书画印”等印。入选第二批《国家珍贵古籍名录》，名录号 03413。

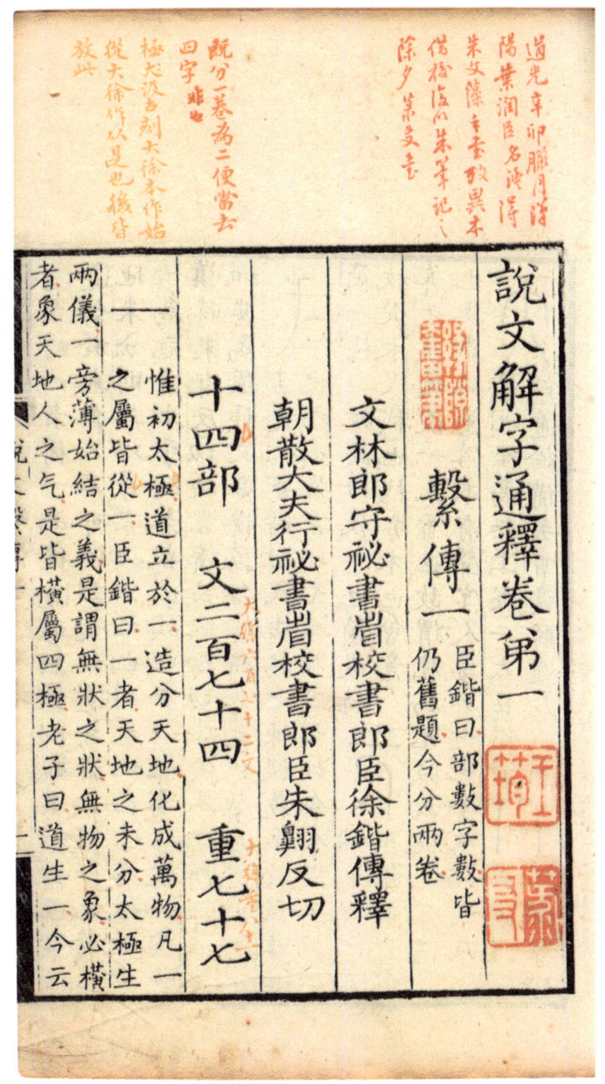

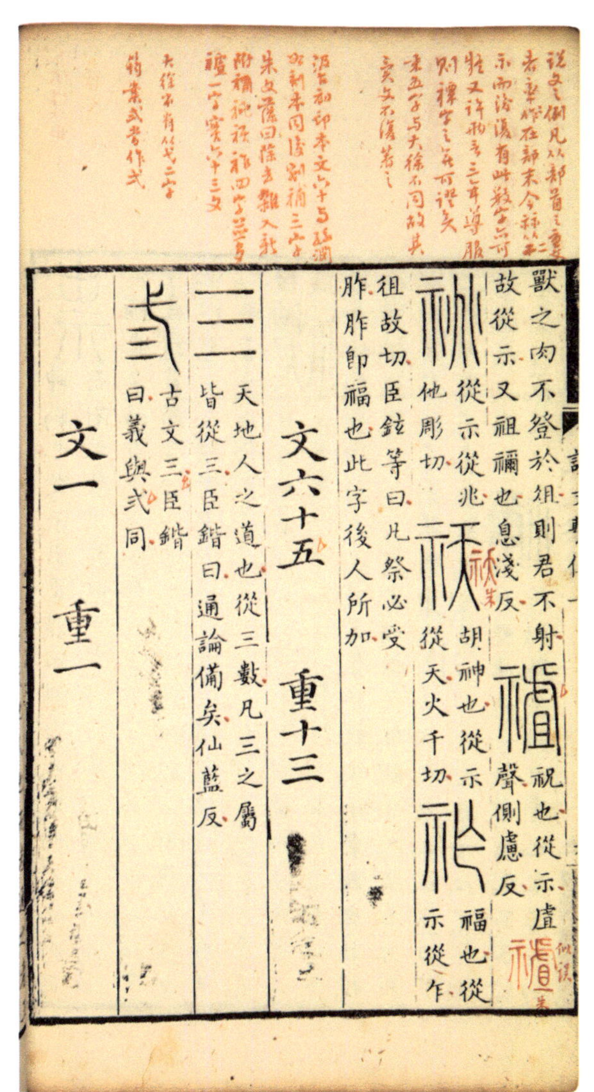

说文解字系传四十卷

（南唐）徐锴撰　**附录一卷**　清乾隆四十七年（1782）汪启淑刻本　经部小学类字书　十二册　山东省图书馆藏

七行二十一字，大黑口，左右双边，版框 20.2 厘米 ×15.2 厘米，开本 28.8 厘米 ×18.4 厘米。

徐锴（920—974），字楚金，越州会稽（今属浙江绍兴）人。仕于南唐，精文字学，宋军围金陵，忧惧而卒。本书世称“小徐本”《说文解字》，与通行之其胞兄徐铉整理之“大徐本”多有不同。此本有清王筠批校并录清朱文藻跋。《中国古籍善本书目》收王氏批校本书四部，其中三部均以清道光祁寯藻覆宋本为底本，仅此本底本为乾隆汪氏刻本。《说文》之学，清中叶后已成显学，乾嘉诸老多有手勘数过者，本书亦为斯证。钤有“王筠私印”“伯坚”等印。入选第二批《国家珍贵古籍名录》，名录号 03414。

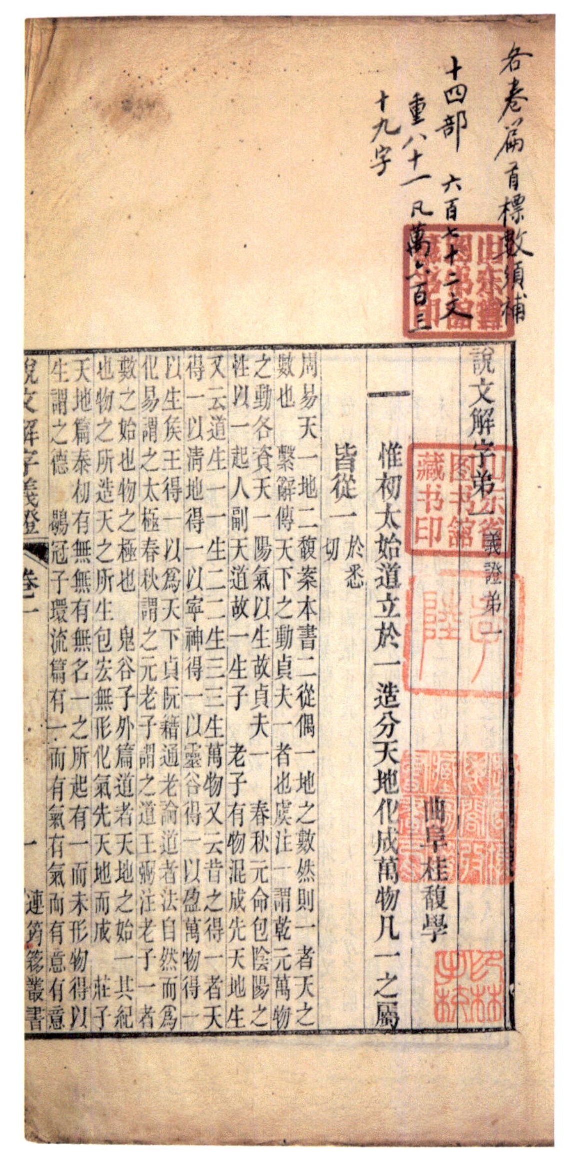

说文解字义证五十卷

（清）桂馥撰　清道光杨氏刻《连筠簃丛书》本　经部小学类字书　二十四册　山东省图书馆藏

十行二十三字，小字双行同，白口，左右双边，版框 18.4 厘米 ×13.5 厘米，开本 30.5 厘米 ×18.6 厘米。

桂馥（1736—1805），字东卉，号未谷，曲阜（今属山东）人。清乾隆五十五年（1790）进士，清《说文解字》四大家之一。《说文义证》为其代表性著作，“取证于群书，故题曰《义证》”。山东省馆所藏道光杨氏刻本，为此书的最初刻本，流传极其稀少，兼有校刻者许瀚的亲笔批校，更可宝贵。此书国家图书馆另藏许氏批、校、跋本一部，仅残存一卷，山东省馆所藏为全帙。钤有“印林手校”“孝陆”“赵氏模鬯阁收藏图籍书画印”等印。入选第三批《国家珍贵古籍名录》，名录号 07441。

说文校议十五卷

（清）姚文田（清）严可均撰　清道光十九年（1839）王筠抄本　经部小学类字书　四册
山东省图书馆藏

十一行字不一，开本 26.2 厘米×18.4 厘米。

姚文田（1758—1827），字秋农，号梅漪，归安（今属浙江湖州）人。清嘉庆四年（1799）状元，治《说文》，兼通历算。严可均（1762—1843），字景文，号铁桥，浙江乌程人。嘉庆五年（1800）举人，考据学家。《说文校议》为清代《说文》学名著。山东省馆藏本为道光十九年王筠批校、题跋本，丹黄粲然。钤有“王筠私印”“王筠信印”“孝陆”“赵氏模鬯阁收藏图籍书画印”等印。入选第二批《国家珍贵古籍名录》，名录号 03416。

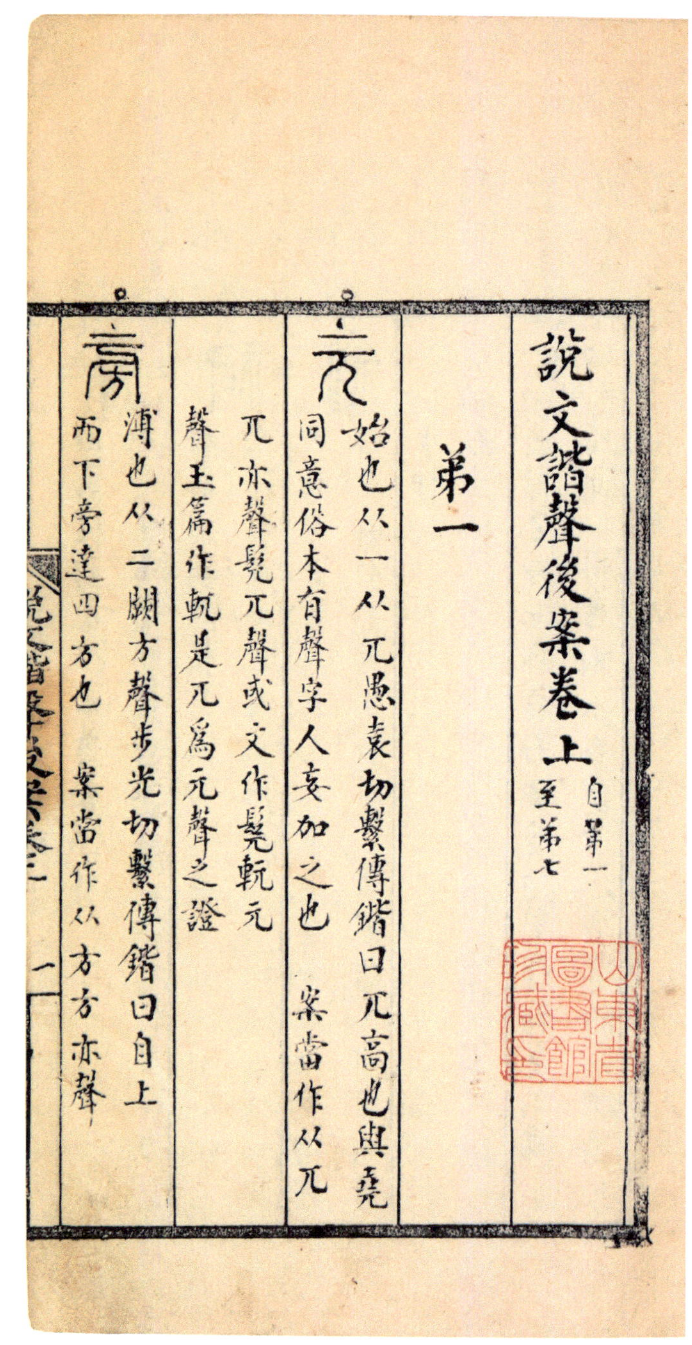
說文諧聲後案卷上 自第一至第七

第一

元 始也从一从兀愚袁切繫傳鍇曰兀高也與堯同意俗本有聲字人妄加之也 案當作从兀兀亦聲髡兀聲或文作髡軏元聲玉篇作軏是兀爲元聲之證

旁 溥也从二闕方聲步光切繫傳鍇曰自上而下旁達四方也 案當作从方方亦聲

说文谐声后案二卷

（清）翟云升撰　稿本　经部小学类字书　二册　山东省图书馆藏

五行字不一，左右双边，版框 16.3 厘米 ×11.2 厘米，开本 23 厘米 ×13.9 厘米。

翟云升（1776—1858），字舜堂，号文泉，莱州（今属山东）人。清道光二年（1822）进士。翟氏为桂馥门生，研治金石文字，除本书外，另有《说文辨异》《古韵证》《隶篇》等著作传世。本书为其未刊稿本，内附清周乐清题诗，周氏为清代戏曲家，其诗当为任职莱州时所作。钤有“古欢”“臣清”等印。入选第二批《国家珍贵古籍名录》，名录号 03417。

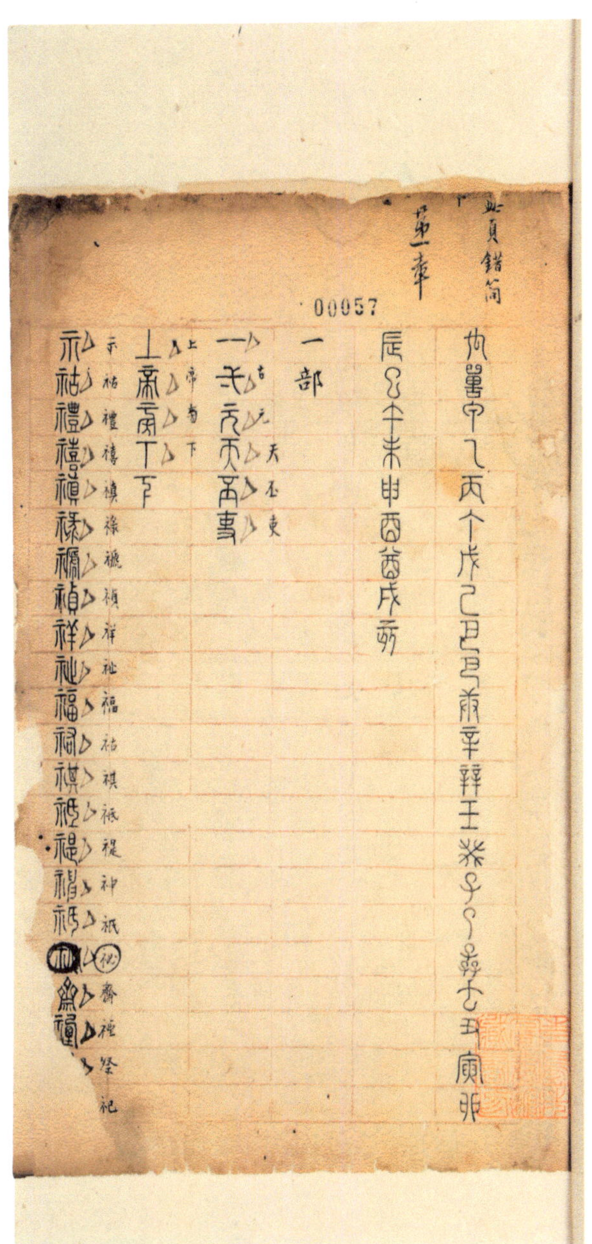

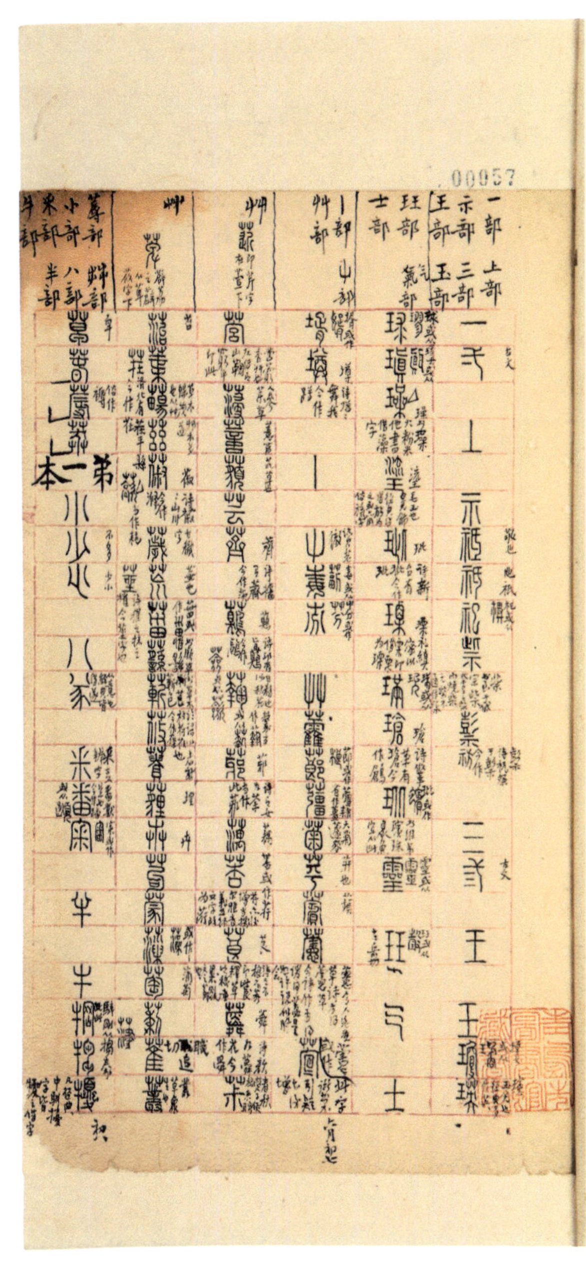

说文解字句读未定稿不分卷

（清）王筠撰　稿本　经部小学类字书　二册　青岛市博物馆藏

行字不一，红格，版框 26 厘米×15.5 厘米，开本 32.5 厘米×18.5 厘米。

王筠简介见《全本礼记体注》。《说文解字句读》是一部整理总结乾嘉以来《说文》学研究成果的著作，王筠吸取前人著作精粹，间下己意，注释而成。王筠将其命名为“句读”，乃自谦其书为读《说文》的基本入门书，实际上该书是《说文》学的经典性著作。此本为王筠未定稿本。入选第二批《国家珍贵古籍名录》，名录号 03418。

釋例卷一補正　　安邱王筠續纂

公食大夫禮有膷臐膮注古文膷作香臐作熏肉部但收膮是從古文作熏香十五葉前二行士喪禮之上增此

行字與步字字意雖同而結體不同行者事也必以兩足而彳亍皆非足也彳亍之意仍是行而人必不以一足行是彳亍由行字分之而得義也故彳亍不見于經漢末魏晉始用之步從止少止少者左右足也一前一後是一步也一左一右則成癶是剌癶也然必步癶乃見少字經典不單用少字者兩足竝舉其狀乃有異渾言之則止字足矣以止字統兩足猶以又字統兩手故從又者多有手義𠂇部只一卑字已不取手義惟𠂇字是兩手也是由止生少由止少生步癶也十九葉後七行行字條末增此

释例补正二十卷

（清）王筠撰　稿本　经部小学类字书　一册　山东省图书馆藏

十一行字不一，开本 26.7 厘米 ×18.1 厘米。

王筠简介见《全本礼记体注》。《说文释例》为王筠代表作之一，延续段玉裁“通例”说，专门探讨《说文解字》一书体例，不乏精义，亦为《说文》学经典之一。本书为王筠对其《释例》一书的补正之作。钤有“孝陆”“赵氏模𡈼阁收藏图籍书画印”等印。入选第二批《国家珍贵古籍名录》，名录号 03419。

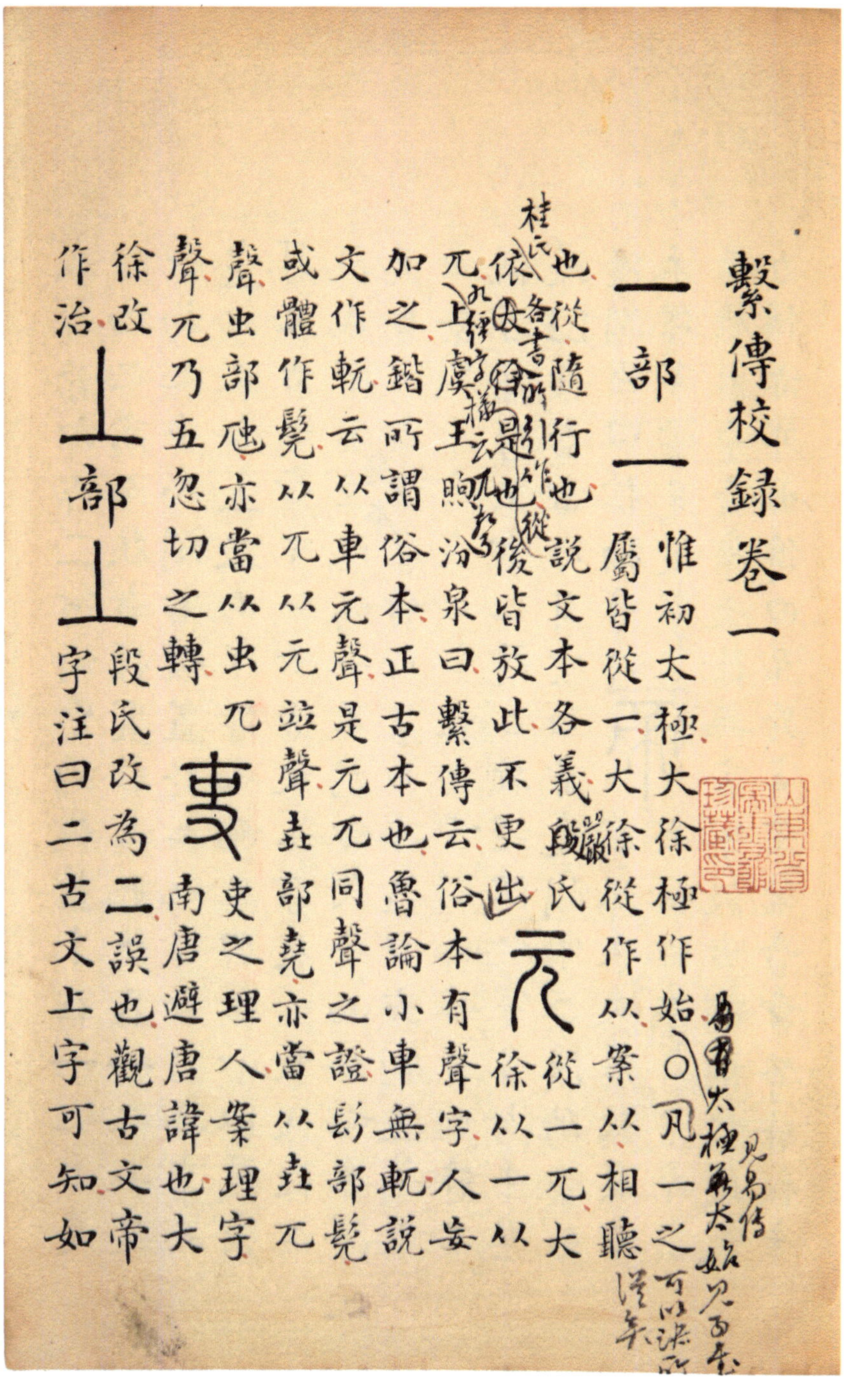
繫傳校録卷一
一部
一 惟初太極大徐極作始
屬皆從一大徐從作从案从相聽
也從隨行也說文本各義段氏
後皆放此不更出 元 從一兀大
徐从一从
兀上虞王煦汾泉曰繫傳云俗本有聲字人妄
加之鍇所謂俗本正古本也魯論小車無軏說
文作軏云从車元聲是元兀同聲之證髟部髡
或體作髡从兀从元竝聲㚔部尭亦當从㚔兀
聲虫部虺亦當从虫兀 吏 吏之理人案理字
聲兀乃五忽切之轉 南唐避唐諱也大
徐改作治
丄部
丄 段氏改為二誤也觀古文帝
字注曰二古文上字可知如

说文系传校录三十卷

（清）王筠撰　稿本　经部小学类字书　四册　山东省图书馆藏

七行十八字，小字双行同，开本 25.5 厘米 ×17.8 厘米。

王筠见《全本礼记体注》。本书初为校补朱文藻《说文系传考异》而作，后对《说文系传》的字头、释义、音切等内容做了全面校勘，考证详审。钤有“王筠私印”“王筠信印”“孝陆”“赵氏模壄阁收藏图籍书画印”等印。入选第二批《国家珍贵古籍名录》，名录号 03420。

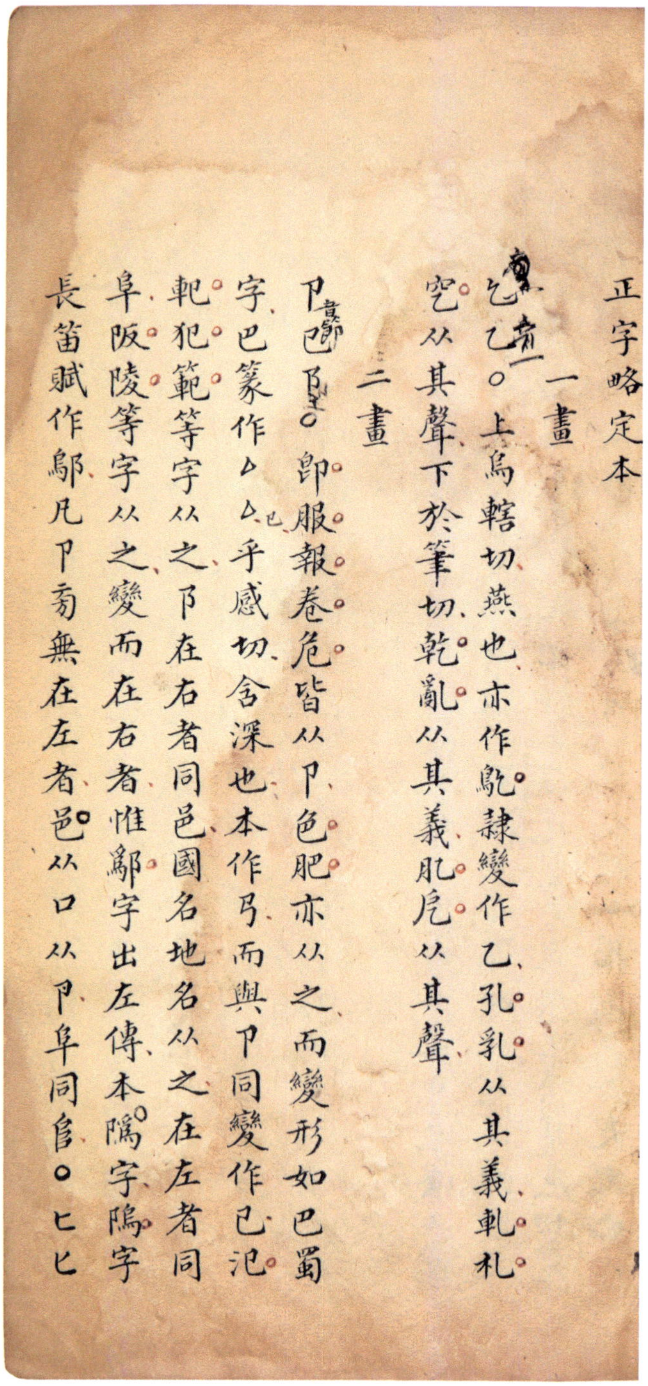
正字略定本
一畫
乙。上烏轄切燕也亦作鳦隸變作乙孔乳从其義軋札
乙从其聲下於筆切乾亂从其義肊尼从其聲
二畫
卩邑。卽服報卷危皆从卩色肥亦从之而變形如巴蜀
字巴篆作㔾乎感切含深也本作马而與卩同變作㔾氾
軛犯範等字从之卩在右者同邑國名地名从之在左者同
阜阪陵等字从之變而在右者惟鄢字出左傳本隔字隔字
長笛賦作鄢凡卩旁無在左者邑从口从卩阜同𨸏。匕匕

正字略定本一卷

（清）王筠撰　稿本　经部小学类字书　一册　山东省图书馆藏
十行二十三字，开本 27.6 厘米×15 厘米。

王筠简介见《全本礼记体注》。《正字略》是王筠模仿《干禄字书》而作的一部指导士人书写规范的字书，为清代中期字样学代表性成果之一。本书是王筠的写定稿本，具有极高的版本、校勘价值。入选第二批《国家珍贵古籍名录》，名录号 03423。

六书蒙拾一卷

（清）王筠撰　稿本　经部小学类字书　一册　山东省图书馆藏

行字不一，开本 18 厘米×12.5 厘米。

王筠简介见《全本礼记体注》。《六书蒙拾》是王筠为指导儿童书写正字而编写的一本童蒙读物。所谓六书，即指象形、指事、会意、形声、转注、假借等汉字构成和使用方式，此处代指规范正字。钤有“孝陆”“赵氏模鬯阁收藏图籍书画印”等印。入选第二批《国家珍贵古籍名录》，名录号 03426。

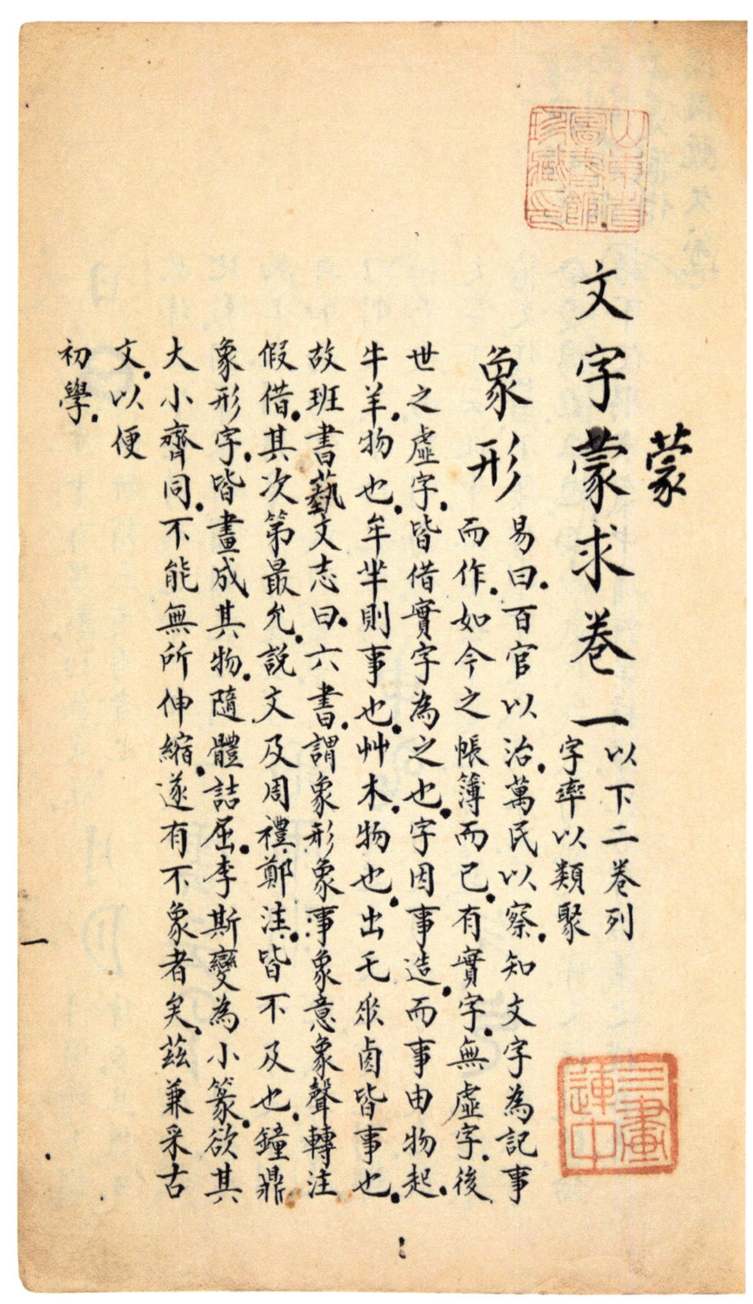

蒙

文字蒙求卷一 以下二卷列字率以類聚

象形

易曰百官以治萬民以察知文字為記事而作如今之帳簿而已有實字無虛字後世之虛字皆借實字為之也字因事造而事由物起牛羊物也牟半則事也艸木物也出乇𠂹卤皆事也故班書藝文志曰六書謂象形象事象意象聲轉注假借其次第最允說文及周禮鄭注皆不及也鐘鼎象形字皆畫成其物隨體詰屈李斯變為小篆欲其大小齊同不能無所伸縮遂有不象者矣茲兼采古文以便初學

文字蒙求四卷

（清）王筠撰　稿本　经部小学类字书　一册　山东省图书馆藏
十二行字不一，开本 26.3 厘米×18.3 厘米。

王筠简介见《全本礼记体注》。《文字蒙求》是王筠应好友陈山嵋请求，为指导儿童识字而编写的一本童蒙读物。该书选取《说文解字》中的两千多个常用字，按照象形、指事、会意、形声四书分卷排列，同时作了较为通俗的解释。虽作者原旨在于指导识字，但订正《说文》之处颇多。此系稿本，有清陈山嵋跋，钤有“孝陆”“赵氏模𡨴阁收藏图籍书画印”“三画连中”等印。入选第二批《国家珍贵古籍名录》，名录号 03428。

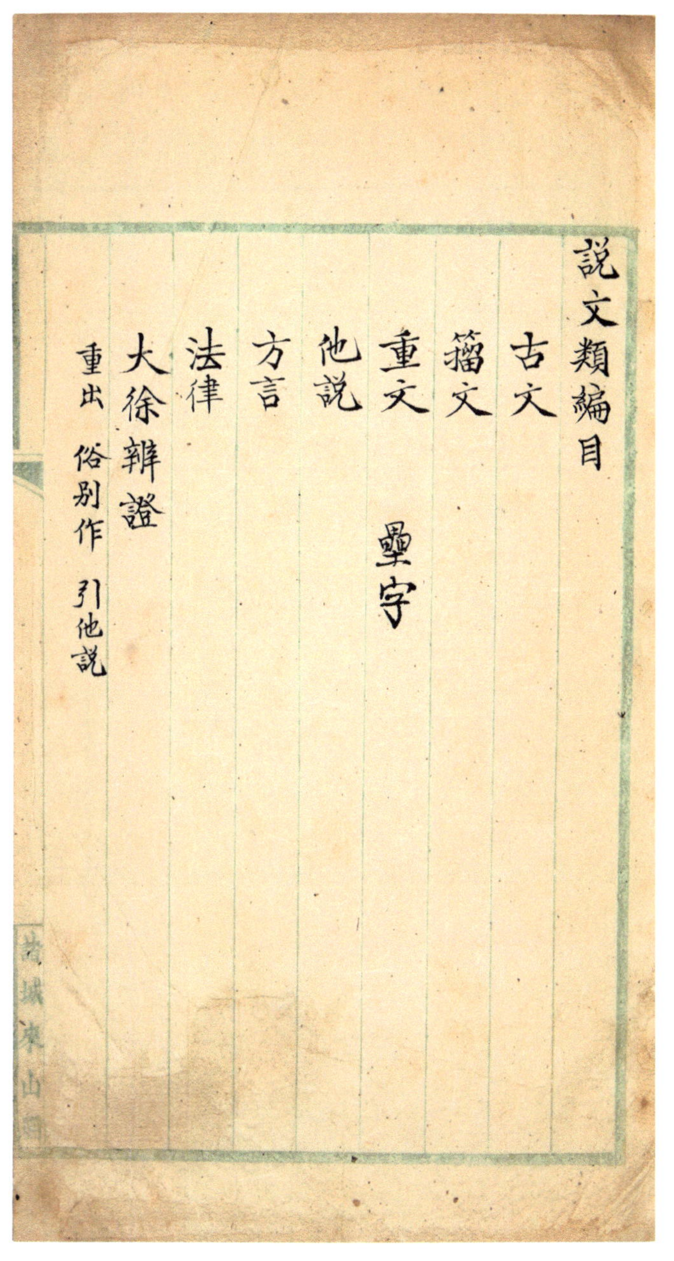

說文類編目
古文
籀文
重文　壘字
他說
方言
法律
大徐辨證
重出　俗別作　引他説

说文类编不分卷

（清）尹彭寿撰　稿本　经部小学类字书　一册　存一册（上）　山东省图书馆藏

九行字不一，四周单边，绿格，版框 19.6 厘米 ×13.3 厘米，开本 25.5 厘米 ×16 厘米。

尹彭寿（约 1835—1904 之后），字祝年，一字竹年，号慈经，斋号“博古斋”，诸城（今属山东）人。曾任沂州府教授、沂州琅琊书院山长等职，清光绪三十年（1904）辞馆后，寓沂闲居。尹氏为晚清金石学家，淹博嗜古，工篆隶，曾从王筠之子王彦侗学习《说文》学，著作除本书外，另有《汉隶辨体》《诸城金石志》《山左南北朝石刻存目》等。然亦赝造古器物，为人所叹惜。本书为其未刊稿本，有著名学者、山东省图书馆原馆长王献唐跋语。入选第二批《国家珍贵古籍名录》，名录号 03431。

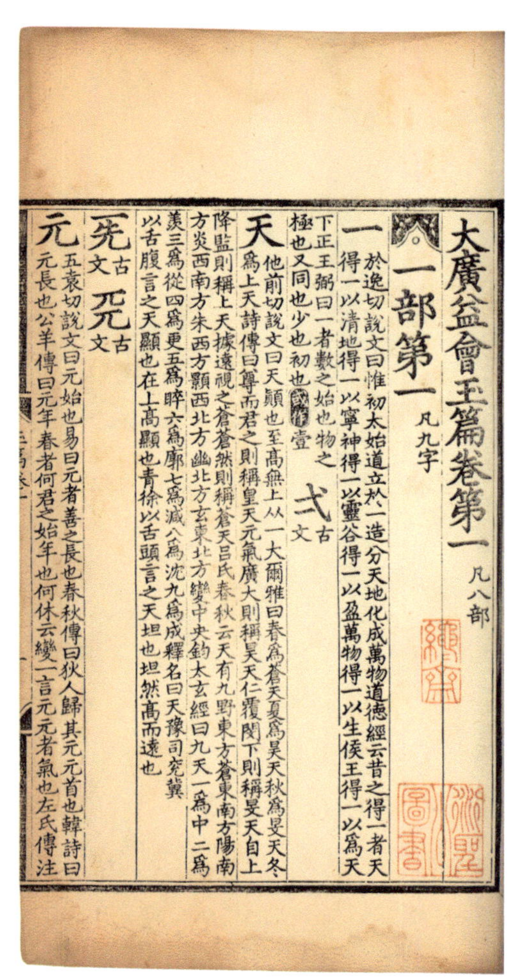
大廣益會玉篇卷第一 凡八部
一部第一 凡九字
一 於逸切說文曰惟初太始道立於一造分天地化成萬物道德經云昔之得一者天得一以清地得一以寧神得一以靈谷得一以盈萬物得一以生侯王得一以爲天下正王弼曰一者數之始也物之極也又同也少也初也或作壹 弌古文
天 他前切說文曰天顛也至高無上从一大爾雅曰春爲蒼天夏爲昊天秋爲旻天冬爲上天詩傳曰尊而君之則稱皇天元氣廣大則稱昊天仁覆閔下則稱旻天自上降監則稱上天據遠視之蒼蒼然則稱蒼天呂氏春秋云天有九野東方蒼東南方陽南方炎西南方朱西方顥西北方幽北方玄東北方變中央鈞太玄經曰九天一爲中二爲羡三爲從四爲更五爲睟六爲廓七爲減八爲沈九爲成釋名曰天豫司兗冀以舌腹言之天顯也在上高顯也青徐以舌頭言之天坦也坦然高而遠也
兲古文 𠑺古文
元 五袁切說文曰元始也易曰元者善之長也春秋傳曰狄人歸其元元首也韓詩曰元長也公羊傳曰元年春者何君之始年也何休云變一言元元者氣也左氏傳注

大广益会玉篇三十卷

（南朝梁）顾野王撰　（唐）孙强增字　（宋）陈彭年等重修　**玉篇广韵指南一卷**　明初刻本　经部小学类字书　四册　济南市图书馆藏

九行十七字，小字双行三十四字，黑口，四周双边，版框 24.7 厘米×18 厘米，开本 33.2 厘米×21.5 厘米。

顾野王（519—581），字希冯，吴郡吴县（今属江苏苏州）人。南朝梁陈间官员、文字训诂学家、史学家。《玉篇》由顾野王编纂于南朝梁武帝大同九年（543），顾野王在序言中说编辑此书为考证“六书八体今古殊形”“字各而训同”“文均而释异”等问题。唐高宗上元元年（674），孙强进行了修订增字的工作。北宋真宗大中祥符六年（1013）又敕令陈彭年等再次重修。陈彭年重修时增字很多，故名称相应改为《大广益会玉篇》，是为今本《玉篇》。本书收字二万二千余，分五百四十二部，分部与《说文解字》大体相同而各部排列顺序差异很大，每字先以反切释音，再解释字义，有些还引有书证或直接引用典籍的诂训来释义，并把一些字的古体、异体附于释义之后。该书既是字书，又可用为韵书，是研究古籍不可缺少的工具书。钤有“绳绳斋”“衍圣公图书”等印。入选第四批《国家珍贵古籍名录》，名录号 10148。

大廣益會玉篇一部 幷序 凡三十卷

准大中祥符六年九月二十八日
勑都大提舉玉篇所狀先奉勑命指揮差官
校勘玉篇一部三十卷近方了畢遂裝寫淨
本進呈其進呈本今欲雕印頒行伏乞特降
指揮事幷據翰林學士右諫議大夫知制誥
兼龍圖閣學士祕書監同修國史集賢殿修
撰陳彭年等狀昨據屯田郎中史館校勘吳
鋭主客員外郎直集賢院丘雍校勘玉篇

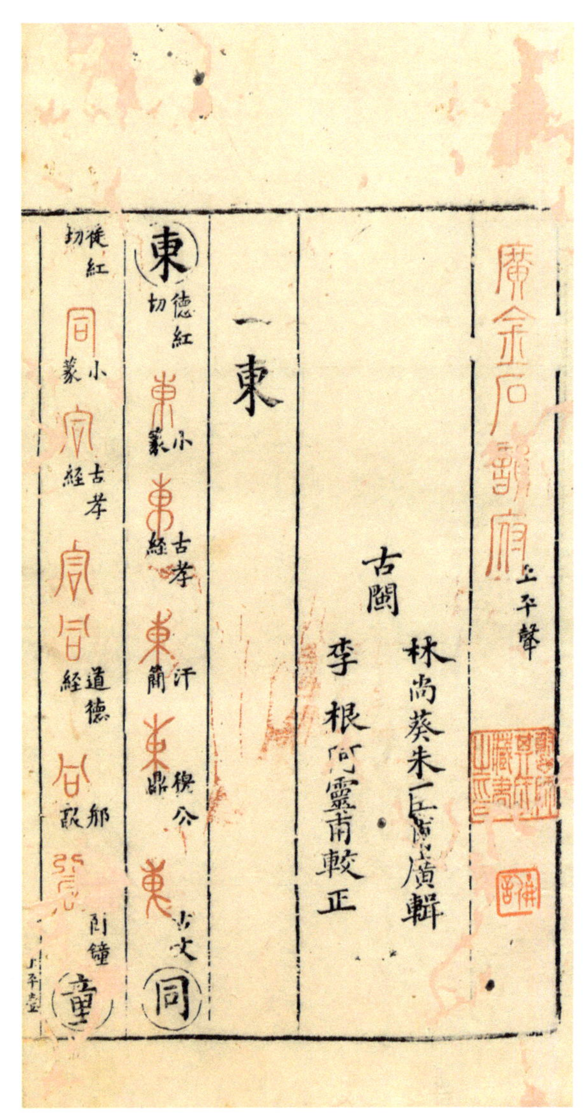

广金石韵府五卷字略一卷

（清）林尚葵辑　清康熙九年（1670）周亮工赖古堂刻朱墨套印本　经部小学类字书　六册　烟台图书馆藏

六行字数不等，白口，四周单边，版框 21.4 厘米 ×15 厘米，开本 28.8 厘米 ×17.2 厘米。

林尚葵，生卒年不详，字朱臣，莆田（今属福建）人。是书为补明时朱云《金石韵府》之作。此朱墨套印本，系康熙九年周亮工赖古堂重订而成。曾经谢师其、周遗、方功惠、丁树桢、丁佛言、彭紫符等人递藏。扉页处有清末藏书家方功惠的跋语，云得于咸丰年间并于光绪壬辰年（1892）重新装潢。钤有“谢师其氏藏书之印”“少山闲得金石文字”“周遗所藏书画之章”“荫少山周遗”“轻视七品重视良心”“巴陵方氏碧琳琅馆藏书”“方功惠藏书之印”“丁树桢”“海隅山馆藏书”“光绪十年以后所得书”“书存徐乡丁氏”“佛言”“迈钝”“博陵彭述古堂考藏金石书画印”“安平彭志信印”“彭紫符印”等印。入选第四批《国家珍贵古籍名录》，名录号 10153。

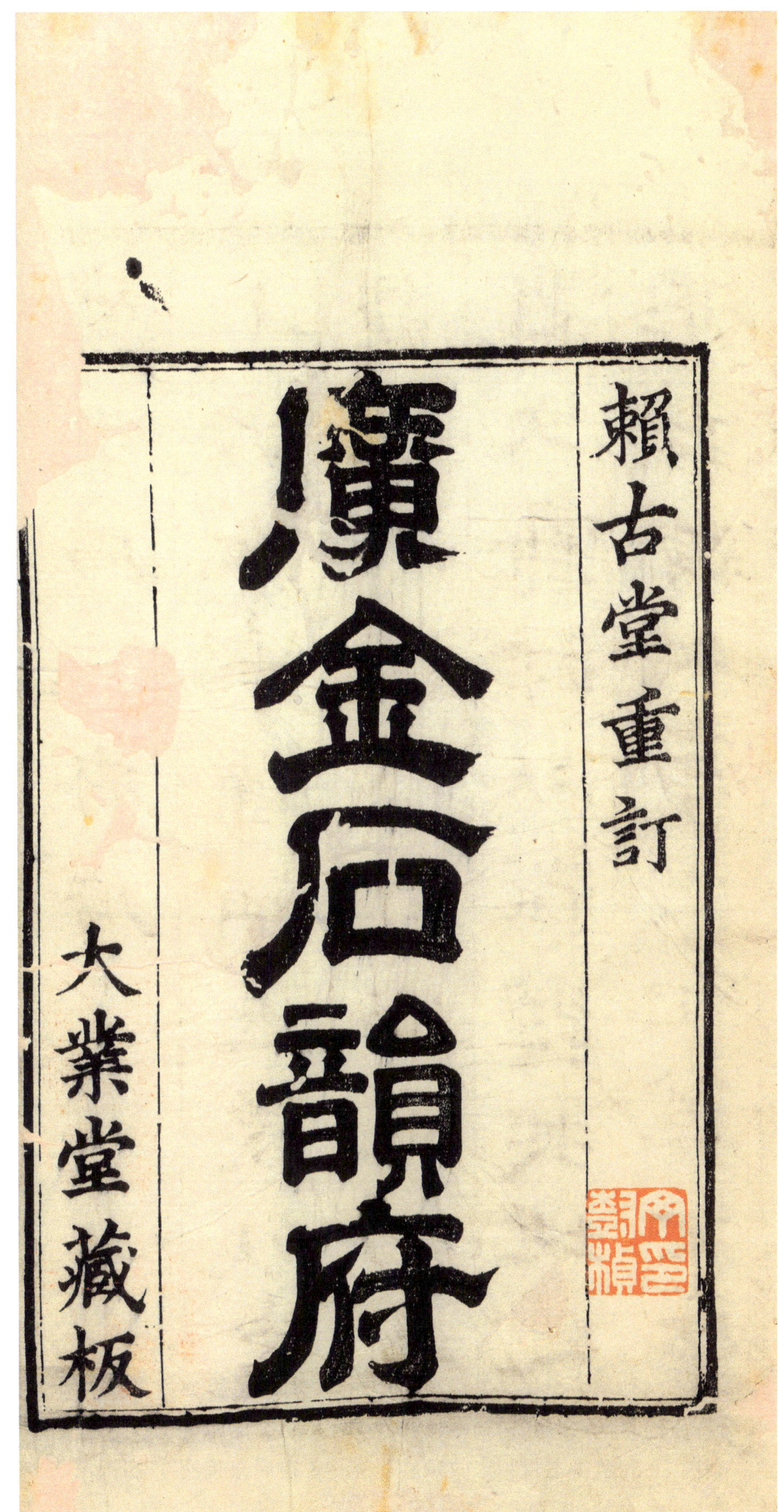

賴古堂重訂

廣金石韻府

大業堂藏板

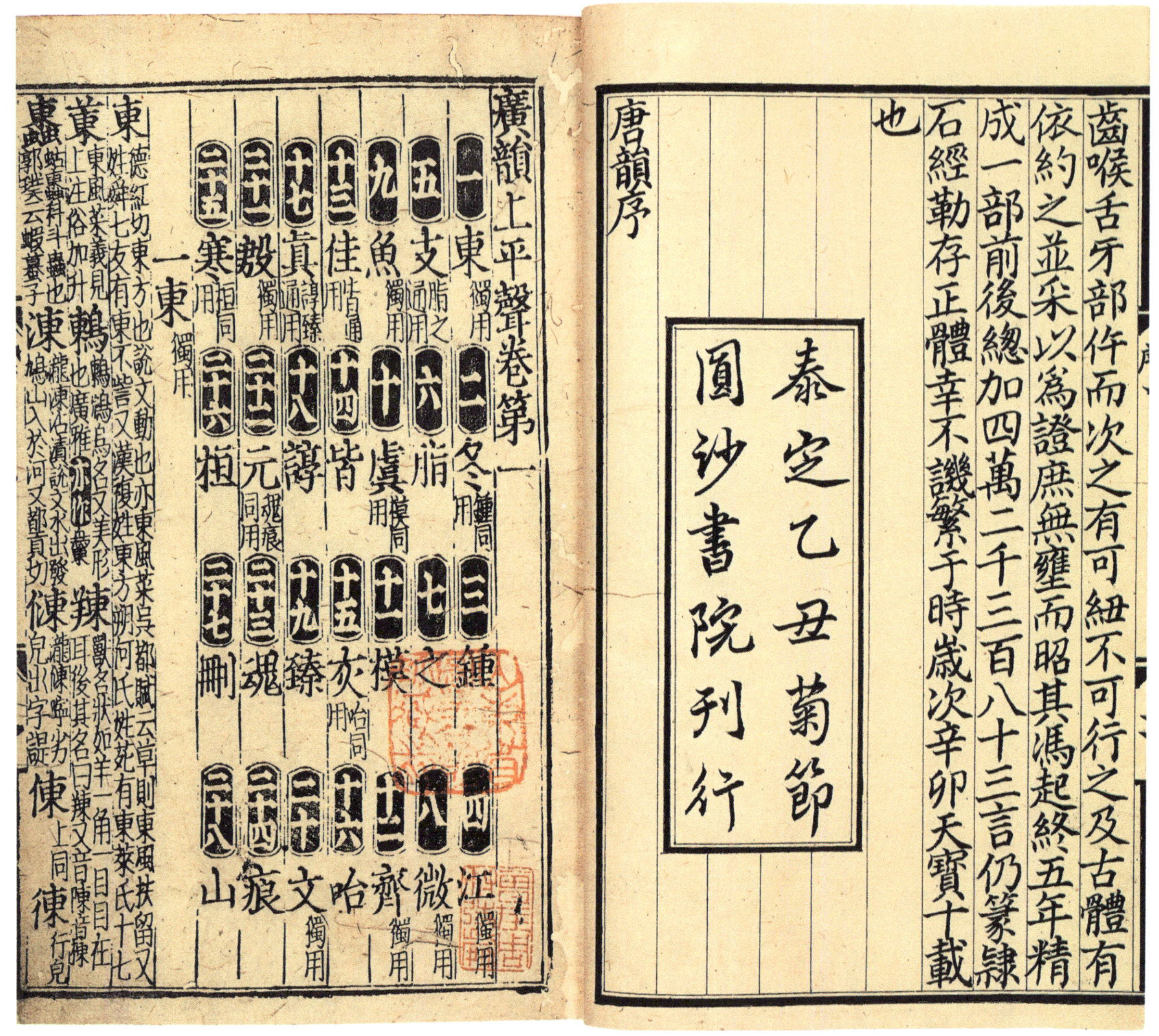

廣韻上平聲卷第一

一東獨用　二冬鍾同用　三鍾　四江獨用
五支脂之同用　六脂　七之　八微獨用
九魚獨用　十虞模同用　十一模　十二齊獨用
十三佳皆通用　十四皆　十五灰咍同用　十六咍
十七真諄臻同用　十八諄　十九臻　二十文獨用
二十一殷獨用　二十二元魂痕同用　二十三魂　二十四痕
二十五寒桓同用　二十六桓　二十七刪　二十八山

一東　獨用

東　德紅切東方也說文動也亦東風菜吳都賦云草則東風扶留又姓舜七友有東不訾又漢複姓東方朔何氏姓苑有東萊氏十七
菄　東風菜義見上注俗加艹

齒喉舌牙部仵而次之有可紐不可行之及古體有
依約之並采以爲證庶無壅而昭其馮起終五年精
成一部前後總加四萬二千三百八十三言仍篆隸
石經勒存正體幸不譏繁于時歲次辛卯天寶十載
也

唐韻序

泰定乙丑菊節
圓沙書院刊行

广韵五卷

（宋）陈彭年等撰　元泰定二年（1325）圆沙书院刻本　经部小学类韵书　五册　山东省图书馆藏

十二行三十二字，大黑口，四周双边，版框 21.7 厘米 ×13.2 厘米，开本 28.5 厘米 ×17 厘米。

陈彭年（961—1017），字永年，建昌军南城（今属江西）人。北宋文字、音韵学家。《广韵》为增广隋陆法言《切韵》而作，除增字加注外，部目也略有增订，是中国音韵学史最著名著作之一。本书前有抄配《陈州司马孙愐〈唐韵〉序》，序后有“泰定乙丑菊节圆沙书院刊行”牌记。《中国古籍善本书目》未收录。钤有“曾在周叔弢处”等印。入选第一批《国家珍贵古籍名录》，名录号 00371。

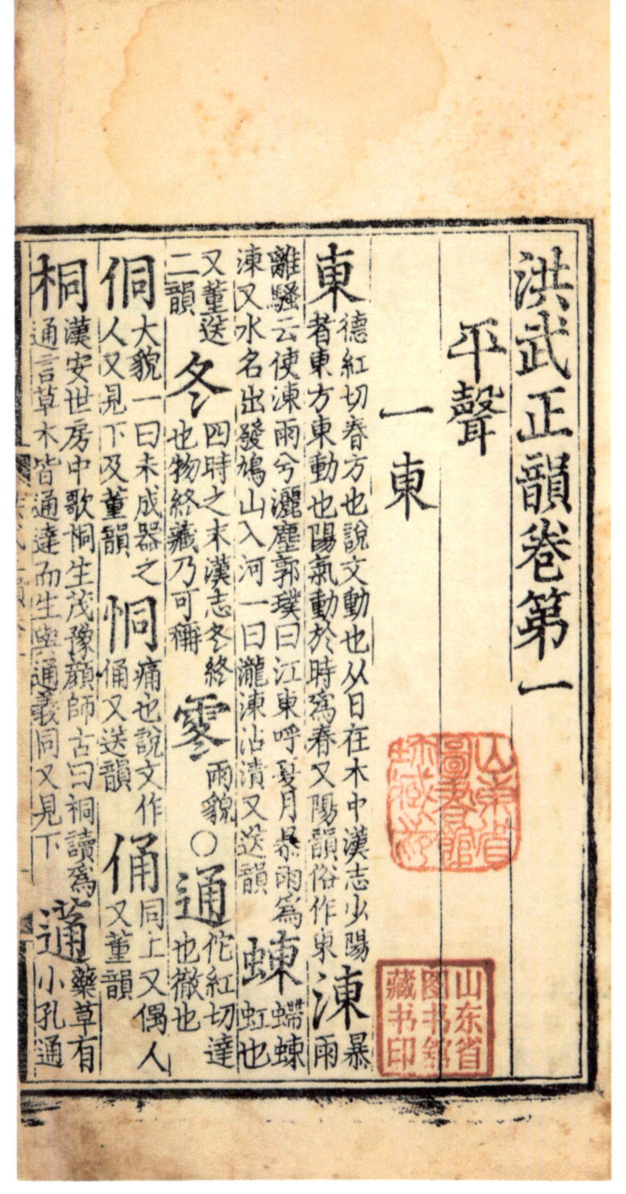

洪武正韵十六卷

（明）乐韶凤（明）宋濂等撰　明嘉靖二十七年（1548）衡藩刻蓝印本　经部小学类韵书　十册　山东省图书馆藏

八行字不一，注行二十四字，大黑口，四周双边，版框 21.7 厘米 ×14.8 厘米，开本 29.3 厘米 ×18.2 厘米。

《洪武正韵》是明洪武八年（1375）乐韶凤、宋濂等奉诏编成的一部官方韵书。明初时前代韵书多已不符合当时的实际语音，故明太祖命廷臣“一以中原雅音为定”而编成此书。《洪武正韵》承袭了唐、宋音韵体系而又有变革，是明太祖兴复华夏文化的重要举措之一，对周边国家亦有较大影响。本书为嘉靖年间青州衡藩刻本，又系蓝印本，流传稀少。入选第二批《国家珍贵古籍名录》，名录号 03463。

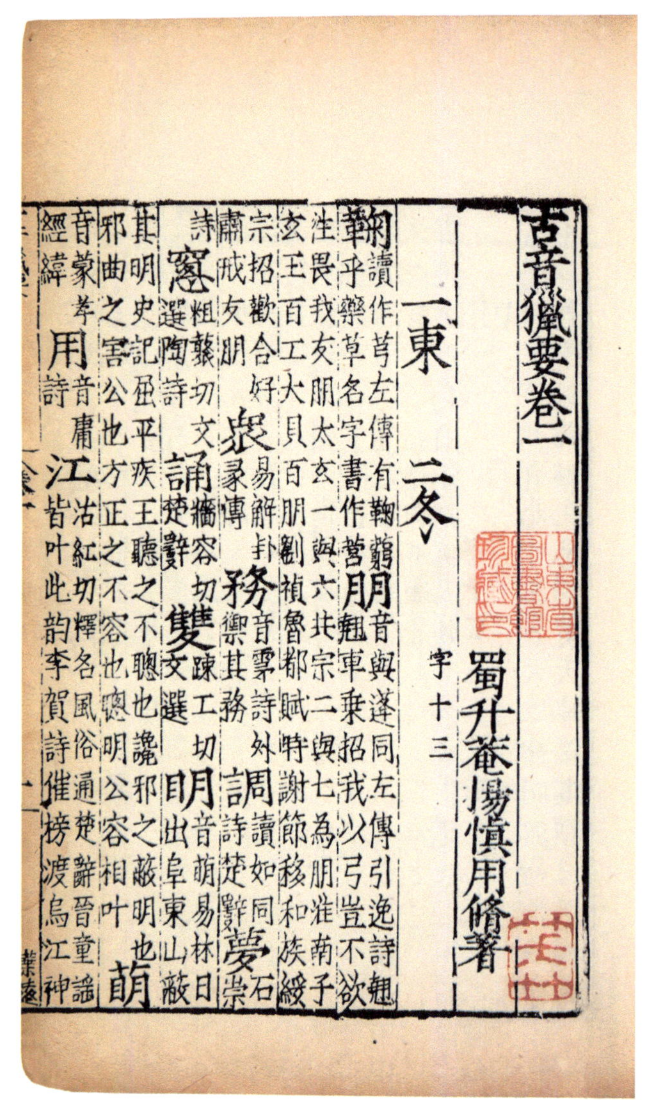
古音獵要卷一
蜀升菴楊慎用脩著
一東 二冬 字十三
鞠 讀作芎左傳有鞠藭 乎藥草名字書作营藭 朋 音與蓬同左傳引逸詩翹 翹車乘招我以弓豈不欲
往畏我友朋太玄一與六共宗二與七為朋淮南子 玄王百工大貝百朋劉禎魯都賦特謝節移和族綏
宗招歡合好 肅戚友朋 裒 易解抔 彖傳 務 音雺詩外 禦其務 調 讀如同 詩楚辭 夢 石 崇
詩 窻 粗䆊切 選陶詩 文 誦 牆容切 楚辭 雙 疎工切 文選 明 音萌易林日 出皁東山蔽
其明史記丞平疾王聽之不聽也讒邪之蔽明也 邪曲之害公也方正之不容也寥明公容相叶 萌
音蒙孝 經緯 用 音庸 詩 江 沽紅切釋名風俗通楚辭晉童謠 皆叶此韵李賀詩催榜渡烏江神

古音丛目五卷古音猎要五卷古音略例一卷转注古音略五卷古音余五卷古音附录一卷奇字韵五卷

（明）杨慎撰　明嘉靖李元阳刻本　经部小学类韵书　六册　山东省图书馆藏

九行二十字，小字双行同，白口，左右双边，版框18.5厘米×13.2厘米，开本24.6厘米×16.5厘米。

杨慎（1488—1559），字用修，号升庵，新都（今属四川）人。明正德六年（1511）进士第一，授修撰，迁经筵讲官。嘉靖三年（1524）因“大礼议”事件遭谪戍云南永昌，羁管三十余年。天启间追谥文宪。杨慎于经、史、诗文、金石等无所不通，著作四百余种，《明史》称其著作之富为明代第一，有《升庵集》《丹铅余录》《诗话补遗》等。杨慎亦为明代古音学研究的先驱之一，本书即为其考辨古音之作。此本为海源阁旧藏，又系《中国古籍善本书目》所收唯一完帙。钤有“笑竹”“秦氏之书”“退庵”“紫峰”等印。入选第二批《国家珍贵古籍名录》，名录号03469。

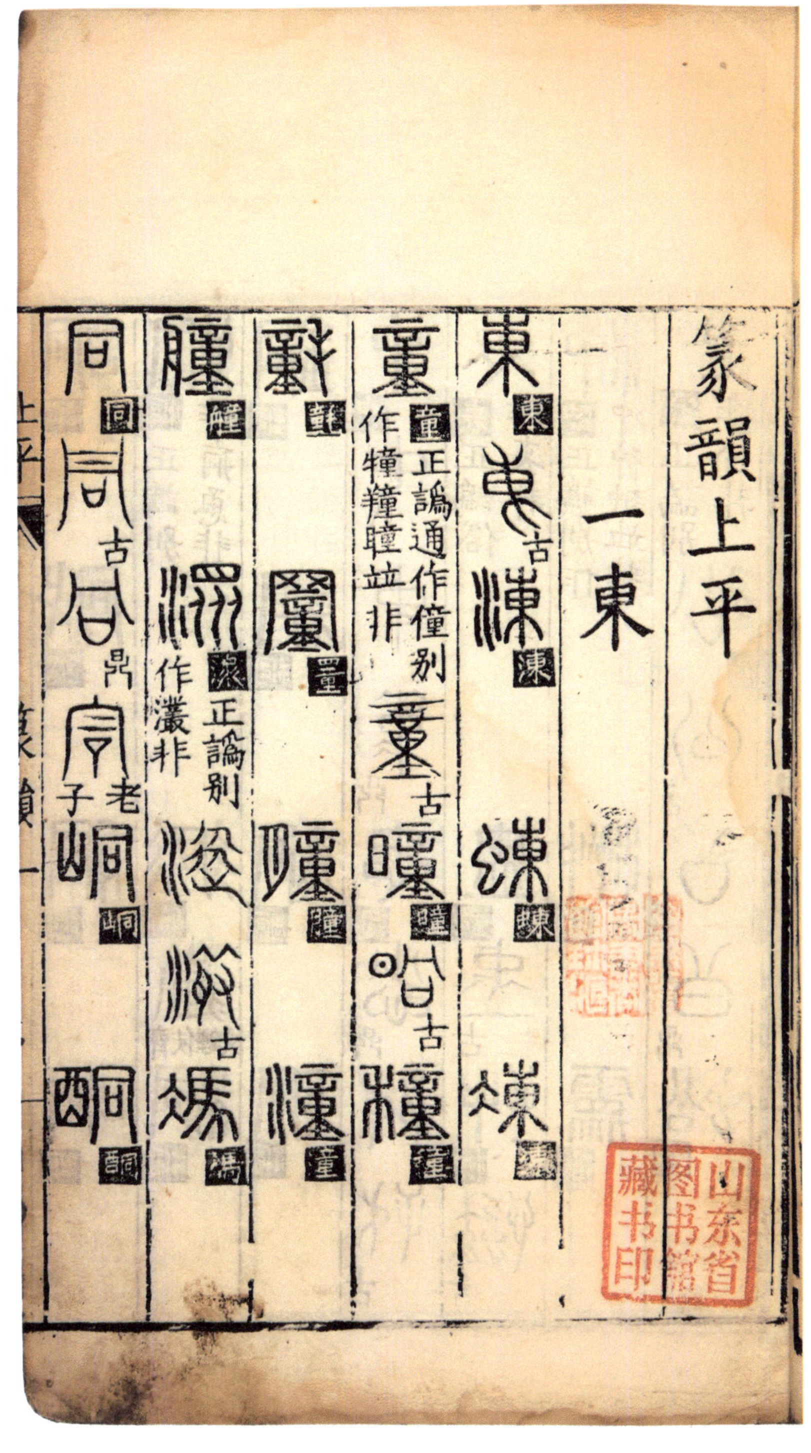
篆韻上平

一東

童 正譌通作僮別作犝獞瞳竝非

淙 正譌別作灇非

篆韵五卷

明嘉靖八年（1529）刻本　经部小学类韵书　四册　山东省图书馆藏

七行字不一，白口，左右双边，版框 19 厘米×15 厘米，开本 26.5 厘米×16.4 厘米。

此书将篆字以韵排列，撰者不详。孤本。入选第二批《国家珍贵古籍名录》，名录号 03472。

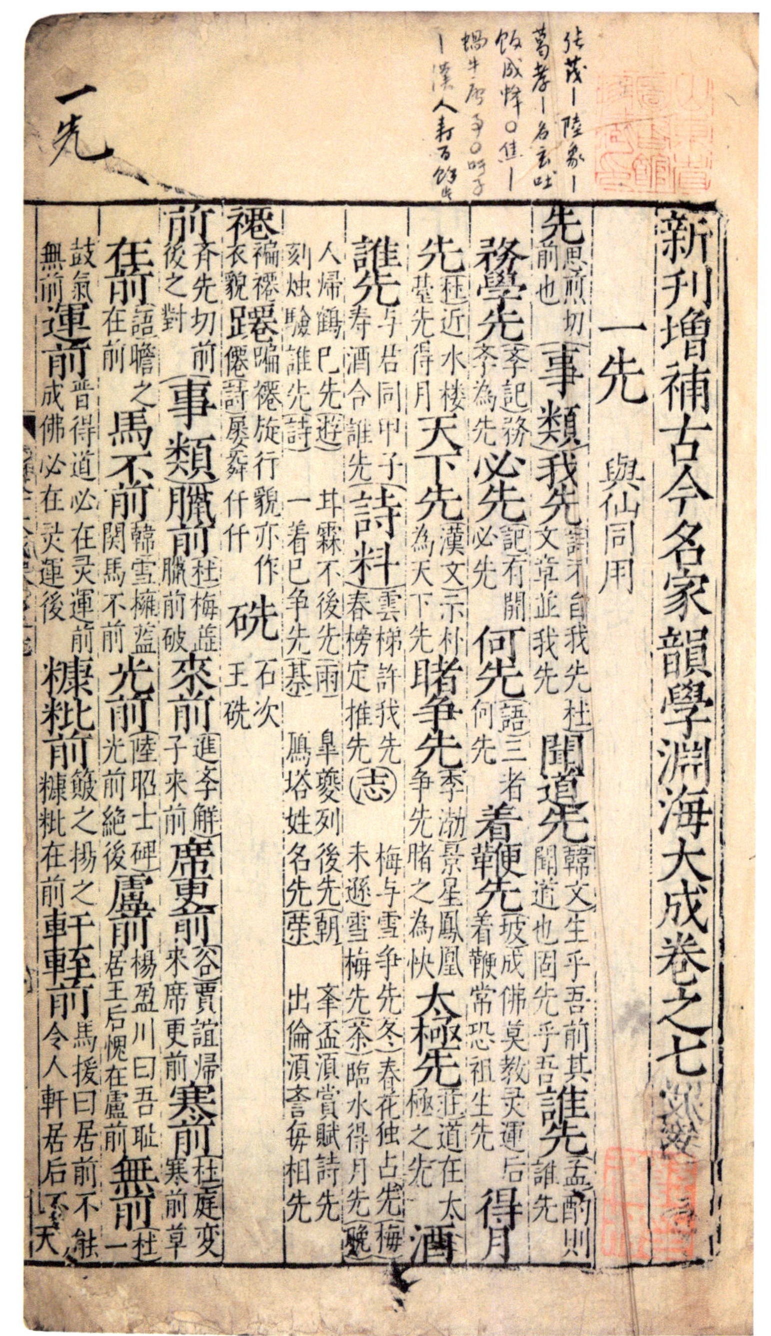
一先

新刊增補古今名家韻學淵海大成卷之七

一先 與仙同用

先 思前切前也 事類 我先 詩不自我先杜文章並我先 聞道先 韓文生乎吾前其聞道也固先乎吾 誰先 孟酌則誰先

務學先 李記務孝為先 必先 記有開必先 何先 語三者何先 着鞭先 坡成佛莫教灵運后着鞭常恐祖生先 得月

先 延近水楼臺先得月 天下先 漢文示朴為天下先 賭爭先 李渤景星鳳凰爭先睹之為快 太極先 莊道在太極之先 酒

誰先 与君同甲子春酒合誰先 詩料 雲梯許我先 志 春榜定推先 梅与雪争先 冬 未遜雪梅先 茶 春花独占先 梅 臨水得月先

人帰鶴已先 遊 刻烛驗誰先 詩 玶霖不後先 雨 一着已爭先 碁 皐夔列後先 朝 鳫塔姓名先 榮 峯孟須賞賦詩先 出倫須[illegible]相先

褼 褊褼衣貌 躚 蹁躚旋行貌亦作僊詩屢舞仟仟 碘 石次王碘

前 齐先切前後之對 事類 臘前 杜梅蕊臘前破 來前 進李解子來前 席更前 谷賈誼帰來席更前 寒前 杜庭変寒前草

在前 語瞻之在前 馬不前 韓雪擁藍關馬不前 光前 陸昭士碑光前絶後 盧前 楊盈川曰吾耻居王后愧在盧前 無前 杜一

鼓氣無前 運前 晉得道必在灵運前成佛必在灵運後 糠粃前 簸之揚之糠粃在前 軒輊前 馬援曰居前不能令人軒居后不天

新刊增补古今名家韵学渊海大成十二卷

题（明）李攀龙辑　明刻本　经部小学类韵书　二册　山东省图书馆藏

十一行二十字，小字双行三十字，白口，左右双边或四周单边，版框 22.1 厘米 ×15 厘米，开本 27.5 厘米 ×17 厘米。

此书为学者作诗查韵脚及检典故、前人诗文之用。原题明代著名文学家李攀龙（1514—1570）撰，《四库全书总目》已指出，实系书坊托名之作，“于伪书之中，又为重佁矣”。本书版本较为罕见。入选第三批《国家珍贵古籍名录》，名录号 07469。

韵汇校一卷

（清）王筠撰　稿本　经部小学类韵书　一册　山东省图书馆藏

九行十八字，开本 22.7 厘米×14.5 厘米。

王筠简介见《全本礼记体注》。王筠治学勤奋，抄、校书籍传世很多，然此部音韵学著作从未刊刻。清道光二十八年（1848）二月，王筠之弟王简的同年沈道宽来函，将其读王筠《正字略》订正的十余处问题，寄王筠参考；同时寄赠自著《韵汇》，请求指教。王筠校勘后成此《韵汇校》。钤有“贯山”“筠”等印。入选第二批《国家珍贵古籍名录》，名录号 03473。

册府千華

山东省藏国家珍贵古籍特展图录

史部

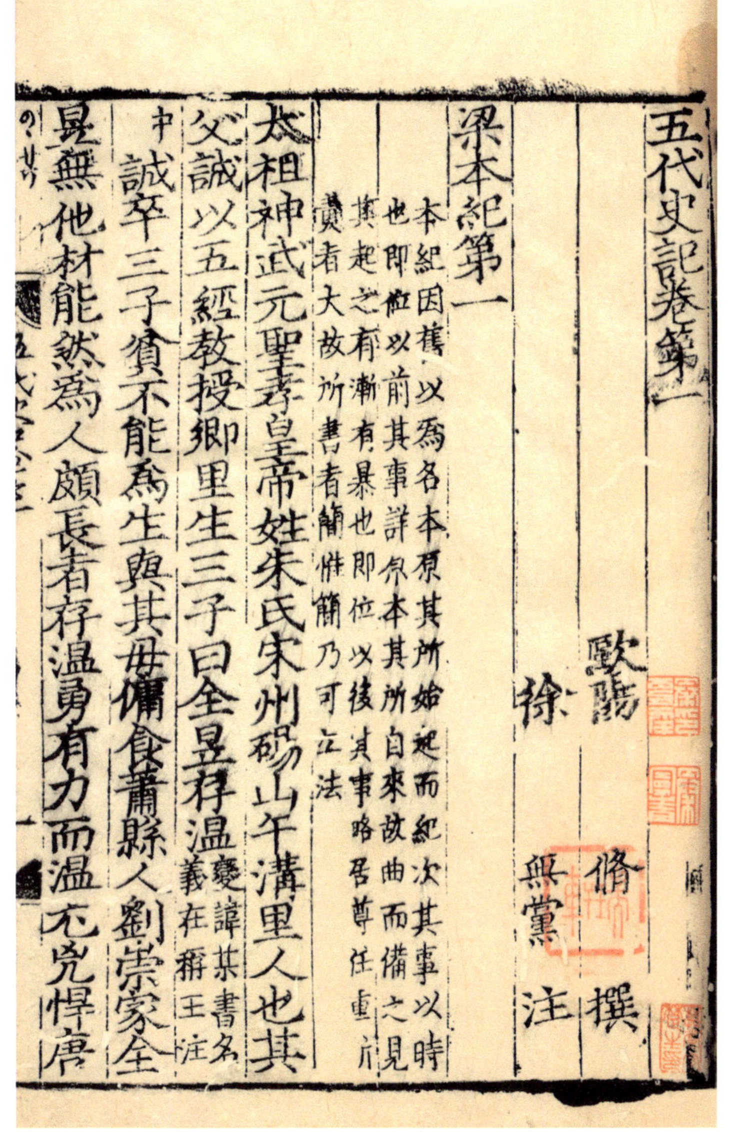

五代史记七十四卷

（宋）欧阳修撰　（宋）徐无党注　元宗文书院刻明修本　史部纪传类通代　十六册　有缺叶　山东大学图书馆藏

十行二十二字，细黑口，左右双边，版框 21.5 厘米 ×14.9 厘米，开本 25.7 厘米 ×18.6 厘米。

欧阳修简介见《欧阳文忠公毛诗本义》。此书记载五代时自后梁开平元年（907）至后周显德七年（960）共五十三年的历史，增加了薛居正《旧五代史》未能见到的史料，如《五代会要》《五代史补》等，内容更加翔实。此书有宋刻本，元宗文书院（位于江西铅山）刻本为较早刻本，除国家图书馆藏有元刻残本外，其余均为元刻明补修本。有刻工：万、仲、景先、玉肖、亨、成、赵仁寿、郑秀之、宗文、王敦、方等。钤有“独山莫氏所藏”“铜井文房藏书”“瑞轩”“独山莫氏铜井文房藏书印”“石药簃藏书印”“莫棠字楚生印”“秦曼青”“秦更年印”等印。入选第二批《国家珍贵古籍名录》，名录号 02669。

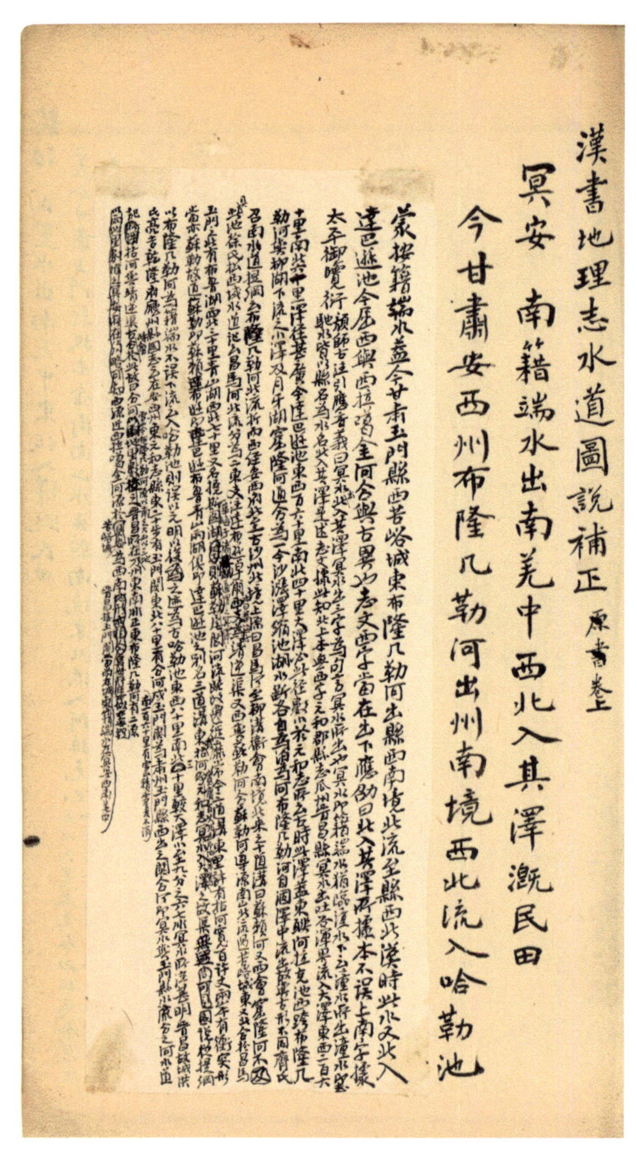
漢書地理志水道圖說補正 原書卷上

冥安 南籍端水出南羌中西北入其澤溉民田

今甘肅安西州布隆几勒河出州南境西北流入哈勒池

汉书地理志水道图说补正二卷

（清）吴承志撰　稿本　史部纪传类断代　一册　山东大学图书馆藏

行字不一，开本 26.2 厘米 ×14.2 厘米。

吴承志（1844—1917），字祁甫，号逊斋，钱塘（今属浙江杭州）人。清光绪二年（1876）举人，著有《横阳札记》《逊斋文集》等。其生平精力所粹，尤在舆地之学，除本书外，尚有《山海经地理今释》《今水经注》《唐贾耽记边州至四夷道里考实》诸书。此书以吴承志手书原稿散片粘贴成册。前有光绪二十一年（1895）冬钱塘吴承志叙，卷末署“上章涒滩皋月编次毕。庆坻”，知此书为吴庆坻所编。吴庆坻（1849—1924），字子修，钱塘人。光绪十二年进士，官至湖南提学使。山东大学图书馆另藏有此书民国九年（1920）吴庆坻誊清稿本一部，概据此稿本而来。钤有“执盦”等印。入选第二批《国家珍贵古籍名录》，名录号 03538。

蒙按黑水蓋今雲南元江州境沅江漢滇池爲益州郡治境地宜視他縣爲廣水經葉榆河逕水所注所列東有毋單北有味縣西有雙柏東北有昆澤西北有連然秦臧東南有同並漏江惟西南無縣知境地直至邊徼明一統志云元江軍民府古西南夷極邊之地以無縣名可附而爲此說實則在滇池界中内沅江上接雲州蒙備江下注越南洮江正首受青蛉徼外東南至來信之故讀元江地雖極邊仍隸漢縣以矣邊裔地之縣宋書州郡志無涂郎而有建都郡云今建寧立去州二千五百京都水一萬五千地形亦合元江所隸可知矣劉氏水行徼外下流逕路不見僕水詳方至入明所行自在徼晉書地理志滇池上有澤華陽國志作滇池郎自滇池分立治極滇池西南既屬沅江所祠黑水爲味無疑鄭云今中國無黑水上不記此水所在而云可通梁州郡所引云地說曰三危山在烏鼠之西南當岷山又在積石之西南當黑水祠黑水出其南脇辞此又鄭所疑者在上源非下流也上源不得三危所在烏鼠以西又無大水行経岷山積石之間南絕繩水流至益州是不在金城隴西蜀郡境內故以爲無若下流有祠可據有入南海之水可以證合不得漫言無矣山海經海內西經昆侖之虛河水出東北隅洋水黑水出西北隅洋水黑水與河水東西相直洋水在黑水西見穆天子傳今金沙江上源那木七圖烏蘭木倫北接戈壁東直貴德爲漢隴西金城徼外之地於禹貢九州正界雍西其南一源曰喀七烏蘭木倫東會圖哈爾圖哈拉烏蘇二水俱與河源相直又南爲格爾吉河則瀾滄江上源兩江並流二千里入塔城關一匯東匯海出爲漾備江一會沘江又千里而合源委甚相似黑水必金沙江洋水即瀾滄江鄭據括地象近來之河曲以東故不得耳潞江源與雅龍江相直乃山經青水非黑水志作周水亦未嘗不具其名異義自黑水至南海黑水自兼潞江言之下云衡山之陽至於初方陳氏壽祺疏證亦云衡山之陽包交州刺史部之南海等七郡謂漢地至黑水而盡於異義說全非於志繫徼外於郡下之例亦改互不相合矣

下卷終

上章涒灘皋月編次戢慶堃

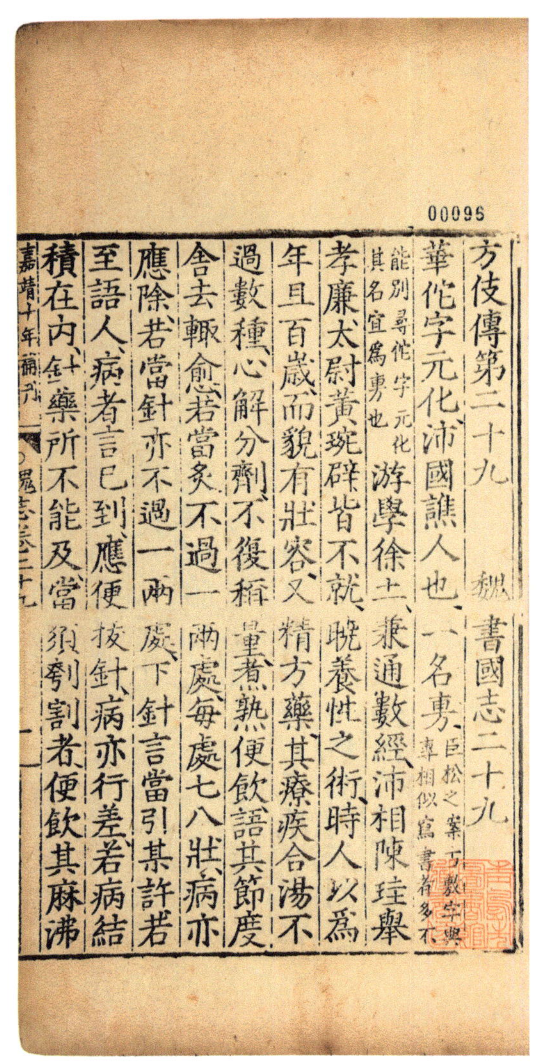
00096
方伎傳第二十九　魏書　國志二十九
華佗字元化沛國譙人也一名旉臣松之案古敷字與專相似寫書者多不能别尋佗字元化其名宜爲旉也游學徐土兼通數經沛相陳珪舉孝廉太尉黄琬辟皆不就曉養性之術時人以爲年且百歲而貌有壯容又精方藥其療疾合湯不過數種心解分劑不復稱量煮熟便飲語其節度舍去輒愈若當灸不過一兩處每處七八壯病亦應除若當針亦不過一兩處下針言當引某許若至語人病者言已到應便拔針病亦行差若病結積在內針藥所不能及當須刳割者便飲其麻沸

三国志六十五卷

（晋）陈寿撰　（南朝宋）裴松之注　宋衢州州学刻元明递修本（有抄配）　史部纪传类断代　九册　存三十三卷（二十九至四十一、四十六至六十五）　青岛市博物馆藏

十行十九字，小字双行二十三字，白口，左右双边，版框 21.7 厘米 ×15.3 厘米，开本 31.7 厘米 ×19.1 厘米。

陈寿（233—297），字承祚，巴西安汉（今属四川南充）人。三国时蜀汉及西晋时著名史学家。《三国志》记事上起东汉末年的黄巾之乱，下迄西晋统一约九十年的历史。全书主体《魏书》三十卷、《蜀书》十五卷、《吴书》二十卷原自单行，北宋时合而为一，通称《三国志》。《三国志》虽称“志”，但实际仅含本纪、列传，而无记载典章制度等内容的志及表。全书记事简略，南朝宋裴松之为之作注，附原文而行。此原为南宋初年衢州州学刻本，史称“衢州本”，元明以来，迭经补版重修，故现存宋刻元明递修的“衢州本”几无宋刻叶。该书在明万历之前，曾作为“南监本”二十一史之一。入选第二批《国家珍贵古籍名录》，名录号 02690。

三國志三十六

蜀書六

關張馬黃趙傳第六

關羽字雲長本字長生河東解人也亡命奔涿郡先主於鄉里合徒衆而羽與張飛爲之禦侮先主爲平原相以羽飛爲别部司馬分統部曲先主與二人寢則同牀恩若兄弟而稠人廣坐侍立終日隨先主周旋不避艱險（蜀記曰曹公與劉備圍呂布於下邳關羽啓公布使秦宜祿行求救乞娶其妻公許之臨破又屢啓於公公疑其有異色先遣迎看因自留之羽心不自安此與魏氏春秋所説異也）先主之襲殺徐州刺史車冑使羽守下邳城行太守事（魏書云以羽領徐州）而身還小沛建安五年曹公東征先主奔袁紹曹公禽

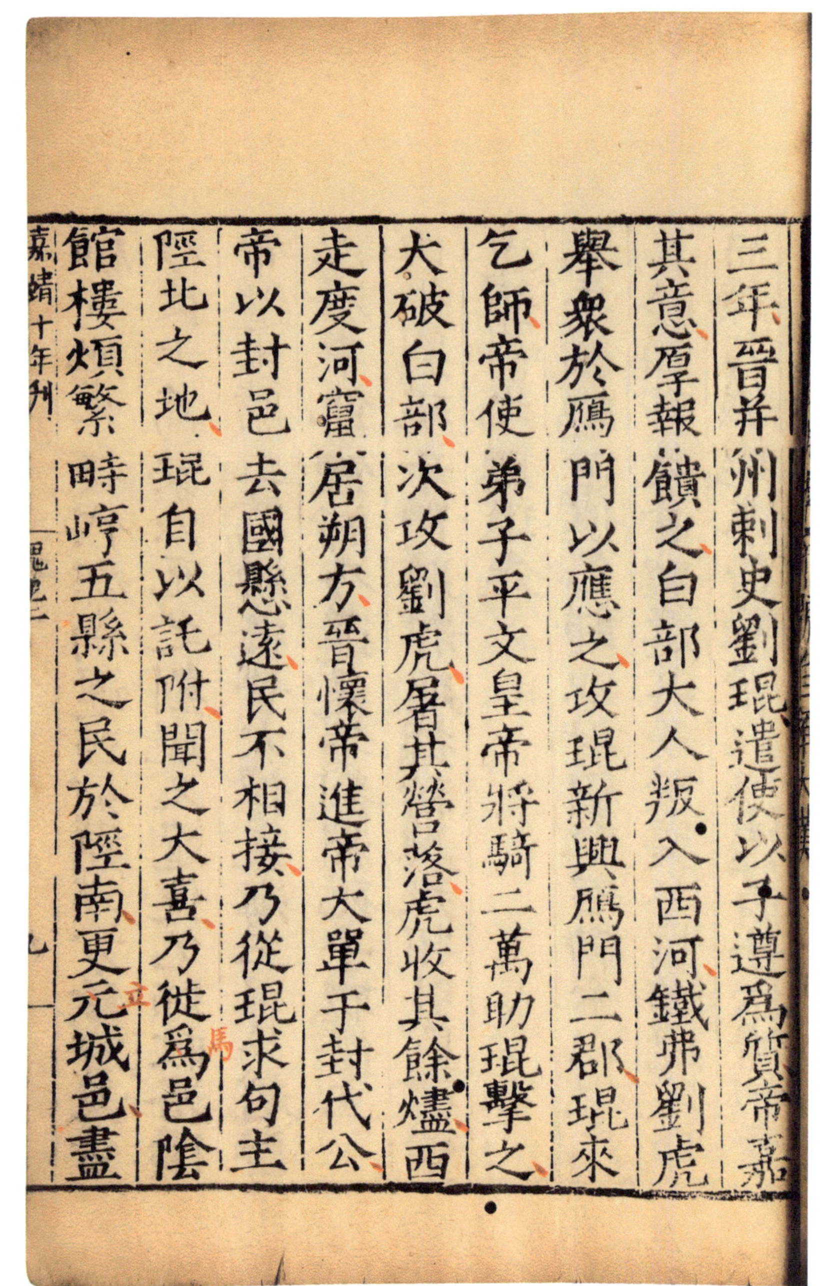
三年晉幷州刺史劉琨遣使以子遵爲質帝嘉
其意厚報饋之白部大人叛入西河鐵弗劉虎
舉衆於鴈門以應之攻琨新興鴈門二郡琨來
乞師帝使弟子平文皇帝將騎二萬助琨擊之
大破白部次攻劉虎屠其營落虎收其餘燼西
走度河竄居朔方晉懷帝進帝大單于封代公
帝以封邑去國懸遠民不相接乃從琨求句主
陘北之地琨自以託附聞之大喜乃徙爲邑陰
館樓煩繁畤崞五縣之民於陘南更元城邑盡
嘉靖十年刊

魏书一百二十四卷

（北齐）魏收撰　宋刻宋元明递修本　史部纪传类断代　二十四册　青岛市博物馆藏
九行十八字，白口（有黑口），左右双边，版框 23 厘米 ×17 厘米，开本 29.6 厘米 ×21 厘米。

魏收（507—572），字伯起，巨鹿下曲阳（今属河北晋州）人。南北朝时期北齐大臣、史学家。《魏书》全书分本纪十二卷，列传九十二卷，志二十卷，是现存记载北魏一朝历史的最原始和比较完备的史籍。青岛市博物馆所藏该本为宋刻宋元明递修本，为旧称“眉山七史”之一，明代亦曾为“南监本”二十一史之一。有刻工。张镜夫跋。钤有“独冯主人”“教忠堂”等印。入选第二批《国家珍贵古籍名录》，名录号 02743。

吾妻之先祖在明世世為高官，諸城五大家，以臧氏為首。清兵破城，殺戮最慘。其先祖朝服坐班荊堂，兵以為神而羅拜。公大笑罵賊，兵怒，加之刀矛。公憤起，欲奪矛殺賊，以血手扶書架而就義。書上血蹟至今猶存，余寶藏已三十八年矣。今將以書易米，而此魏書不敢售去也。

妻故已五年，視此書悲從中來，今昔之感，不覺淚下。我子子孫孫應知此書歷史，世世寶之。

戊子四月二十五日張鏡夫揮淚識于青島

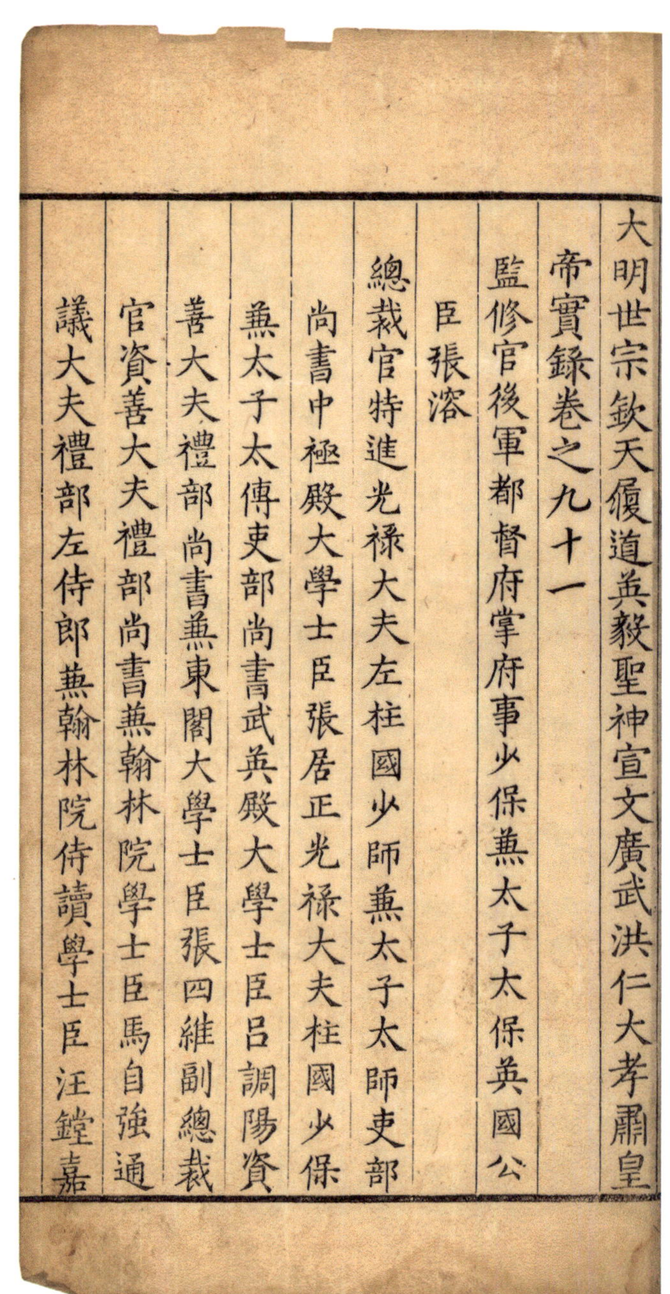
大明世宗欽天履道英毅聖神宣文廣武洪仁大孝肅皇
帝實錄卷之九十一
監修官後軍都督府掌府事少保兼太子太保英國公
臣張溶
總裁官特進光祿大夫左柱國少師兼太子太師吏部
尚書中極殿大學士臣張居正光祿大夫柱國少保
兼太子太傅吏部尚書武英殿大學士臣呂調陽資
善大夫禮部尚書兼東閣大學士臣張四維副總裁
官資善大夫禮部尚書兼翰林院學士臣馬自強通
議大夫禮部左侍郎兼翰林院侍讀學士臣汪鏜嘉

大明世宗肃皇帝实录五百六十六卷

（明）张溶（明）徐阶等纂修　明抄本　史部编年类断代　二册　存十三卷（八十四至九十六）　孔子博物馆藏

十行二十二字，白口，左右双边，版框 22.1 厘米×14.6 厘米，开本 28 厘米×17 厘米。

明代官修各朝《实录》是明代最系统、最基本的史料。本书为明世宗朱厚熜实录，记载了世宗一朝四十六年的历史，全书始修于穆宗隆庆年间，完成于神宗万历年间。初命成国公朱希忠为监修官，徐阶等为总裁；进呈之时由英国公张溶任监修官，张居正等任总裁官。此为明抄本，佚名朱笔批点。入选第四批《国家珍贵古籍名录》，名录号 10219。

通鑑紀事本末卷第一

三家分晉

周威烈王二十三年　初命晉大夫魏斯趙籍韓
虔爲諸侯

臣光曰臣聞天子之職莫大於禮禮莫大於分分
莫大於名何謂禮紀綱是也何謂分君臣是也何
謂名公侯卿大夫是也夫以四海之廣兆民之衆
受制於一人雖有絶倫之力高世之智莫敢不奔
走而服役者豈非以禮爲之綱紀哉是故天子統
三公三公率諸侯諸侯制卿大夫卿大夫治士庶
人貴以臨賤賤以承貴上之使下猶心腹之運手

通鉴纪事本末四十二卷

（宋）袁枢撰　宋宝祐五年（1257）赵与篡刻元明递修本　史部纪事本末类通代　四十二册　山东省图书馆藏

十一行十九字，白口，左右双边，版框 25.9 厘米 ×20.1 厘米，开本 34.8 厘米 ×24.4 厘米。

袁枢（1131—1205），字机仲，建宁建安（今属福建建瓯）人。南宋史学家，隆兴元年（1163）进士。所著《通鉴纪事本末》是中国第一部纪事本末体史书。全书以事为纲，将司马光所著《资治通鉴》记载的一千三百多年间重大史事归纳为 239 个事目。本书初刻于淳熙二年（1175）严陵郡庠，为小字本。宝祐五年（1257）赵与篡精加校对，改小字为大字，出私资重刊，即为该本，板片明代还存于南监，故流传不少。此本版心上记字数，下有刻工名字，迭经四明卢址、山阴沈仲涛等人收藏。钤有“四明卢氏抱经楼藏书印”“山阴沈仲涛珍藏秘籍”“余园藏书”“雪州许氏怀辛斋图籍”“宋本”“希世之宝”“怀辛斋博明珍秘图书”“高阳博明氏珍藏图书”“丛桂小筑许氏鉴藏”等印。入选第二批《国家珍贵古籍名录》，名录号 02820。

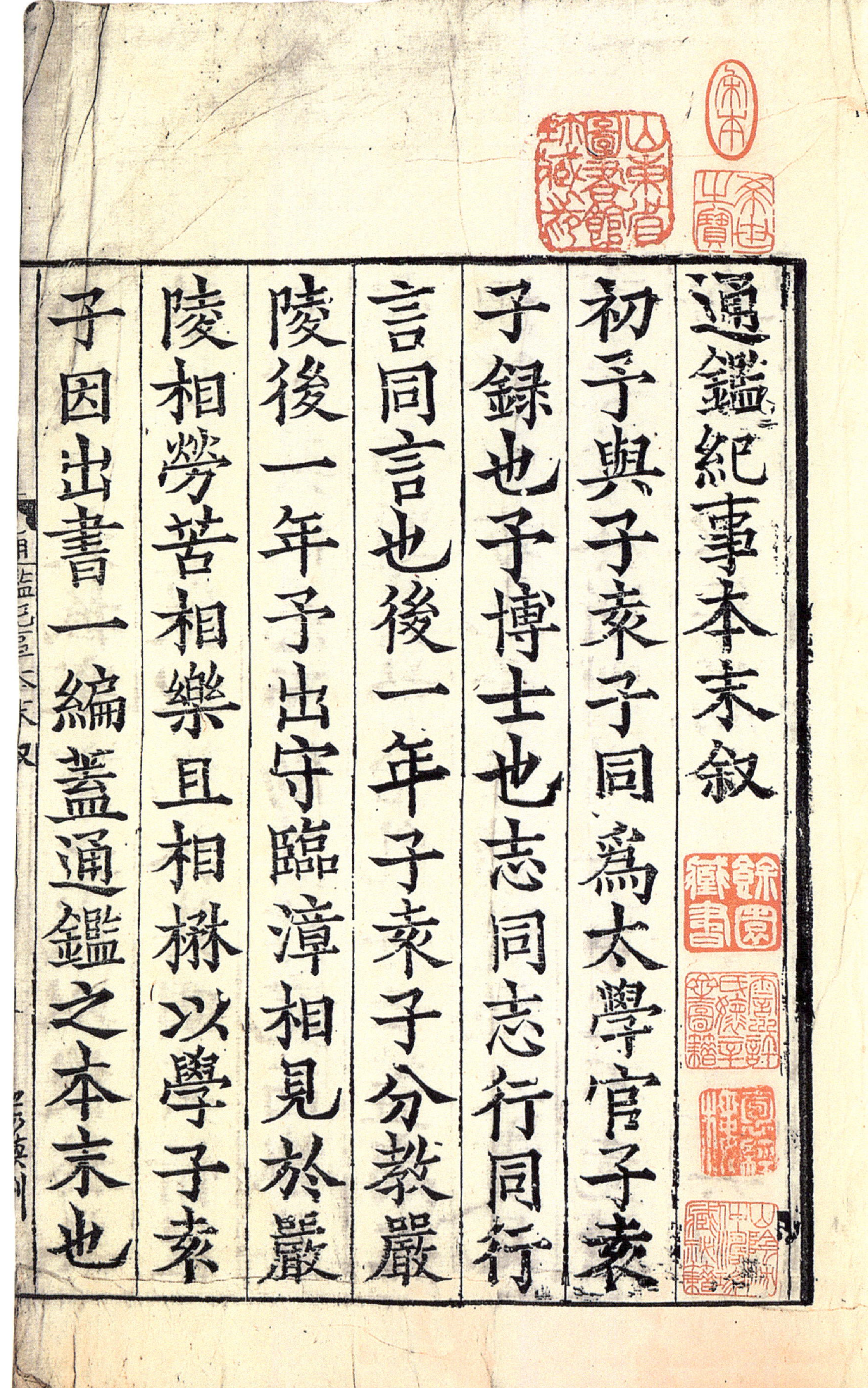

通鑑紀事本末敘

初予與子袁子同爲太學官子袁子録也予博士也志同志行同行言同言也後一年予袁子分教嚴陵後一年予出守臨漳相見於嚴陵相勞苦相樂且相勉以學子袁子因出書一編蓋通鑑之本末也

宋丞相李忠定公奏議卷之一
後學同郡 畏庵朱欽 彙校
文林郎邵武縣知縣泰和蕭泮繡梓
邵武縣儒學署教諭事嚴陵洪鼎校正
辭免監察御史兼殿中侍御史奏狀
右臣今月十一日准閤門告報已降告命除臣監察御史
兼權殿中侍御史者聞命震驚罔知所措竊以監察御史
之職分察六曹糾其稽違以成治體而殿中侍御史實爲
天子耳目之官朝廷政事與夫百官之邪正皆得風聞而
上言厥任重矣自非明習世務而有剛果不畏強禦之材

宋丞相李忠定公奏议六十九卷附录九卷

（宋）李纲撰　明正德十一年（1516）胡文静、萧泮刻天启重修本　史部诏令奏议类奏议　十册　山东师范大学图书馆藏

十行二十二字，白口间或细黑口，四周双边，版框19.5厘米×12.5厘米，开本25.9厘米×15.6厘米。

李纲（1083—1140），字伯纪，号梁溪，祖籍邵武（今属福建），后迁至常州无锡。宋徽宗政和二年（1112）进士，累官至监察御史兼权殿中侍御史，靖康元年（1126）金兵侵攻汴京时，任京城四壁守御使。建炎初，拜尚书右仆射兼中书侍郎，为宋朝一代名相。著有《易传》《论语详说》《靖康传信录》等。此书为胡文静、萧泮刻天启重修本，卷端有“文林郎邵武县知县泰和萧泮绣梓”字样，后有天启壬戌晋阳郑宗周跋。入选第二批《国家珍贵古籍名录》，名录号03894。

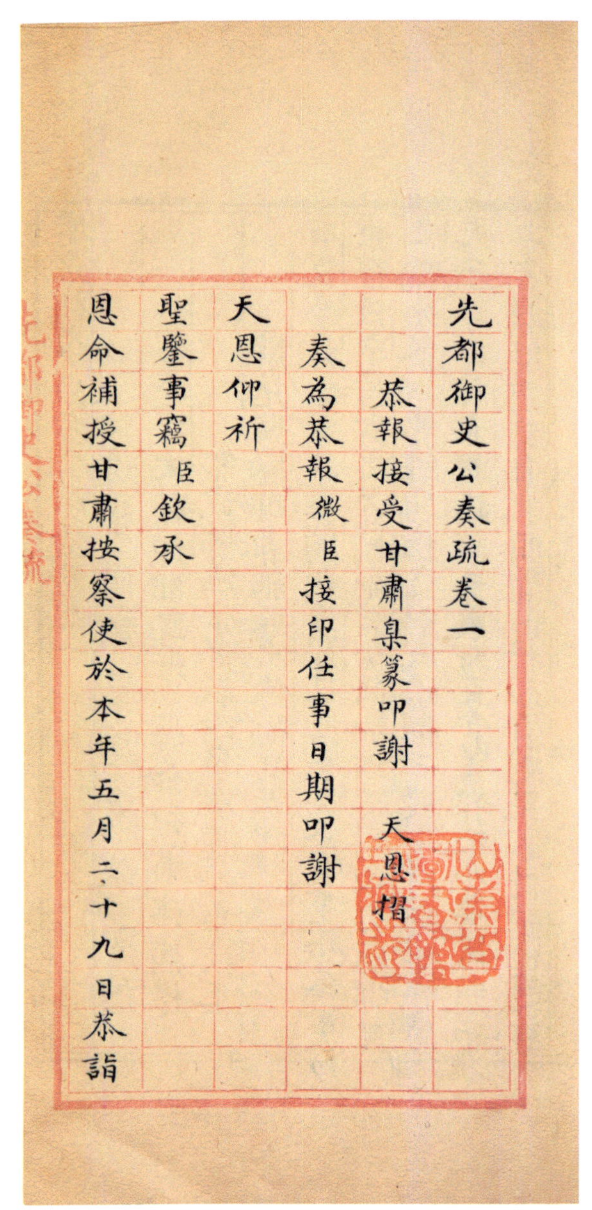
先都御史公奏疏卷一

恭報接受甘肅臬篆叩謝天恩摺

奏為恭報微臣接印任事日期叩謝

天恩仰祈

聖鑒事竊臣欽承

恩命補授甘肅按察使於本年五月二十九日恭詣

先都御史公奏疏三十六卷

（清）杨以增撰　（清）杨绍和辑　稿本　史部诏令奏议类奏议　二十一册　存二十一卷（一至五、九至十、十二至十九、二十二至二十三、二十五、二十九、三十三、三十五）　山东省图书馆藏

六行二十字，白口，四周双边，红格，版框18.9厘米×10.9厘米，开本26.7厘米×15.4厘米。

此书是1957年杨氏后人杨承训向山东省文化部门捐赠海源阁历史文物之一。杨以增（1787—1855），字益之，号至堂，聊城（今属山东）人。清道光二年（1822）进士，官至江南河道总督。著名藏书家，创建的海源阁为晚清四大藏书楼之一。此奏疏由其子杨绍和同治十年（1871）编成，共二十一册。此书包括杨以增自道光二十六年（1846）在江南河道总督任内至病殁前的全部奏章及皇帝批语。入选第三批《国家珍贵古籍名录》，名录号07818。

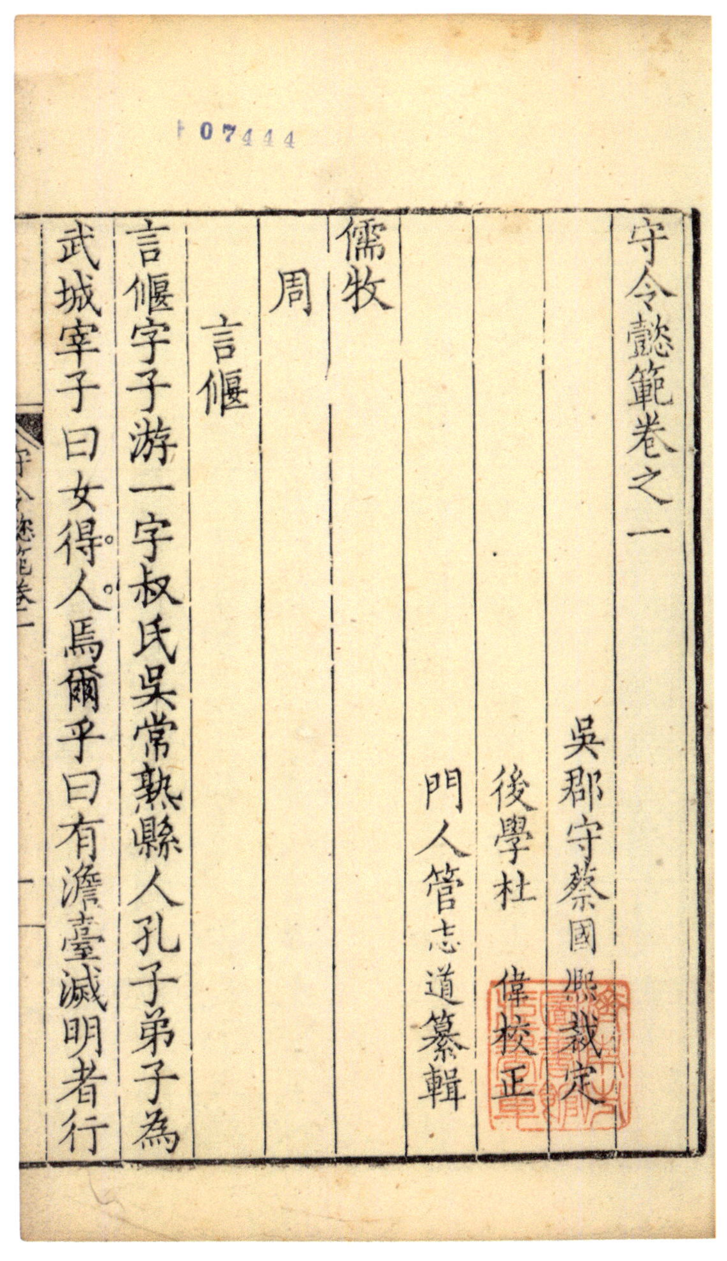

守令懿範卷之一

吴郡守蔡國熙裁定

後學杜偉校正

門人管志道纂輯

儒牧

周

言偃

言偃字子游一字叔氏吴常熟縣人孔子弟子爲武城宰子曰女得人焉爾乎曰有澹臺滅明者行

守令懿範卷一

守令懿范四卷

（明）蔡国熙撰　明隆庆四年（1570）刘世昌刻本　史部传记类总传　八册　济南市图书馆藏

九行十九字，白口，左右双边，版框 20.5 厘米 ×15.4 厘米，开本 26.3 厘米 ×17.9 厘米。

蔡国熙，生卒年不详，字春台，邯郸（今属河北）人。明嘉靖间进士，历任户部主事、苏州知府等职，理学名家，著有《易解》《盐法议》《守令懿范》等。是编乃其官苏州府知府时，辑古来守令事迹，自周至元，分“儒牧”“循牧”两类，儒牧自子游而下三十人，循牧自公孙侨而下一百一十人。《四库全书》入存目。有刻工：唐林。入选第二批《国家珍贵古籍名录》，名录号 03929。

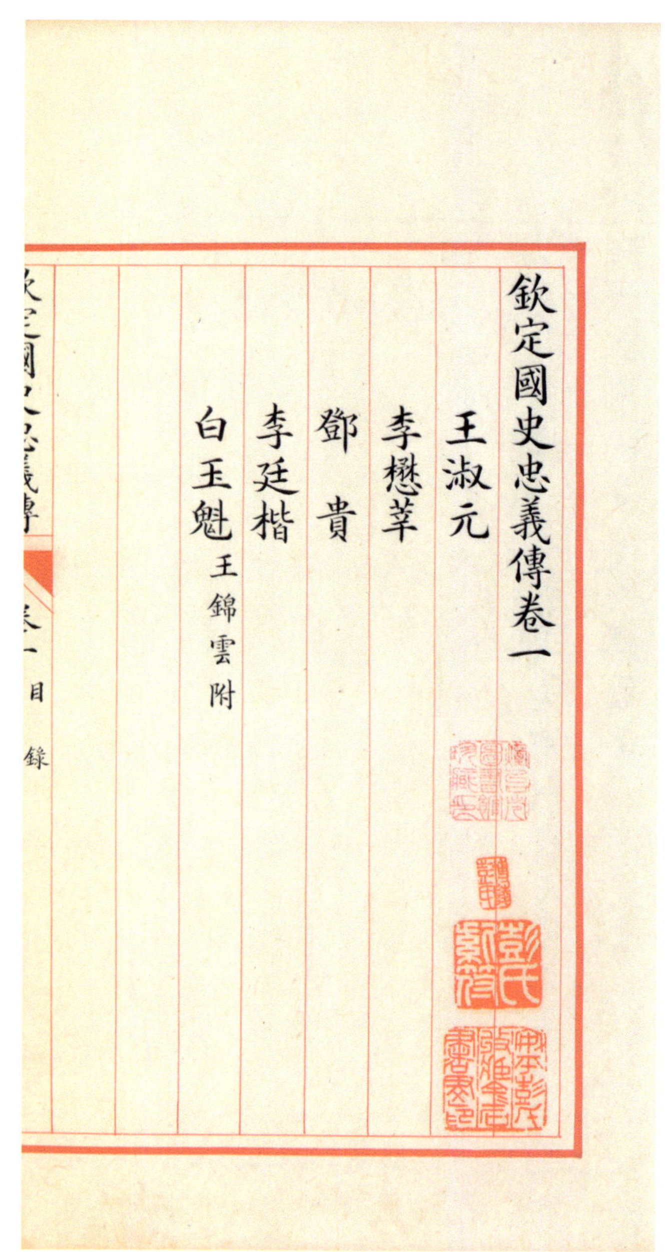

欽定國史忠義傳卷一

王淑元

李懋莘

鄧貴

李廷楷

白玉魁 王錦雲附

欽定國史忠義傳 卷一 目錄

钦定国史忠义传四十八卷

清国史馆写本　史部传记类总传　四十八册　烟台图书馆藏

八行十九字，小字双行同，白口，四周双边，版框28.5厘米×17.8厘米，开本38.6厘米×23.5厘米。

本书收录清道光三十年（1850）至同治八年（1869）间清政府在镇压太平天国、捻军运动“土流会匪”、“游会苗各匪”、“回匪”等“剿匪”战争中死难之士共四百三十六人的列传。该书为存世孤本，馆阁体书写，字迹清秀，文笔流畅，纸墨精良，开本阔大，是研究太平天国运动的重要史料，也是大陆现存不多的清国史馆黄绫定本。钤有“安平彭氏收藏金石书画印”“彭氏紫符”“博陵彭氏”等印。入选第一批《国家珍贵古籍名录》，名录号01492。

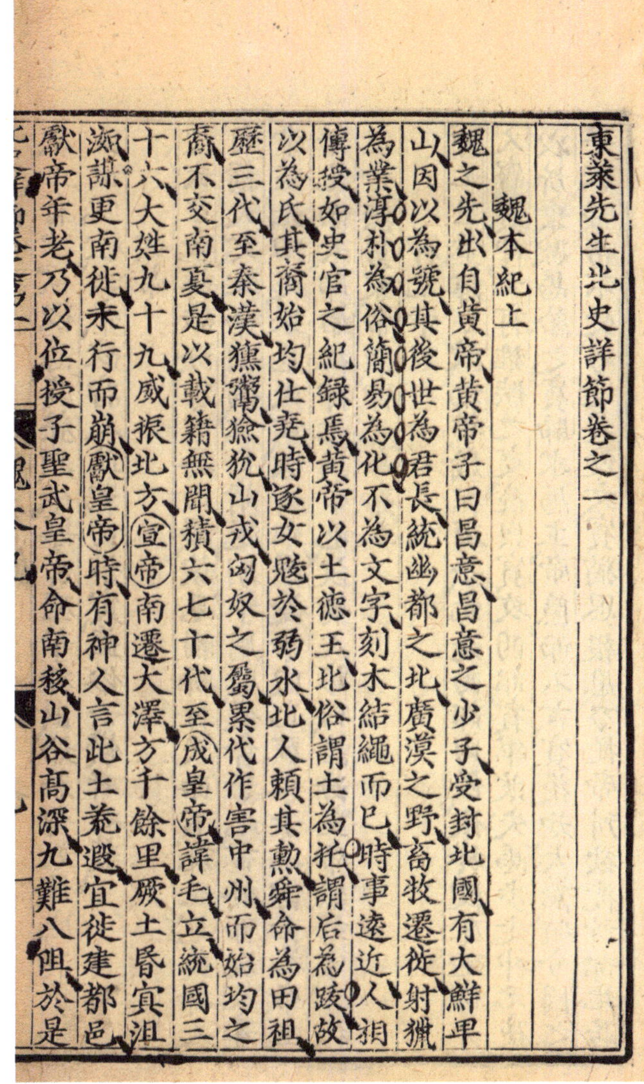

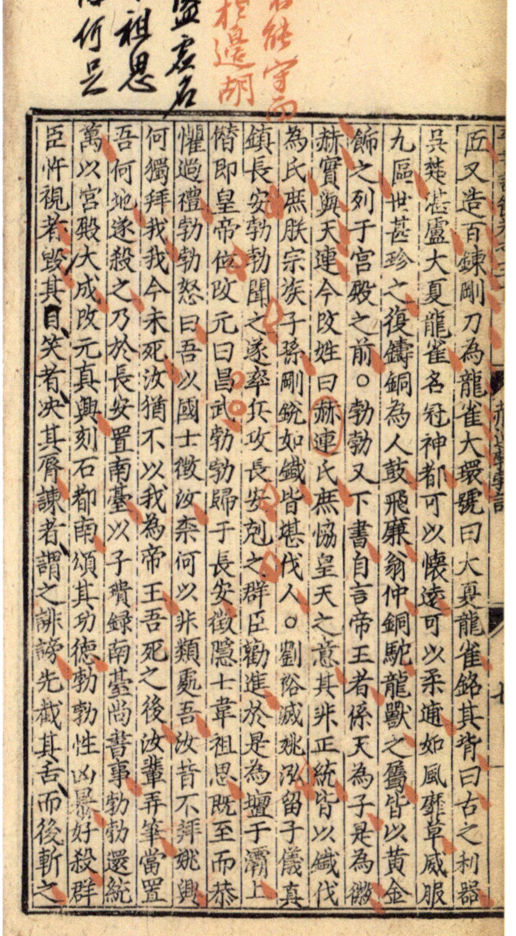

十七史详节二百七十四卷

（宋）吕祖谦辑　明正德慎独斋刻本　史部史抄类　八册　存二种五十八卷（东莱先生晋书详节三十卷、东莱先生北史详节二十八卷）　山东大学图书馆藏

十三行二十六字，小字双行同，白口，四周双边，版框 18.3 厘米 ×11.3 厘米，开本 26.2 厘米 ×14.2 厘米。

吕祖谦简介见《吕氏家塾读诗记》。吕祖谦淹博典籍，朱熹称其"于史分外仔细"，此书当即其读史书时删节备检之本。诸史所用底本，为吕祖谦当时所见宋本，文字有优于今本、可供参考者。四库馆臣收此书入存目，言："附存其目，俾儒者知前人读书必贯彻首尾，即所删节之本，而用功之深至，可以概见。"此书多有流传，现存最早版本为元刊本，次为明刘洪慎独斋刻本。刘洪（1478—1545），字弘毅，号木石山人，福建建阳人。从明弘治十一年（1498）至嘉靖十三年（1534）三十六年间，他以"慎独斋""书户刘洪""木石山人"等名号刻书达三十余种。入选第二批《国家珍贵古籍名录》，名录号 04016。

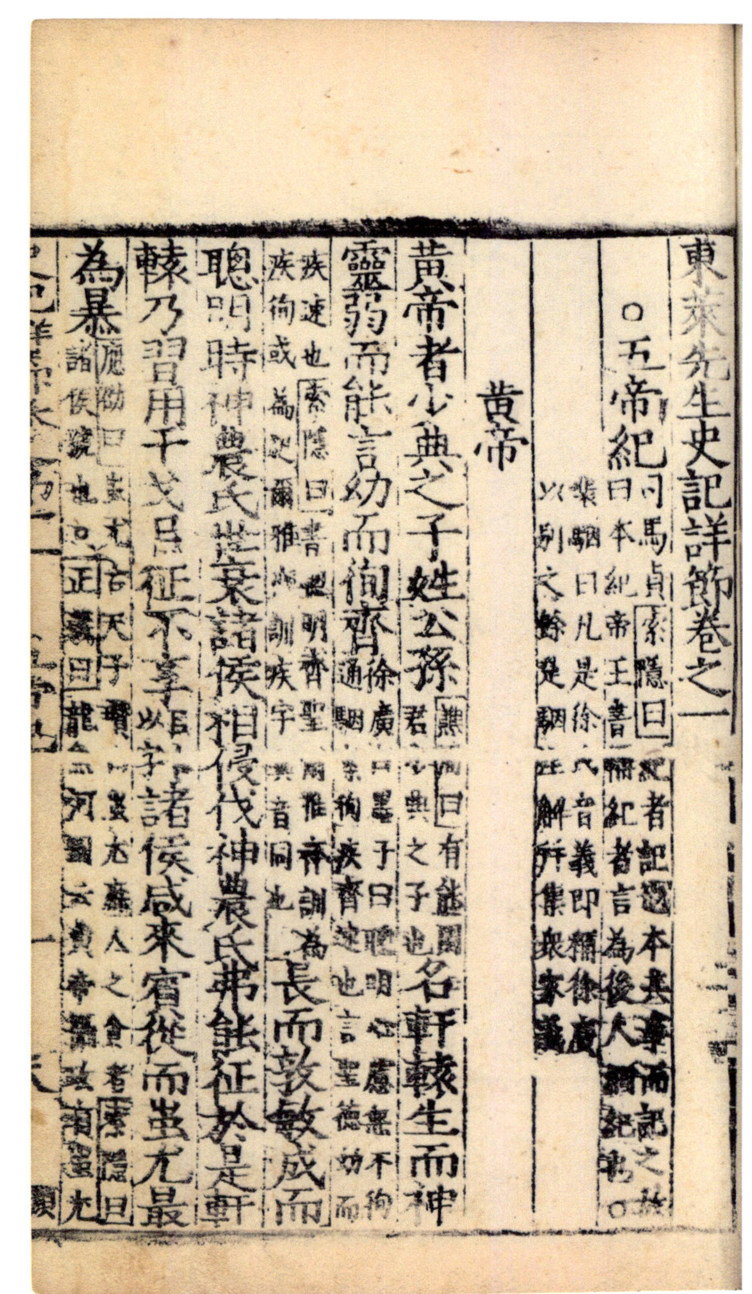

東萊先生史記詳節卷之一

五帝紀

黃帝

黃帝者少典之子姓公孫名軒轅生而神靈弱而能言幼而徇齊長而敦敏成而聰明時神農氏世衰諸侯相侵伐神農氏弗能征於是軒轅乃習用干戈以征不享諸侯咸來賓從而蚩尤最為暴

十七史详节二百七十三卷

（宋）吕祖谦辑　明嘉靖四十五年至隆庆四年（1566—1570）陕西布政司刻本　史部史抄类　一百册　山东大学图书馆藏

十行二十字，小字双行同，白口，四周单边，版框18.9厘米×13.1厘米，开本23.9厘米×15.7厘米。

吕祖谦简介见前。此本为明嘉靖、隆庆间陕西布政司所刻，是吕祖谦此书的第三个版本。有刻工：夏、通、颜。钤有“海源阁藏书”等印。入选第二批《国家珍贵古籍名录》，名录号04024。

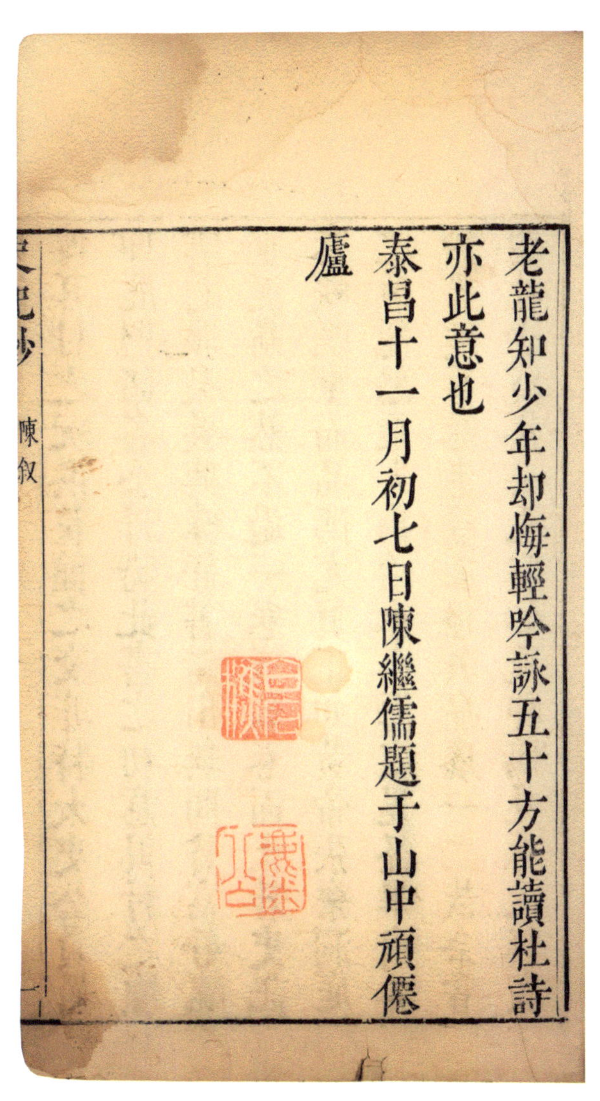

史记钞九十一卷

（明）茅坤辑　明泰昌元年（1620）闵振业刻朱墨套印本　史部史抄类　二十四册　济南市图书馆藏

九行十九字，白口，左右双边，无直格，版框 21 厘米×15 厘米，开本 26.7 厘米×17.7 厘米。

茅坤（1512—1601），字顺甫，号鹿门，吴兴（今属浙江湖州）人。明嘉靖十七年（1538）进士，历任青阳知县、吏部主事、广西兵备佥事等职。茅坤反对“文必秦汉”的主张，提倡学习唐宋古文，是明中期“唐宋派”的代表人物。此书为其所编《史记》选注本，对《史记》叙事艺术、人物形象塑造、审美价值等多方面进行了评价。此书刻于明光宗朱常洛泰昌元年，然朱常洛在位仅一月，泰昌年号仅行用四个月，故以泰昌年号纪年之书传见颇稀。钤有“白石樵”“麇公”“鹿门山中人”“司勋之章”等印。入选第二批《国家珍贵古籍名录》，名录号 04045。

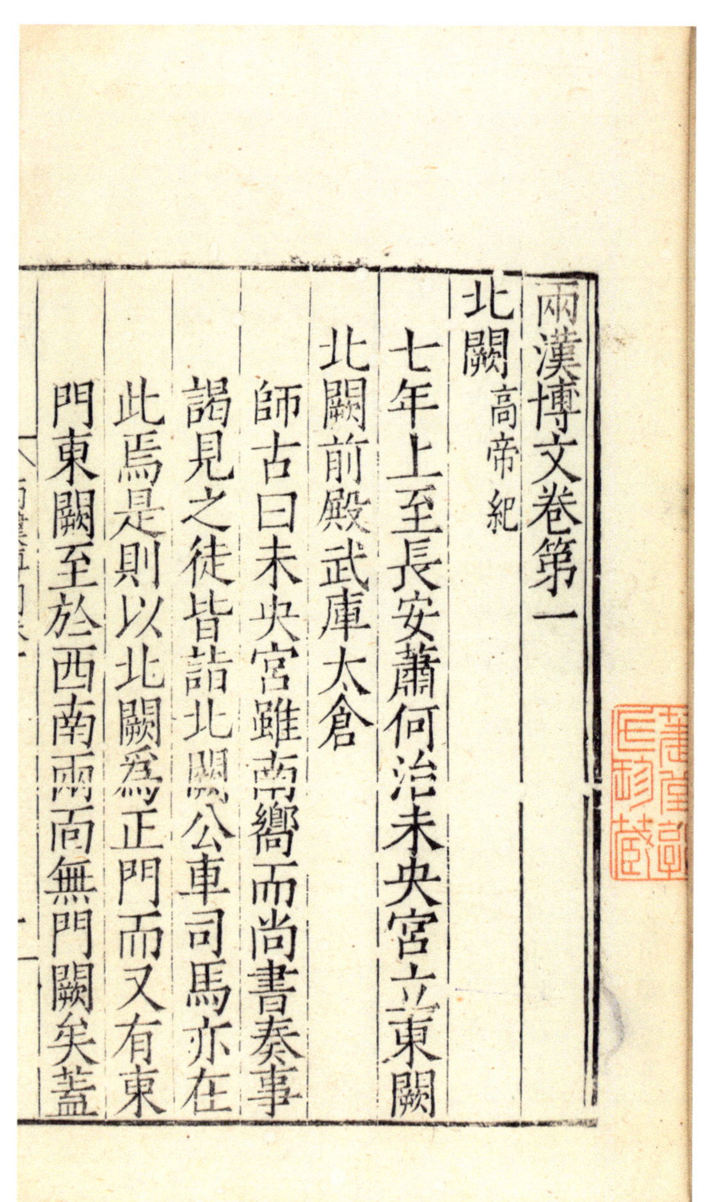

兩漢博文卷第一

北闕 高帝紀

七年上至長安蕭何治未央宮立東闕北闕前殿武庫太倉

師古曰未央宮雖南嚮而尚書奏事謁見之徒皆詣北闕公車司馬亦在此焉是則以北闕爲正門而又有東門東闕至於西南兩面無門闕矣蓋

两汉博闻十二卷

（宋）杨侃辑　明嘉靖三十七年（1558）黄鲁曾刻本　史部史抄类　六册　山东师范大学图书馆藏

八行十六字，小字双行同，白口，左右双边，版框17.2厘米×12.4厘米，开本26.3厘米×16.5厘米。

杨侃（965—1033），字子正，钱塘（今属浙江杭州）人。北宋端拱中进士，官至集贤院学士。此书存世最早版本为宋乾道八年（1172）胡元质姑孰郡斋刻本，其次即为此本。黄鲁曾（1487—1561），字得之，号中南山人，黄省曾之兄。兄弟皆好购书，吴中称“二黄先生”，两人校刊古籍多种。钤有“朱世淳印”“蓮堂郭氏珍藏”等印。入选第二批《国家珍贵古籍名录》，名录号04066。

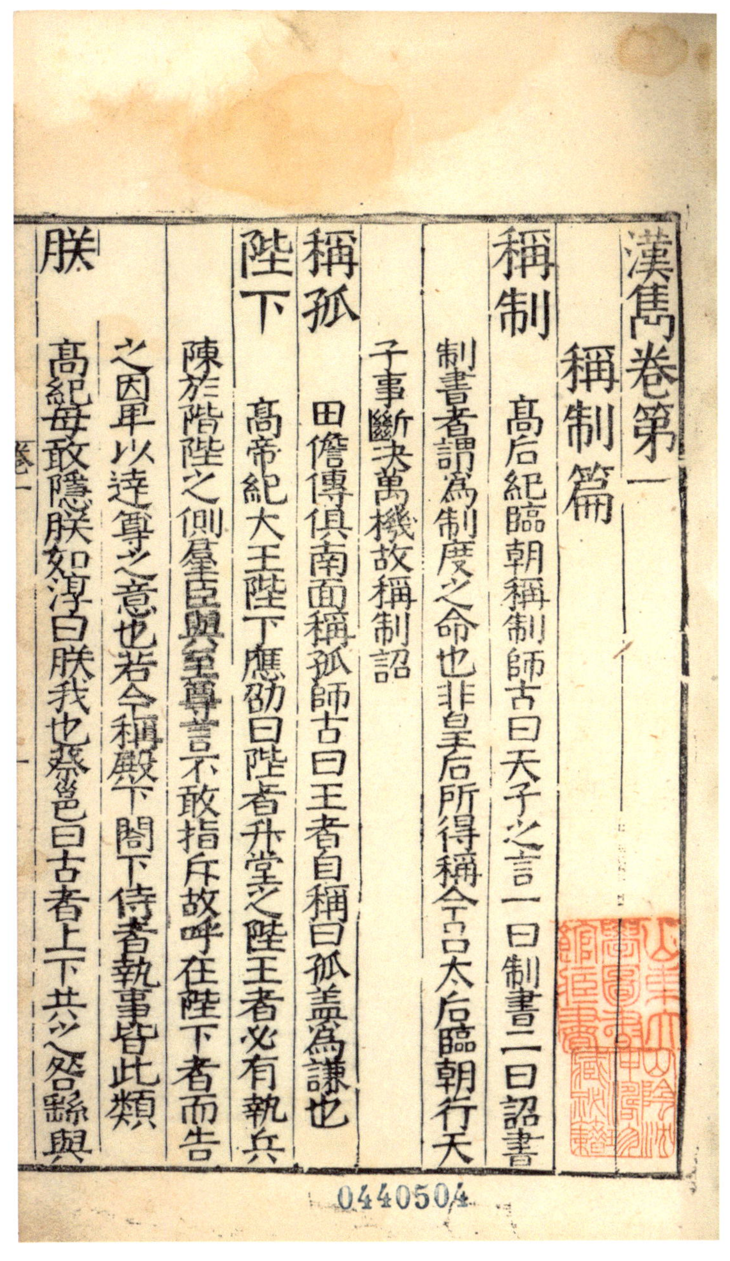

漢雋卷第一

稱制篇

稱制　高后紀臨朝稱制師古曰天子之言一曰制書二曰詔書制書者謂為制度之命也非皇后所得稱今吕太后臨朝行天子事斷決萬機故稱制詔

稱孤　田儋傳俱南面稱孤師古曰王者自稱曰孤蓋為謙也

陛下　高帝紀大王陛下應劭曰陛者升堂之陛王者必有執兵陳於階陛之側羣臣與至尊言不敢指斥故呼在陛下者而告之因卑以達尊之意也若今稱殿下閤下侍者執事皆此類

朕　高紀毋敢隱朕如淳曰朕我也蔡邕曰古者上下共之咎繇與

汉隽十卷

（宋）林钺辑　明嘉靖十一年（1532）郑鼎刻本　史部史抄类　八册　山东大学图书馆藏

十行二十四字，白口，四周单边，版框 20.1 厘米 ×14.5 厘米，开本 26.2 厘米 ×18 厘米。

林钺，生卒年不详，一作林越，字伯仁，又字国镇，处州青田（今属浙江）人。宋绍兴二十一年（1151）进士。是书摘录《汉书》语词文句汇编成书，传世版本多，宋元刻本亦有若干。此为明嘉靖十一年郑鼎刻本。郑鼎，生卒年不详，字荐和，太仓（今属江苏）人。嘉靖八年（1529）进士，曾任嘉定县令、茶陵知州等。钤有“九峰旧庐珍藏书画之记”“山阴沈仲涛珍藏秘籍”“绥珊六十以后所得书画”等印。入选第二批《国家珍贵古籍名录》，名录号 04073。

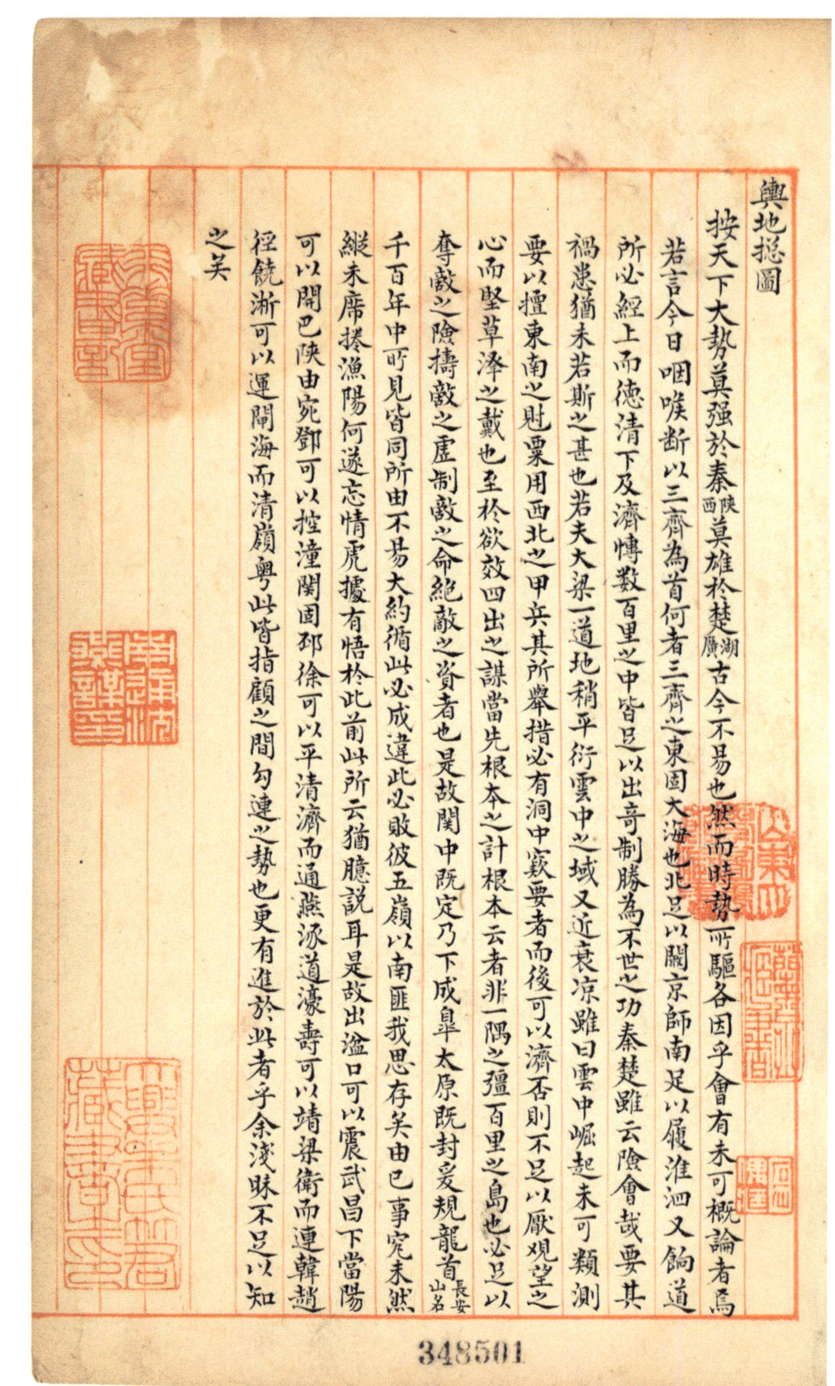

輿地總圖

按天下大勢莫强於秦陝西莫雄於楚湖廣古今不易也然而時勢所驅各因爭會有未可概論者焉

若言今日咽喉斷以三齊為首何者三齊之東固大海也北足以闢京師南足以屏淮泗又餉道

所必經上而德清下及濟博數百里之中皆足以出奇制勝為不世之功秦楚雖云險會哉要其

禍患猶未若斯之甚也若夫大梁一道地稍平衍雲中之域又近裒凉雖曰雲中崛起未可類測

要以擅東南之財粟用西北之甲兵其所舉措必有洞中竅要者而後可以濟否則不足以厭觀望之

心而堅草澤之戴也至於欲效四出之謀當先根本之計根本云者非一隅之殭百里之島也必足以

奪敵之險擣敵之虚制敵之命絕敵之資者也是故關中既定乃下成皋太原既封爰規龍首長安山名

千百年中可見皆同所由不易大約循此必成違此必敗彼五嶺以南匪我思存矣由已事究未然

縱未席捲漁陽何遂忘情虎據有悟於此前此所云猶臆説耳是故出溢口可以震武昌下當陽

可以闢巴陝由宛鄧可以控潼關固邳徐可以平清濟而通燕涿道濠壽可以靖梁衛而連韓趙

徑饒浙可以運閩海而清嶺粵此皆指顧之間勾連之勢也更有進於此者予余淺昧不足以知

之矣

348501

明輿图不分卷

明抄本　史部地理类总志　二册　山东大学图书馆藏

十六行四十字，四周单边，红格，版框 23 厘米 ×15.5 厘米，开本 27.6 厘米 ×17.7 厘米。

此书绘者不详。红格，朱墨二色。钤有“大兴朱氏竹君藏书印”“一室之内有以自娱”“朱锡庚印”“石一仙偶藏”“南通沈燕谋印”“行素堂藏书记”等印。入选第三批《国家珍贵古籍名录》，名录号 07957。

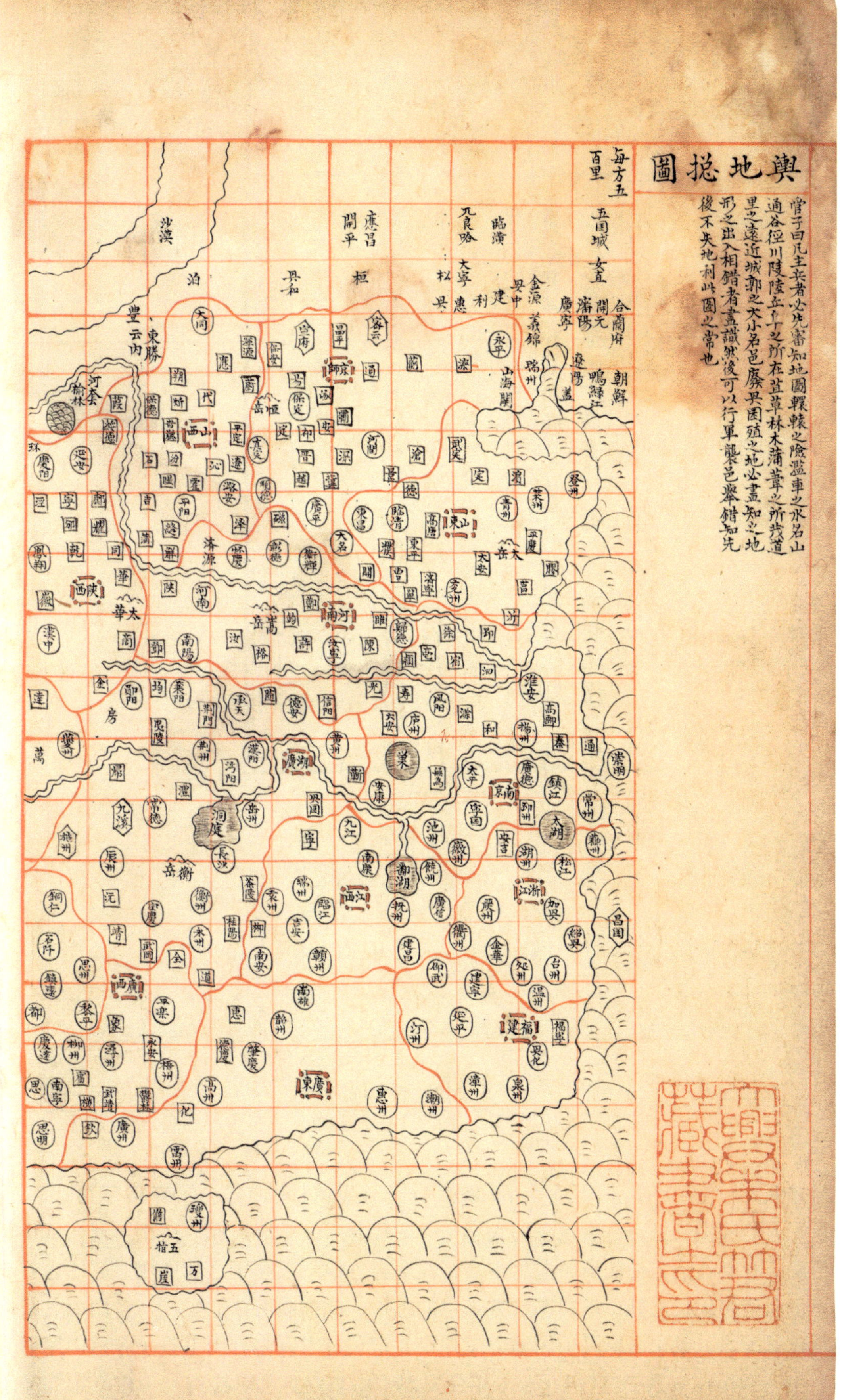
輿地揔圖
每方五百里
管子曰凡主兵者必先審知地圖轘轅之險濫車之水名山通谷經川陵陸丘阜之所在苴草林木蒲葦之所茂道里之遠近城郭之大小名邑廢興困殖之地必盡知之地形之出入相錯者盡識然後可以行軍襲邑舉錯知先後不失地利此圖之常也
朝鮮
沙漠
洞庭
太湖

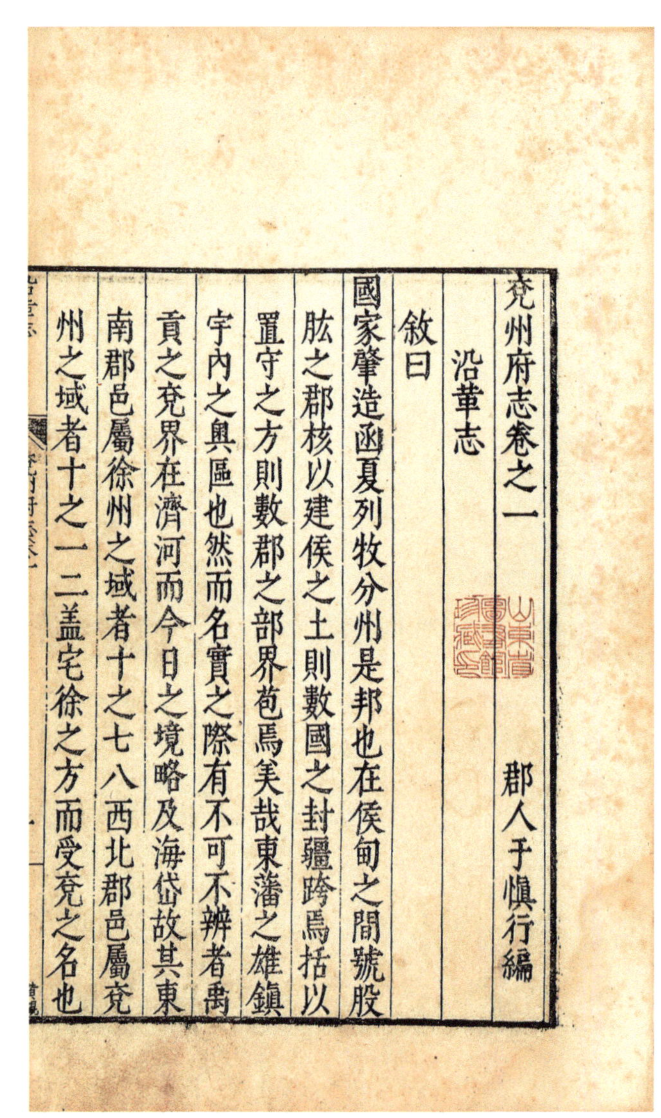

兗州府志卷之一　　郡人于慎行編

沿革志

敘曰

國家肇造函夏列牧分州是邦也在侯甸之間號股肱之郡核以建侯之土則數國之封疆跨焉括以置守之方則數郡之部界苞焉美哉東藩之雄鎮宇內之奧區也然而名實之際有不可不辨者禹貢之兗界在濟河而今日之境略及海岱故其東南郡邑屬徐州之域者十之七八西北郡邑屬兗州之域者十之一二盖宅徐之方而受兗之名也

［万历］兖州府志五十二卷

（明）易登瀛（明）于慎行纂修　明万历刻本（卷三十六至三十八补配）　史部地理类方志　十四册　山东省图书馆藏

十行二十字，小字双行同，白口，左右双边，版框22.9厘米×16.6厘米，开本27.4厘米×18.2厘米。

易登瀛，生卒年不详，明万历八年（1580）进士。于慎行（1545—1607），字可远，东阿（今属山东）人。明隆庆进士，官至东阁大学士，明代著名文学家。此志体例严谨，资料翔实，考证精确，社会经济方面的资料尤为丰富，其史料价值不仅高于之前的明志，比之后清代康熙志等也有诸多优长之处，堪称明代方志中的杰作。此书国内久已失传，各图书收藏单位书目中均未见著录，仅朱士嘉《中国地方志综录》记载日本宫内省图书寮（今宫内厅书陵部）有藏。山东省馆藏本系20世纪六七十年代发现于山东巨野县。钤有“王俊亭章”等印。入选第三批《国家珍贵古籍名录》，名录号07994。

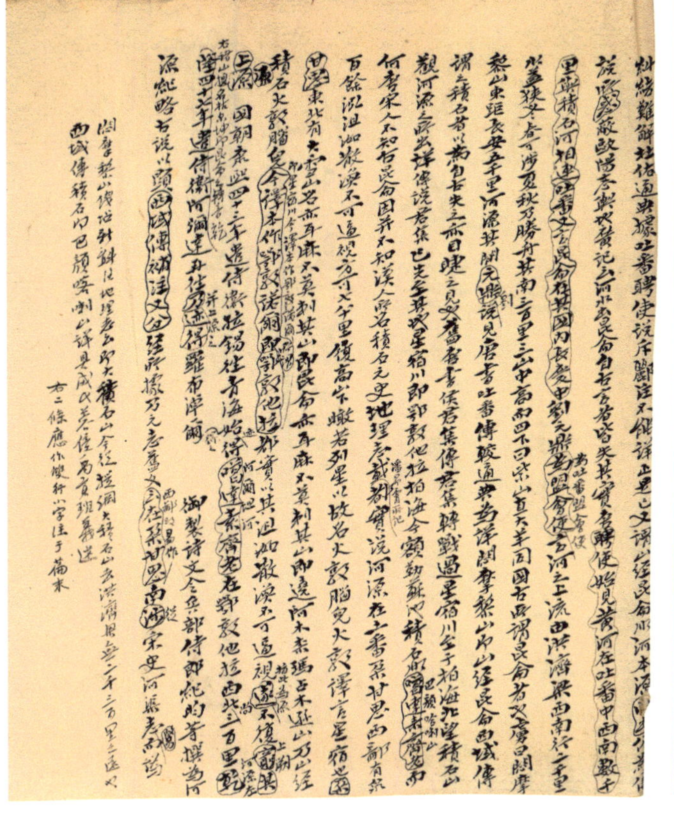

今水经注四卷

（清）吴承志撰　稿本（北水全，南水阙）　史部地理类山水志水志　一册　山东大学图书馆藏

行字不一，开本 29 厘米×19 厘米。

吴承志简介见《汉书地理志水道图说补正》。本书乃其手稿，具有重要的学术校勘价值及历史文献价值。清吴庆坻跋。钤有“敬强”等印。入选第三批《国家珍贵古籍名录》，名录号 08050。

仁和譚復堂獻日記云今水經為通儒徵實之學脈地志里尋求禹蹟亦賸顧氏肇域志聖緒學衇安得不以南雷僃首世有山川能說者閎覽博聞臣為之注豈不高出酈大使上感不絕於予心將臣期之徠者祁甫晚出不及與復堂相聞又官平易久不還杭州此注覃精鉤玫引据浩博惜不為復堂見也雖南水關略未為完書然此水已全用力頗勤可以傳世可以為南雷功臣慶坻識

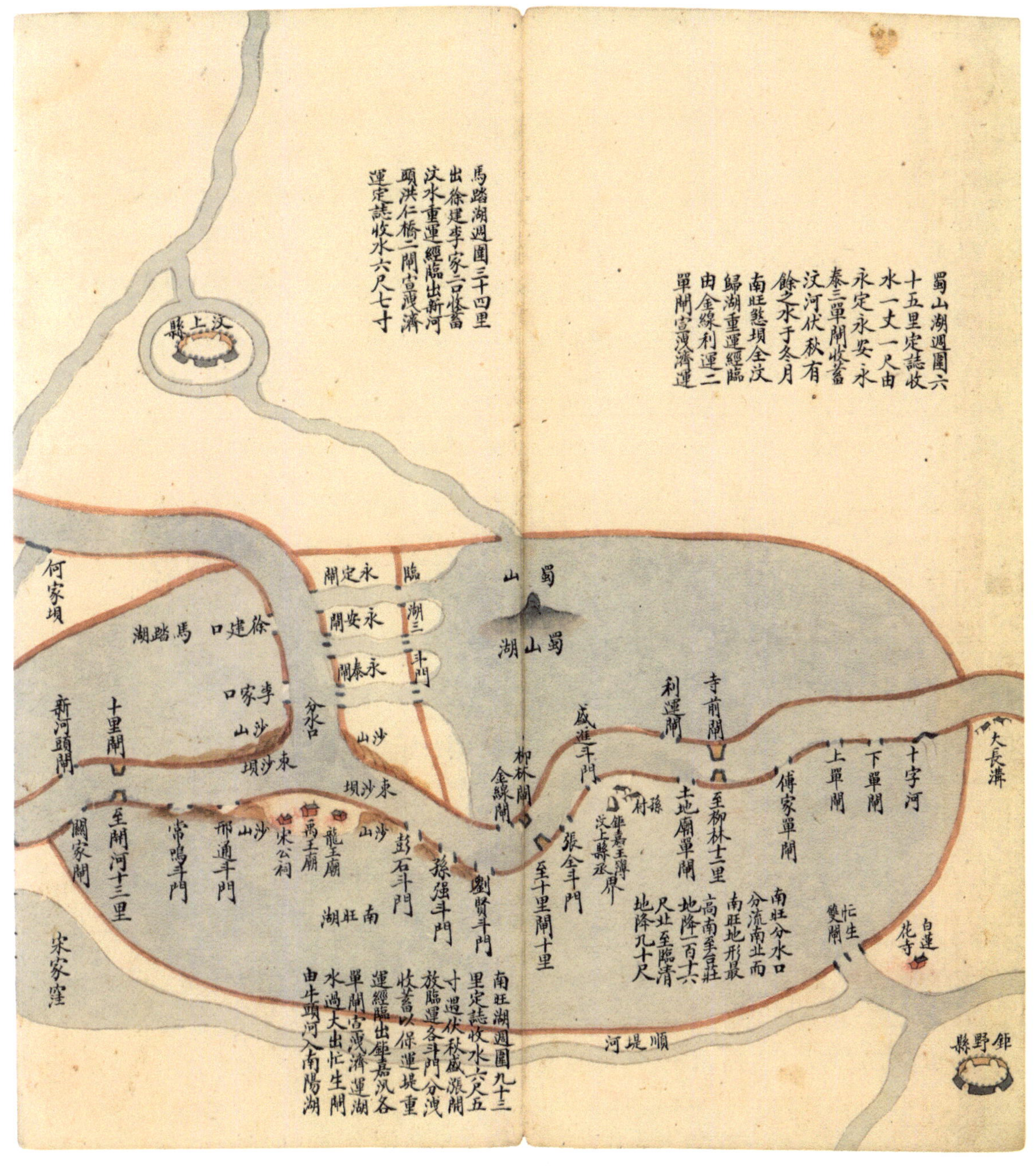

运河图说

(清)朱伟卿绘　清彩绘本　史部地理类山水志水志　一册　山东大学图书馆藏

行字不一，开本 22.7 厘米×15 厘米。

朱伟卿，生平事迹不详。此书系京杭大运河地图彩绘稿本，分图文两部分。图系多色勾勒，极为精细，且首尾连贯，一气呵成。文字部分由南到北依里数顺次介绍京杭运河沿河各闸、铺，间或道及当地历史、古迹、名人、特产、传说等，对运河考证研究具有不可替代的重要价值。经折装。书衣题：“先考伟卿公手制运河图说。朱复珍藏。”钤有“朱复氏”等印。入选第四批《国家珍贵古籍名录》，名录号 11076。

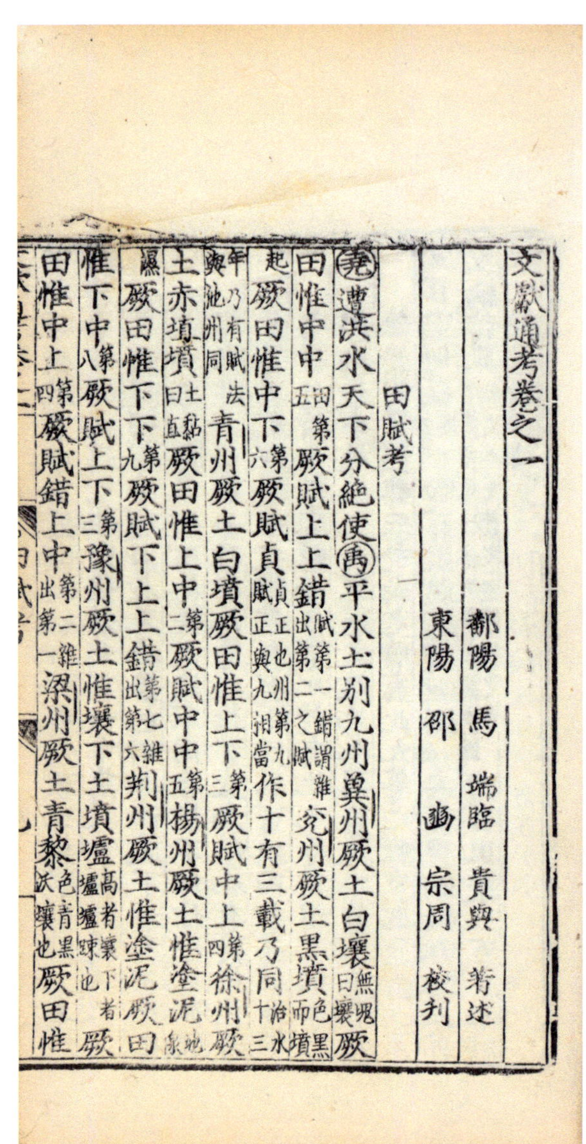

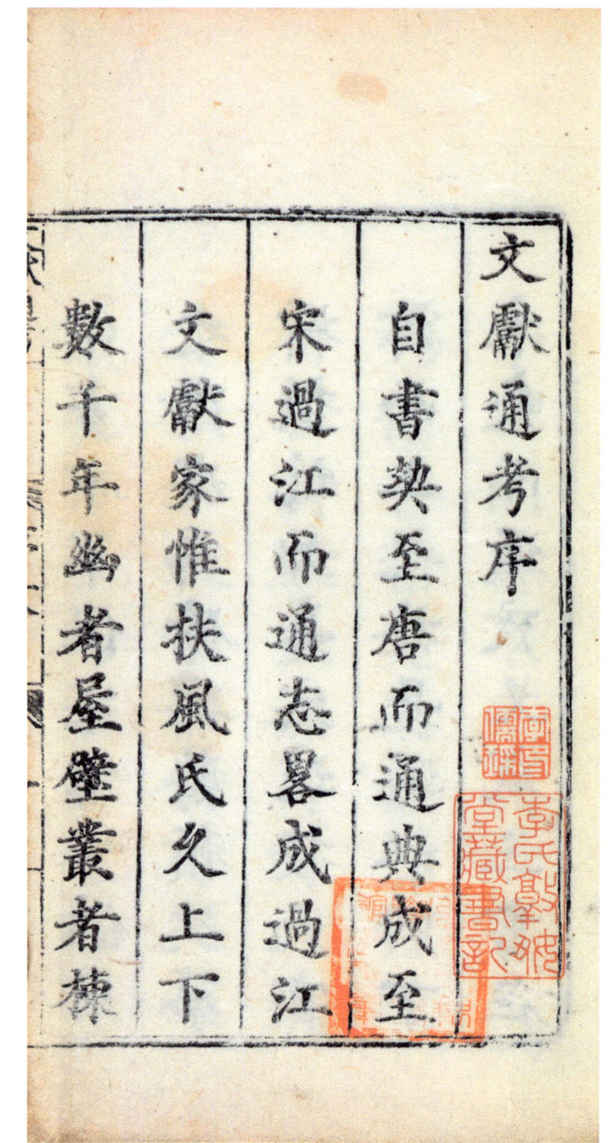

文献通考三百四十八卷

（元）马端临撰　明正德十三至十六年（1518—1521）慎独斋刻本　史部政书类通制

八十册　山东师范大学图书馆藏

十二行二十五字，小字双行同，细黑口，四周双边，版框 19.5 厘米 ×13 厘米，开本 26.5 厘米 ×16.3 厘米。

马端临（约 1254—1323），字贵与，号竹洲，饶州乐平（今属江西）人。宋元之际著名史学家。此书仿杜佑《通典》，辑录上古到南宋宁宗时期的典章制度，是继《通典》《通志》之后规模最大的一部记述历代典章制度的著作，内容翔实，论断精辟。此本是《文献通考》传世的重要版本之一，由明代建阳书坊刘洪慎独斋所刻，卷首元李谦思序后有“皇明己卯岁慎独斋刊行”牌记，目录后有“皇明正德戊寅慎独精舍刊行”牌记。钤有“李氏敦好堂藏书记”等印。入选第一批《国家珍贵古籍名录》，名录号 01606。

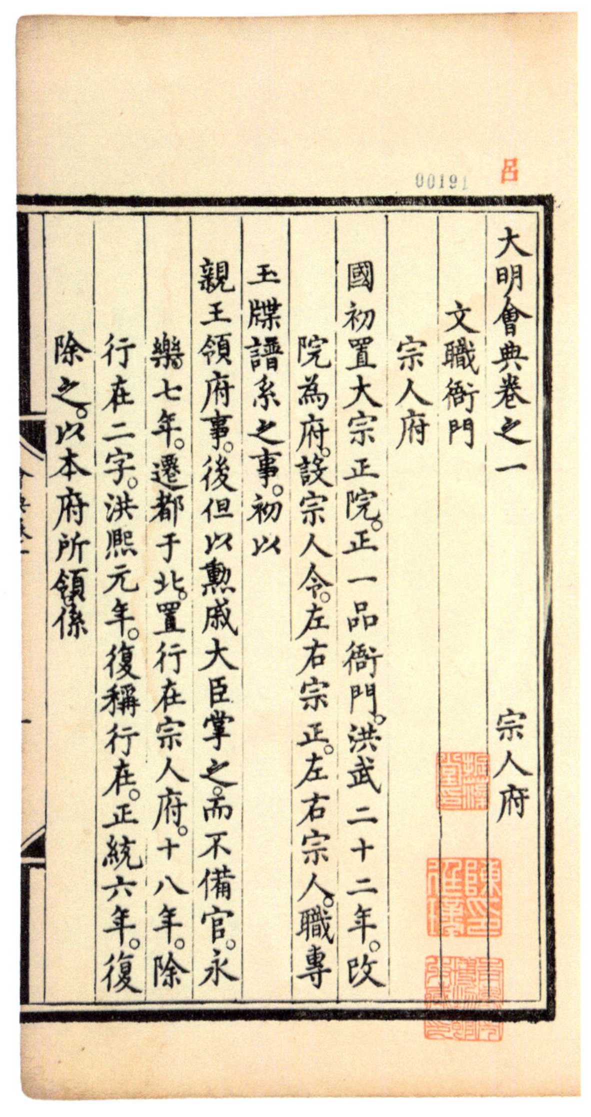
大明會典卷之一　　宗人府

文職衙門

宗人府

國初置大宗正院。正一品衙門。洪武二十二年。改院為府。設宗人令。左右宗正。左右宗人。職專玉牒譜系之事。初以親王領府事。後但以勳戚大臣掌之。而不備官。永樂七年。遷都于北。置行在宗人府。十八年。除行在二字。洪熙元年。復稱行在。正統六年。復除之。以本府所領係

大明会典一百八十卷

（明）徐溥等纂修　明正德六年（1511）司礼监刻本　史部政书类通制　一百册　存一百四十八卷（一至七、十至十三、十五至三十六、三十八至五十七、六十至八十三、八十五至九十六、一百至一百二十三、一百二十五至一百二十九、一百三十二至一百三十五、一百三十八至一百五十二、一百七十至一百八十）　青岛市博物馆藏

十行二十字，大黑口，四周双边，版框 24.8 厘米 ×17.8 厘米，开本 33.8 厘米 ×21 厘米。

《大明会典》为明代官修政书，全书以六部官职为纲，分述各行政机构的职掌和实例，每一官职之下，先记载有关的律令，再载事例（若无适当律令，则只载事例），详细记载了自明初至孝宗弘治年间各行政机构的建置沿革及所掌职事等。该书正式编纂始于孝宗年间，武宗正德四年（1509）命李东阳、杨廷和等人重校，次年由司礼监刻印颁行，史称《正德会典》，即此书。后嘉靖、万历年间又有增修、重修。本书有明黄之善跋，钤有“振藻堂印”“陈庭瑾”等印。入选第二批《国家珍贵古籍名录》，名录号 04285。

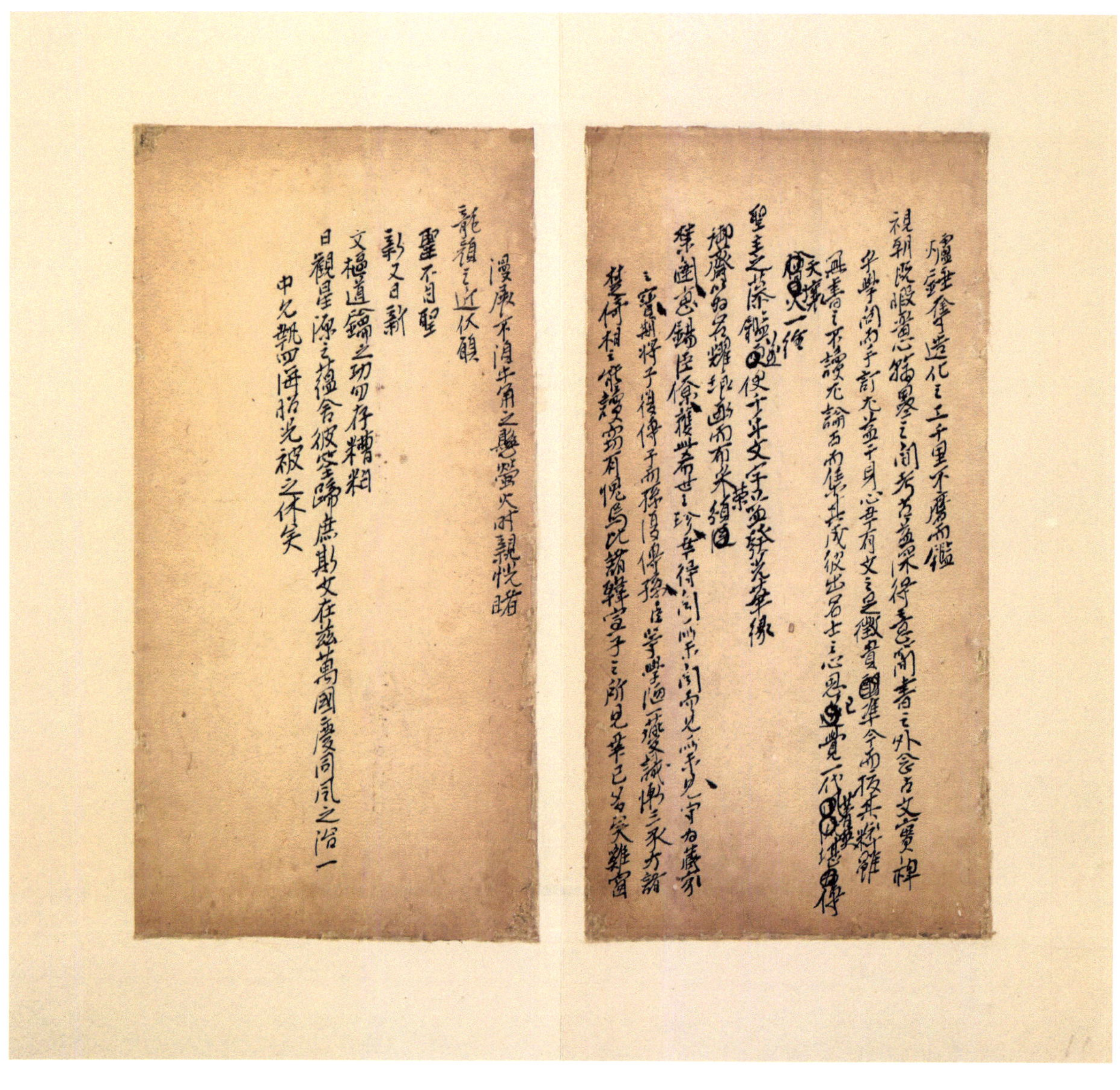

拟表九篇一卷

（清）蒲松龄撰　稿本　史部政书类公牍　一册　蒲松龄纪念馆藏
行字不等，开本 23.5 厘米×12 厘米。

蒲松龄（1640—1715），字留仙，一字剑臣，别号柳泉居士，淄川（今属山东淄博）人。一生著述颇富，因家贫无力梓行，手稿散失严重，存世者多零星散存于国内各图书馆、博物馆中。其中，《聊斋志异》手稿，现知国内仅存半部，1950 年蒲氏后裔蒲文珊将其连同他收藏的《聊斋杂记》辑录稿，一并捐予辽宁省图书馆；《鹤轩笔札》现存于青岛市博物馆；《聊斋文集》残卷现存于山东省图书馆；《聊斋词稿》现存于国家博物馆。此手稿现存三十八单叶，行草字体，系蒲松龄手书。1982 年山东省文物局将此定为国家一级文物。2005 年送往南京博物院加衬装裱为册页。入选第三批《国家珍贵古籍名录》，名录号 09298。

太常寺

寺建于後府之南通政司之北坐西面東中為崇正堂堂左為博士廳右為典簿廳後為川堂川堂左右為少卿官舍後為後堂後堂左右為卿官舍後為香帛庫庫北為浴堂南為牲庫左為廚房右為祭器祭品庫香帛庫之後正西及南北俱為寺丞官舍崇正堂中為甬道上建小儀門前為儀門儀門北為提點知觀止舍南為祭服庫甬道傍西廊北為祭祀科科東為典簿官舍南為祭器科科東為土地祠又東為各

太常考不分卷

明抄本　史部政书类典礼　八册　文登市图书馆藏

十行二十字，小字双行同，白口，四周双边，版框17.9厘米×22.7厘米，开本32.5厘米×20.7厘米。

此书编者、抄者均无考，为明崇祯时太常寺官属辑录而成，主要记述明代太常寺的建置、设官、职掌，以及有关制度等。资料来源主要是太常寺的档案材料。本书是研究明代礼制的重要参考资料。现存明抄本仅三馆有藏：国图、北大、文登馆。文登馆此本为蓝格抄本。入选第二批《国家珍贵古籍名录》，名录号04304。

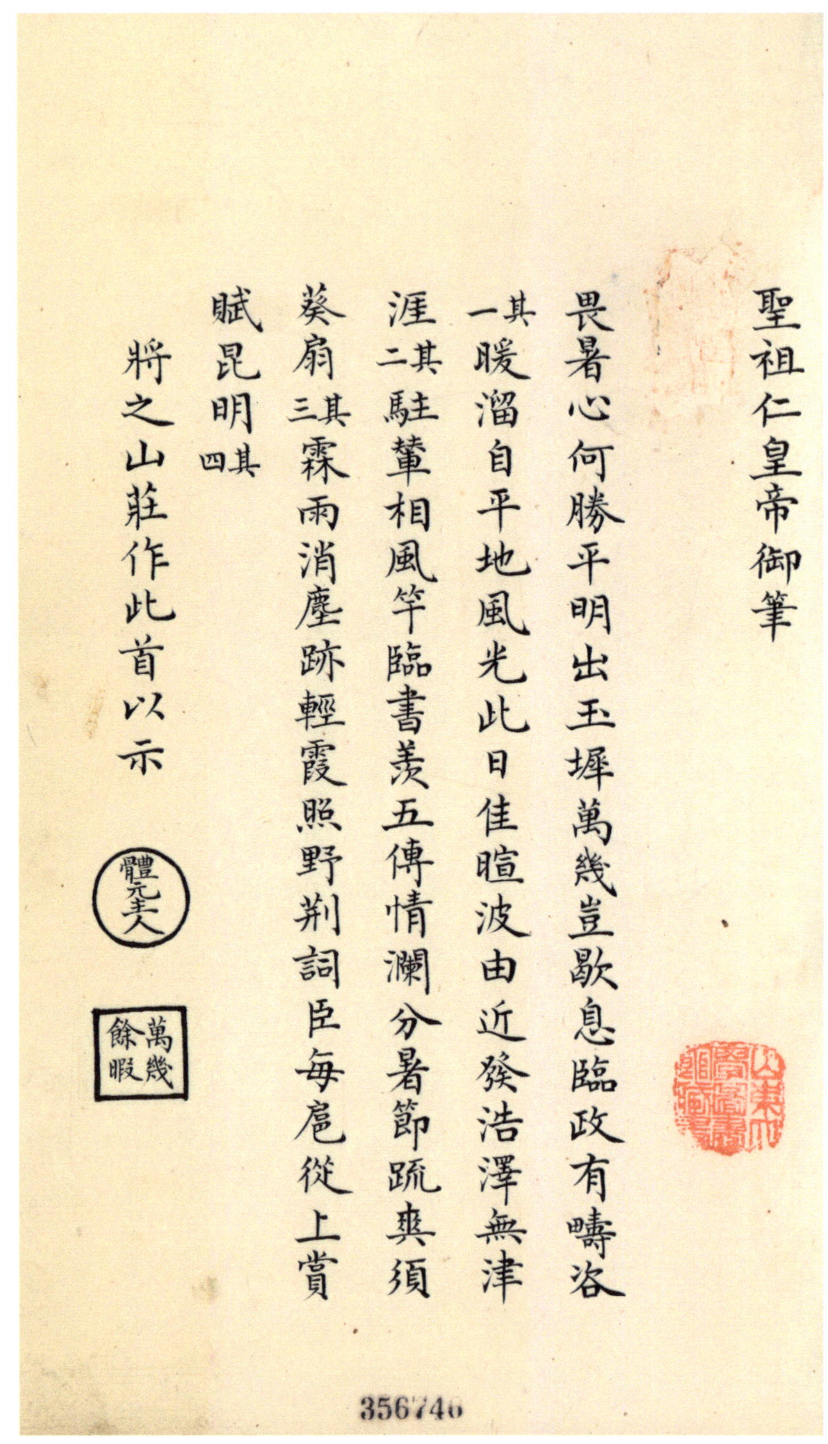

高宗纯皇帝御笔目录六卷

清内府抄本　史部目录类公藏　六册　山东大学图书馆藏

九行二十字，开本 32 厘米×22.3 厘米。

此书为清乾隆皇帝的御笔目录。白纸大册，函套有黄绫签题“内府尊藏高宗御笔目录，全六册”。第一册题签“圣祖仁皇帝御笔”。入选第三批《国家珍贵古籍名录》，名录号 08149。

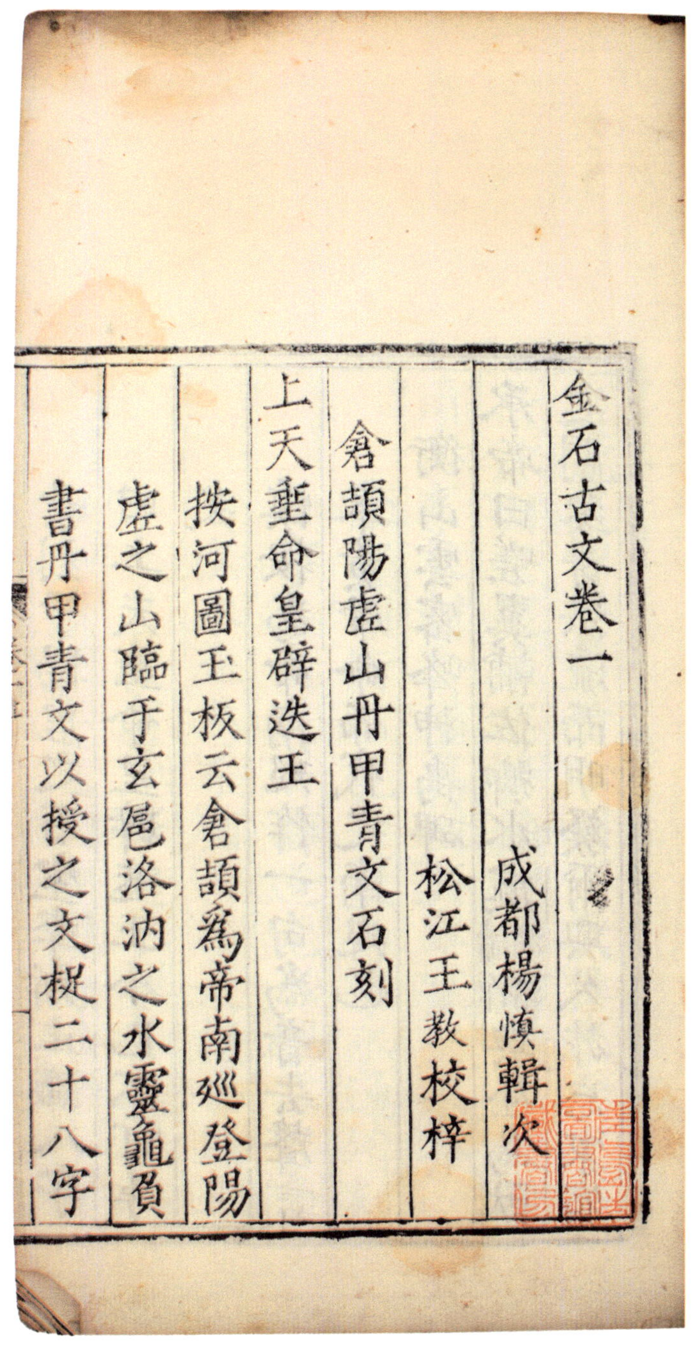

金石古文卷一

成都楊慎輯次

松江王教校梓

倉頡陽虛山丹甲青文石刻

上天垂命皇辟迭王

按河圖玉板云倉頡爲帝南廵登陽

虛之山臨于玄扈洛汭之水靈龜負

書丹甲青文以授之文梲二十八字

金石古文十四卷

（明）杨慎辑　明嘉靖十八年（1539）张纪刻本　史部金石类总类　一册　青岛市博物馆藏

八行十六字，白口，四周双边，版框 18.5 厘米×13.5 厘米，开本 28 厘米×17 厘米。

杨慎简介见《古音丛目》。《金石古文》一书，为杨慎搜集起自上古、下迄汉代的金石文字而成书，然真伪杂错，亦有疏漏，《四库全书》入存目。入选第四批《国家珍贵古籍名录》，名录号 10354。

秦二世詔書刻石

即琅邪臺始皇所刻石也在臺上西偏南向以工部營造尺計之石高丈五尺下寬六尺中寬五尺上半寬三尺頂寬二尺三寸厚二尺五寸今存者字十二行共八十四字字徑寸五分在石上半西側長人跂足探以手僅及之第一行五夫= 楊樛五字第二行七字第三四五六行各八字第七行四字第八行八字第九行九字第十十一行各八字末行三字其文云皇帝曰金石刻盡始皇帝所為也今襲號而金石刻辭不稱始皇帝其於久遠也如後嗣為之者不稱成功盛德丞相臣斯臣去疾御史夫二臣德昧死言臣請具刻詔書金石刻因明白矣臣昧死請

商父癸尊

右器高漢尺四寸三分口徑三寸寬二寸腹五寸足三寸通體圓素無花紋款鑄器内腹底周身青綠誠三代器也上一字作立鉞形與薛氏款識商人癸尊相類彼釋上一字為立戈形不合蓋本識立戈卣作……阮氏款識立戈父癸鼎作……皆與此異鉞字本作戉說文云戉斧也从戈乚聲司馬法曰殷執白戉攄古遺文古文戉作……與此正同薛識父作人亦不合孔廟周木鼎父作乀 阮識伯爵彝父作几

诸城金石小识一卷石刻存目一卷

（清）尹彭寿撰 稿本 史部金石类总类 一册 山东省图书馆藏
十行二十四字，开本27.8厘米×18厘米。

尹彭寿简介见《说文类编》。《诸城金石小识》收录尹氏知见诸城出土的金石，包括石刻、钱范、瓦当、汉砖等，记其名称、年代、尺寸、出土时地、泐损情况及其考证。本书卷端题“邑人尹彭寿初稿”，有清潘祖荫跋语。钤有“尹彭寿印”“琅琊东武人”等印。入选第二批《国家珍贵古籍名录》，名录号04350。

元史闡幽

餘姚後學復齋許浩述

世祖至元十七年以阿察罕爲右丞相討日本

世祖以其國人取宋而定中國若有餘力及主中國而兼天下之力以征日本安南則皆敗衂何也蓋日本安南海外小夷非中國之所敵而亦所不必爭之地也惟以爲非所敵故其下不以爲意而不務致其力以爲不必爭故其下不以爲重而不務盡其力以其不以爲意而不務致力之心而懷

元史阐幽一卷

（明）许浩撰　明弘治十七年（1504）钱如京刻本　史部史评类　一册　青岛市博物馆藏

十行十九字，大黑口，四周双边，版框 19.2 厘米 ×12 厘米，开本 24.8 厘米 ×15.8 厘米。

许浩，生卒年不详，字复斋，余姚（今属浙江）人。明弘治间曾官桐城县教谕，著有《宋史阐幽》《元史阐幽》《复斋日记》等。该书为许浩取商辂等撰《续资治通鉴纲目》所载元代事“可以为法若可以为戒者”加以评断而成，共计五十二条。《四库全书》入存目。钤有“翰林院印”（满汉文）、“季振宜藏书”、“沧苇”等印。入选第二批《国家珍贵古籍名录》，名录号 04388。

册府千華

山东省藏国家珍贵古籍特展图录

子部

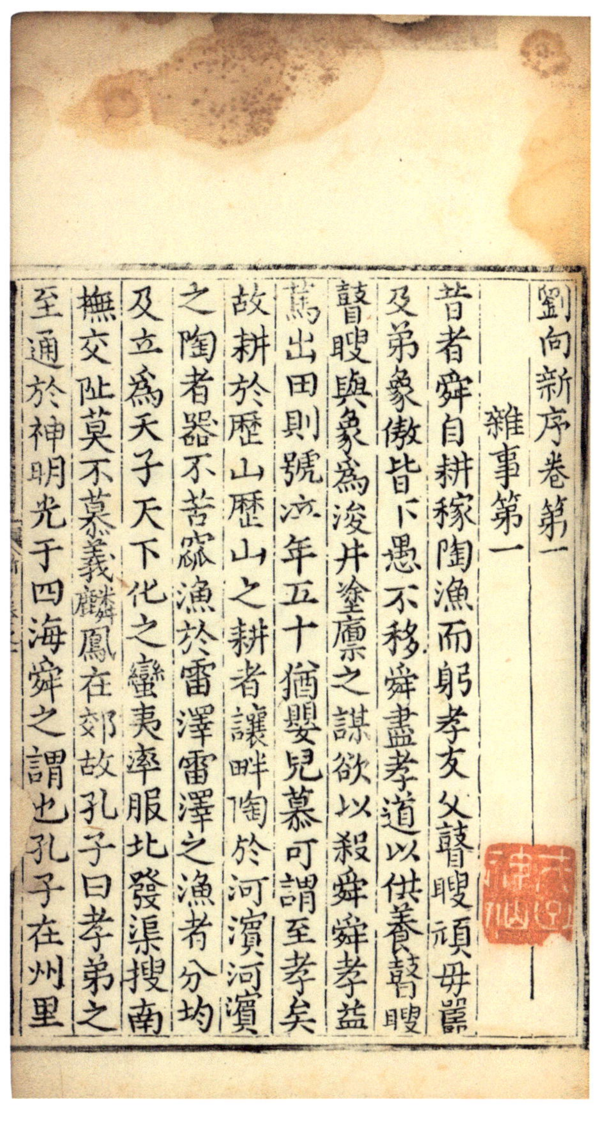
劉向新序卷第一

雜事第一

昔者舜自耕稼陶漁而躬孝友父瞽瞍頑母嚚及弟象傲皆下愚不移舜盡孝道以供養瞽瞍瞽瞍與象爲浚井塗廩之謀欲以殺舜舜孝益篤出田則號泣年五十猶嬰兒慕可謂至孝矣故耕於歷山歷山之耕者讓畔陶於河濵河濵之陶者器不苦窳漁於雷澤雷澤之漁者分均及立爲天子天下化之蠻夷率服北發渠搜南撫交阯莫不慕義麟鳳在郊故孔子曰孝弟之至通於神明光于四海舜之謂也孔子在州里

刘向新序十卷

（汉）刘向撰　明正德五年（1510）楚藩正心书院刻本　子部儒家类　四册　山东大学图书馆藏

十一行十八字，上下黑口，四周双边，开本 32 厘米 ×22.3 厘米。

刘向（前 77—前 6），原名更生，字子政，沛郡丰邑（今属江苏徐州）人。西汉著名经学家、文学家、目录学家。此书是刘向编撰的一部以讽谏为目的的历史故事类编，所收故事上起先秦，下至汉初。原三十卷，至北宋初仅存十卷，后经曾巩搜辑整理，仍厘为十卷。楚藩自明洪武十四年（1381）由朱桢在武昌建藩，其以正心书院名义刻有《胡子知言》《大明仁孝皇后内训》《女训》等书。所刻《新序》存世不多见，仅知国图、山大图藏全本，辽图藏残本。山大此本为白纸印本，经后人重装。钤有“沈仲涛印”“沈氏研易楼所得善本书”“温氏井铭”“汪维翰印”“温廷敬印”“古万川温氏藏”“井铭”等印。入选第二批《国家珍贵古籍名录》，名录号 04414。

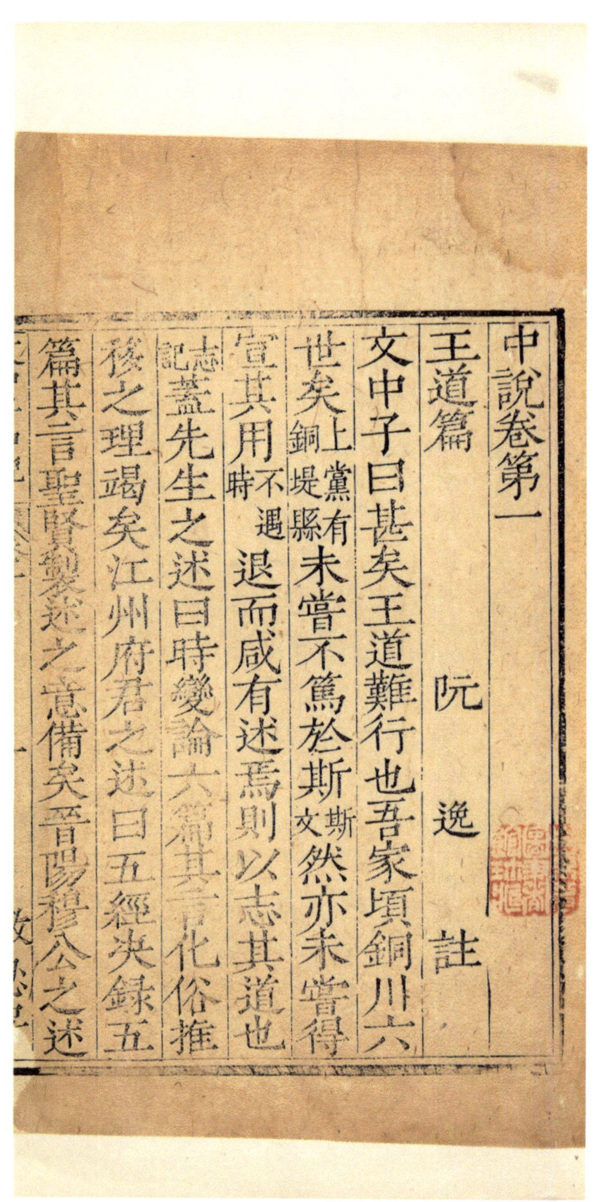
中說卷第一
王道篇　　阮逸註
文中子曰甚矣王道難行也吾家頃銅川六
世矣[上黨有銅堤縣]未嘗不篤於斯[斯文]然亦未嘗得
宣其用[不遇時]退而咸有述焉則以志其道也
[志記]蓋先生之述曰時變論六篇其言化俗推
移之理竭矣江州府君之述曰五經決錄五
篇其言聖賢制述之意備矣晉陽穆公之述

中说十卷

题（隋）王通撰　（宋）阮逸注　明敬忍居刻本　子部儒家类　四册　山东省图书馆藏

八行十七字，小字双行同，白口，四周双边，版框 19 厘米 ×14.2 厘米，开本 29.3 厘米 ×18 厘米。

王通（584—617），字仲淹，河东龙门（今属山西万荣）人。王通以继承周孔道统为职志，讲学于河汾之间，弟子多达千人，成为一代大儒。王通去世后，门人私谥“文中子”，并仿孔子门徒作《论语》而编《中说》。《中说》又称《文中子中说》或《文中子》，内容多系王通与门人的问答笔记。该书提出了儒释道“三教可一”等思想，是后人研究王通思想以及隋唐之际思想发展的重要资料。此本有王献唐跋并录方功惠校。入选第三批《国家珍贵古籍名录》，名录号 08246。

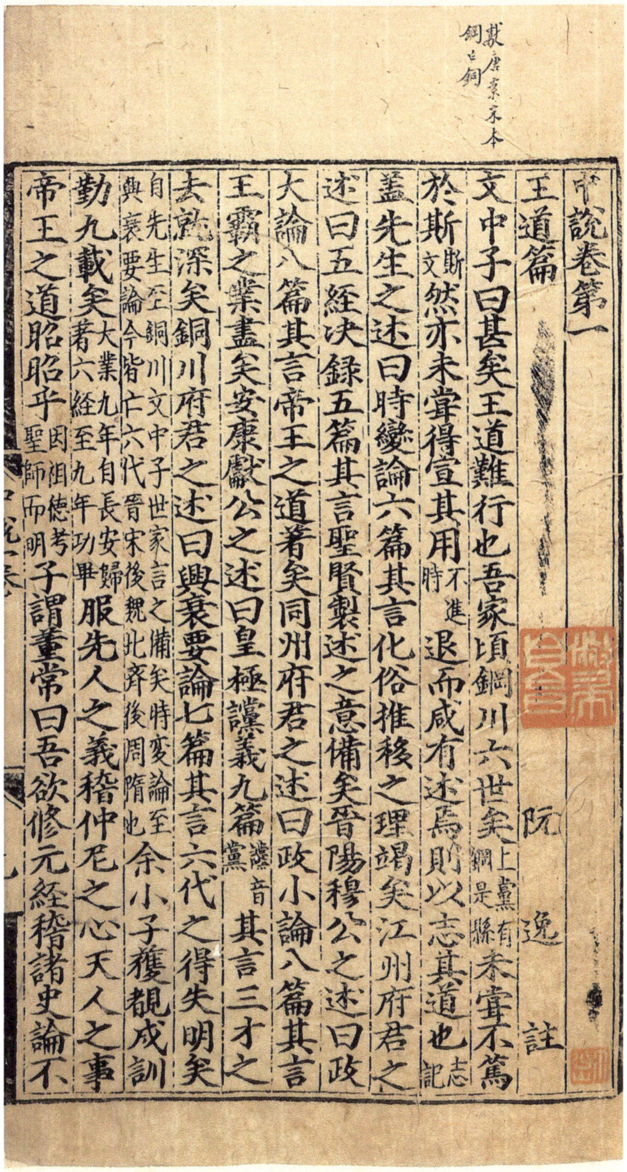

中说十卷

题（隋）王通撰　（宋）阮逸注　明刻本（后两叶补配）　子部儒家类　二册　曲阜师范大学图书馆藏

十二行二十六字，小字双行同，黑口，四周双边，版框 20.2 厘米×13.4 厘米，开本 27.4 厘米×16.1 厘米。

王通简介见前。此本清许瀚批校，王献唐题跋。钤有“王献唐”“王献唐珍秘”“王献唐读书记”“献唐长物”“双行精舍”“双行精舍善本图书印”“双行精舍校藏经籍印”“丁少山”“敝帚自享”等印。入选第一批《国家珍贵古籍名录》，名录号 01735。

此纂圖互注六子之一元書坊刻本當為鄉前輩許印林先生收藏書內校語及面葉題簽皆先生手筆印林身後遺書多歸少山外祖日前過青道光表兄以余有元六子本並列二種更以此書及鈔本夔齋文編見貽當檢行篋亦出數種報之未能在篤志稍也書從宋本出別增釋音四庫書目中說十卷舊題隋王通撰核以事實多相抵牾蓋其子福郊福時等所依托者也今案福時所撰王氏家書雜録引杜淹說書為文中子門人薛收姚義綴記其仲父求情求尋百餘紙未著篇目福時編為十卷是今此書纂集敘述原委甚明安得謂福郊等依托文中子世家歷載王氏各書并及此種尤為明證其題乞隋王通撰者迺後人妄為余所有蒙宋本校宋本明本及此本均無之

二十年十一月四日鐙下記于王氏下提自著之字　王獻唐

二程先生粹言卷之一　後學馬平徐養正輯

明道先生

定性書

橫渠先生問於明道先生曰定性未能不動猶累於外物何如明道先生曰所謂定者動亦定靜亦定無將迎無內外

苟以外物爲外牽己而從之是以己性爲有內外也且以性爲隨物於外則當其在外時何者爲在內是有意於絕外誘而不知性之無內外也既以內外爲二本則又烏可遽語定哉

二程先生粹言九卷

（明）徐养正辑　明嘉靖刻本　子部儒家类　四册　孔子博物馆藏

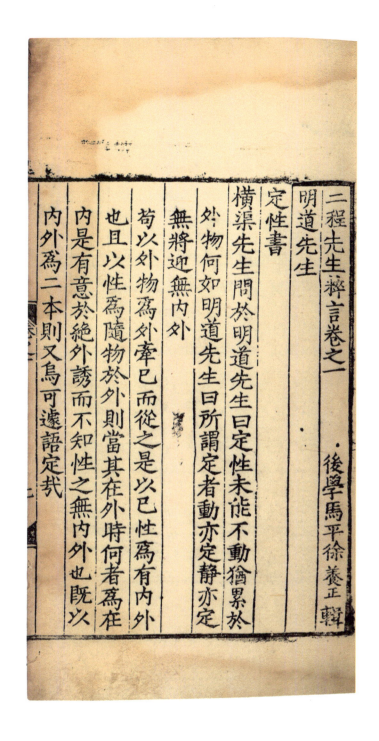

十行二十字，白口，四周单边，版框 17.8 厘米 ×12.8 厘米，开本 25.4 厘米 ×16.5 厘米。

徐养正（1510—？），字吉甫，号蒙泉，柳州（今属广西）人，“柳州八贤”之一。明嘉靖二十年（1541）进士，官户科右给事中、南京工部尚书等职，著有《蛙鸣集》，已佚。该书择二程言论之要者成书，故名“粹言”，较为系统地反映了程颢、程颐的理学思想体系。有汪尚宁序，徐养正后序。入选第二批《国家珍贵古籍名录》，名录号 04432。

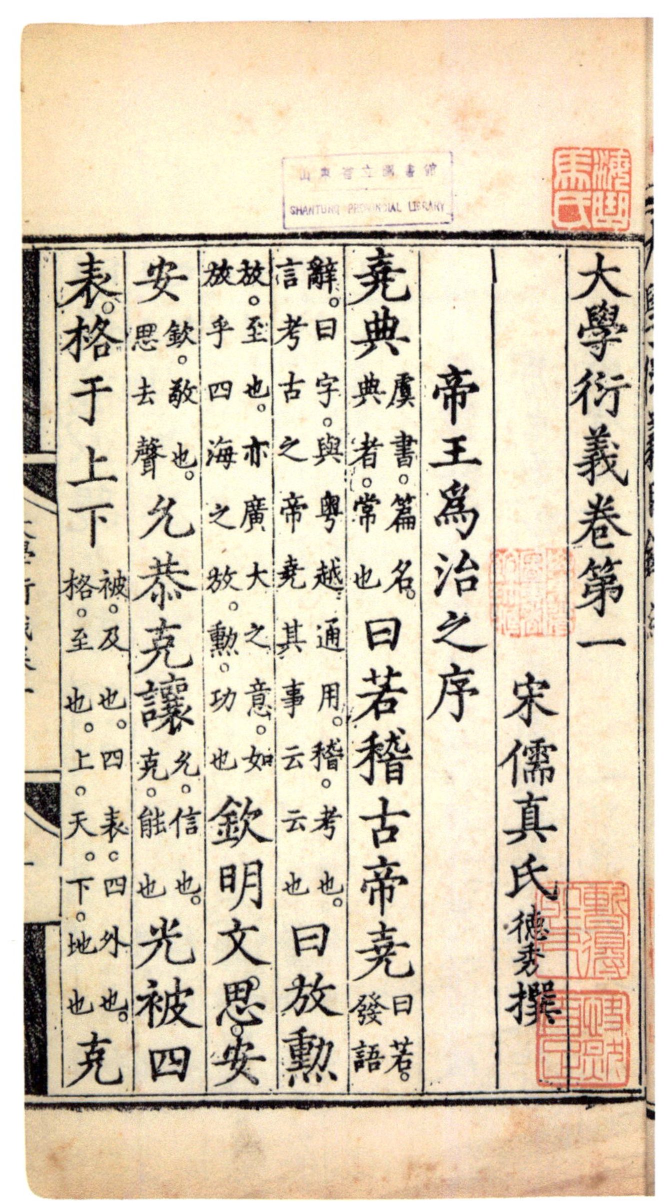
大學衍義卷第一
宋儒真氏德秀撰
帝王爲治之序
堯典虞書篇名。典者常也。曰若稽古帝堯曰若發語辭。曰字與粵越通用。稽考也。言考古之帝堯其事云云也。曰放勳放至也。亦廣大之意。如放乎四海之放。勳功也。欽明文思安安欽敬也。思去聲。允恭克讓允信也。克能也。光被四表格于上下被及也。四表四外也。格至也。上天下地也。克

大学衍义四十三卷

（宋）真德秀撰　明嘉靖六年（1527）司礼监刻本　子部儒家类　二十册　山东省图书馆藏

八行十四字，小字双行同，大黑口，四周双边，版框 22.3 厘米 ×16.1 厘米，开本 30 厘米 ×18.6 厘米。

真德秀（1178—1235），字景元，号西山，建宁浦城（今属福建）人。南宋庆元五年（1199）进士，官至参知政事，南宋著名理学家。真德秀平生以恢弘朱子之学为己任，为理学取得正宗地位起到重要作用。《大学》原为《礼记》之一篇，后赖韩愈、二程、朱熹等人大力表彰，被列入《四书》。真德秀所撰《大学衍义》，在《大学》思想的基础上，加以发挥和延伸，以倡明君主为治之理。本书为明司礼监刻本，版刻精美，纸墨精良。钤有“快然自足”“暂得于己”“海曲马氏”“惠阶校阅”等印。入选第四批《国家珍贵古籍名录》，名录号 10392。

大学衍义补一百六十卷首一卷表一卷

（明）丘濬撰　明弘治元年（1488）建宁府刻本　子部儒家类　三十六册　山东省图书馆藏

十行二十字，大黑口，四周双边，版框 19.6 厘米 ×12.8 厘米，开本 26.7 厘米 ×16.2 厘米。

丘濬（1420—1495），字仲景，号琼台，广东琼山（今属海南）人。明景泰五年（1454）进士，官至户部尚书兼武英殿大学士，谥“文庄”。宋真德秀作《大学衍义》，发挥格物、致知、诚意、正心、修身、齐家诸义，尚缺治国、平天下部分。丘濬博采经史百家之文补其所缺，成《大学衍义补》。此为该书存世最早刻本。有王贡忱跋。钤有“贡忱”“醒虚”等印。入选第一批《国家珍贵古籍名录》，名录号 01742。

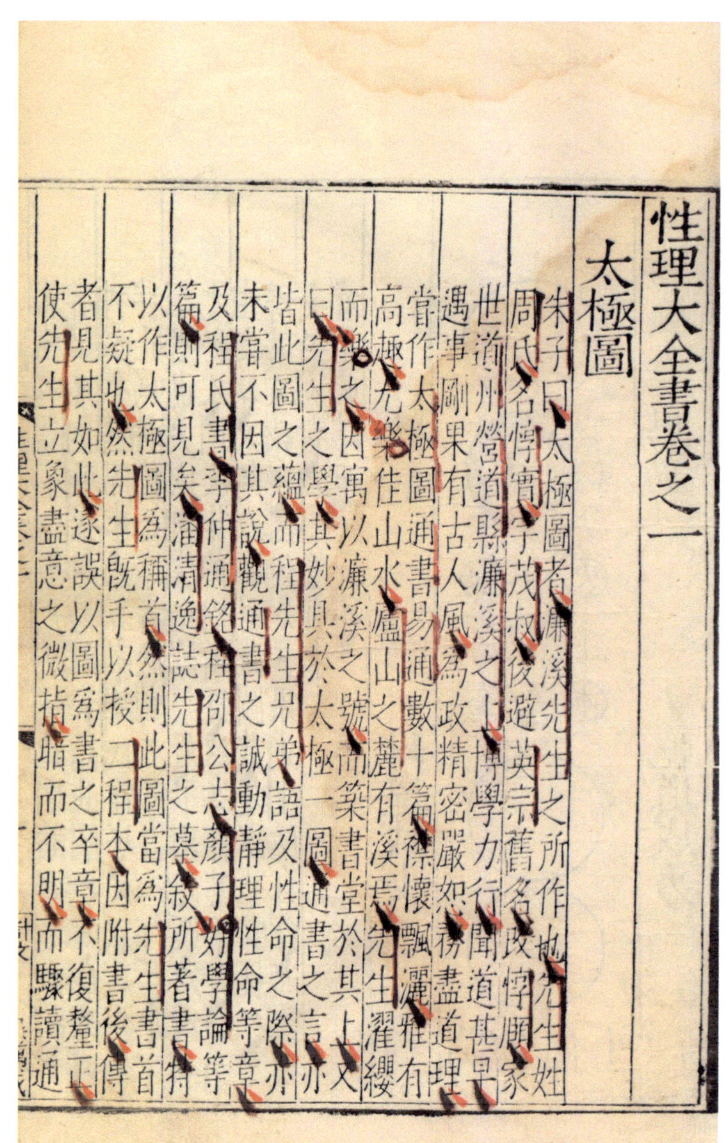

性理大全書卷之一

太極圖

朱子曰太極圖者濂溪先生之所作也先生姓周氏名惇實字茂叔後避英宗舊名改惇頤家世道州營道縣濂溪之上博學力行聞道甚早遇事剛果有古人風爲政精密嚴恕務盡道理嘗作太極圖通書易通數十篇襟懷飄灑雅有高趣尤樂佳山水廬山之麓有溪焉先生濯纓而樂之因寓以濂溪之號而築書堂於其上又曰先生之學其妙具於太極一圖通書之言亦皆此圖之蘊而程先生兄弟語及性命之際亦未嘗不因其說觀通書之誠動靜理性命等章及程氏書李仲通銘程邵公志顏子好學論等篇則可見矣潘清逸誌先生之墓敘所著書特以作太極圖爲稱首然則此圖當爲先生書首不疑也然先生既手以授二程本因附書後傳者見其如此遂誤以圖爲書之卒章不復釐正使先生立象盡意之微指暗而不明而驟讀通

性理大全书七十卷

（明）胡广等撰　明嘉靖二十二年（1543）应天府学刻本　子部儒家类　二十四册　山东大学图书馆藏

十行二十字，小字双行同，白口，四周双边，版框19.5厘米×13厘米，开本30.7厘米×17.7厘米。

此书为宋代理学著作与理学家言论的汇编，由胡广等奉敕编成于明永乐十三年（1415），明成祖亲撰序言，冠于卷首，颁行于两京、六部、国子监及各府州县学。此书流传较广，版本众多，存世最早官刻本为永乐十三年内府刻本，次即此本（弘治、嘉靖年间另有私家刻本若干）。该本字体遒劲，纸白墨润，有刻工：计文、沛、本、柰、成、郭、晋、恺、赵、傅、坤、尚、介、林山、銮、福、段蓁、刘俊、刘丙等。钤有“禅庭”“官学博士”“渠丘曹愚盦氏藏书”等印。入选第二批《国家珍贵古籍名录》，名录号04454。

誠將第一

夫兵革之興肇自黃帝習用干戈滅蚩尤於涿鹿五千餘年矣天道周流智僞並生賢愚間出乃至春秋戰國秦漢迄于隋唐爲將相著名于世者始自伊呂經今百代有能建當時之功揚後日之名終始報國全身保命立廟像於世者不及百人將帥之用統兵百萬命繫一人對壘敵於咫尺決勝負於須臾實爲古今難事故將之材不可不察也夫將有勇而無謀者有謀而無勇者有恃己之能而不察衆者有外温恭而內慢易者有矜貴位而惡卑賤者有性驕傲而恥下問者有揚己之長

行军须知不分卷

明嘉靖三十五年（1556）贾应春刻本　子部兵家类　一册　山东大学图书馆藏

十行二十一字，白口，四周双边，版框 20.3 厘米 ×14.1 厘米，开本 28.3 厘米 ×16.7 厘米。

此书为成于宋代的兵书，作者不详，分诚将、选士、禁令、选马、讲武、明时、渡险、安营、料敌、布战、守城、攻城、间谍、人伐、受降十五篇，是兵家必读的实用之书。此书现存多为《武经总要》附刻本，单行本则较为罕见，目前所知仅两部。一是美国哈佛大学哈佛燕京图书馆藏嘉靖元年（1522）山东曲阜孟凤刻二卷本，一即此嘉靖三十五年贾应春刻本，皆为孤本。贾应春（1499—1560），字东阳，号樵村，河北正定人。明嘉靖二年进士，累官兵部右侍郎，总督三边军务，终户部尚书。嘉靖三十一年另刻韩邦靖《苑洛集》。入选第二批《国家珍贵古籍名录》，名录号 04502。

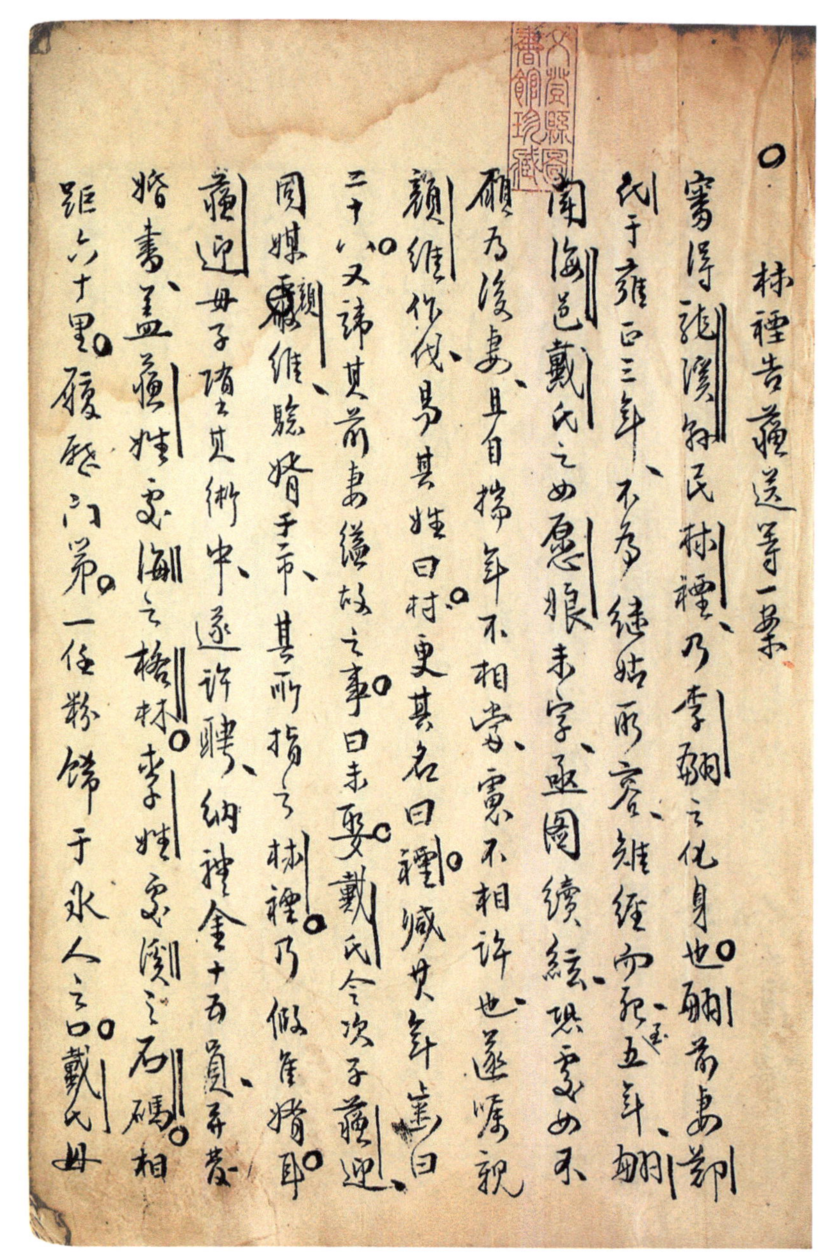

巡漳谳词不分卷

（清）徐士林撰　稿本　子部法家类　二册　文登市图书馆藏

行字不一，开本 25 厘米 ×19.2 厘米。

徐士林（1684—1741），字式儒，号雨峰，文登（今属山东）人。清康熙五十二年（1713）进士，雍正、乾隆时曾任江苏按察使、江苏巡抚等职。《巡漳谳词》是徐士林于雍正十二年至乾隆元年（1734—1736）任职汀漳道期间留下的断案记录。全书记录了 32 起纠纷案件，涉及婚讼、水利、田产、钱债、坟地、山场、房产等纠纷，及斗殴、命盗案件，谳词记录颇为详细。钤有“御史中丞”“徐氏子孙永保”“帝曰汝清直”“抚吴使者”等印。入选第二批《国家珍贵古籍名录》，名录号 04514。

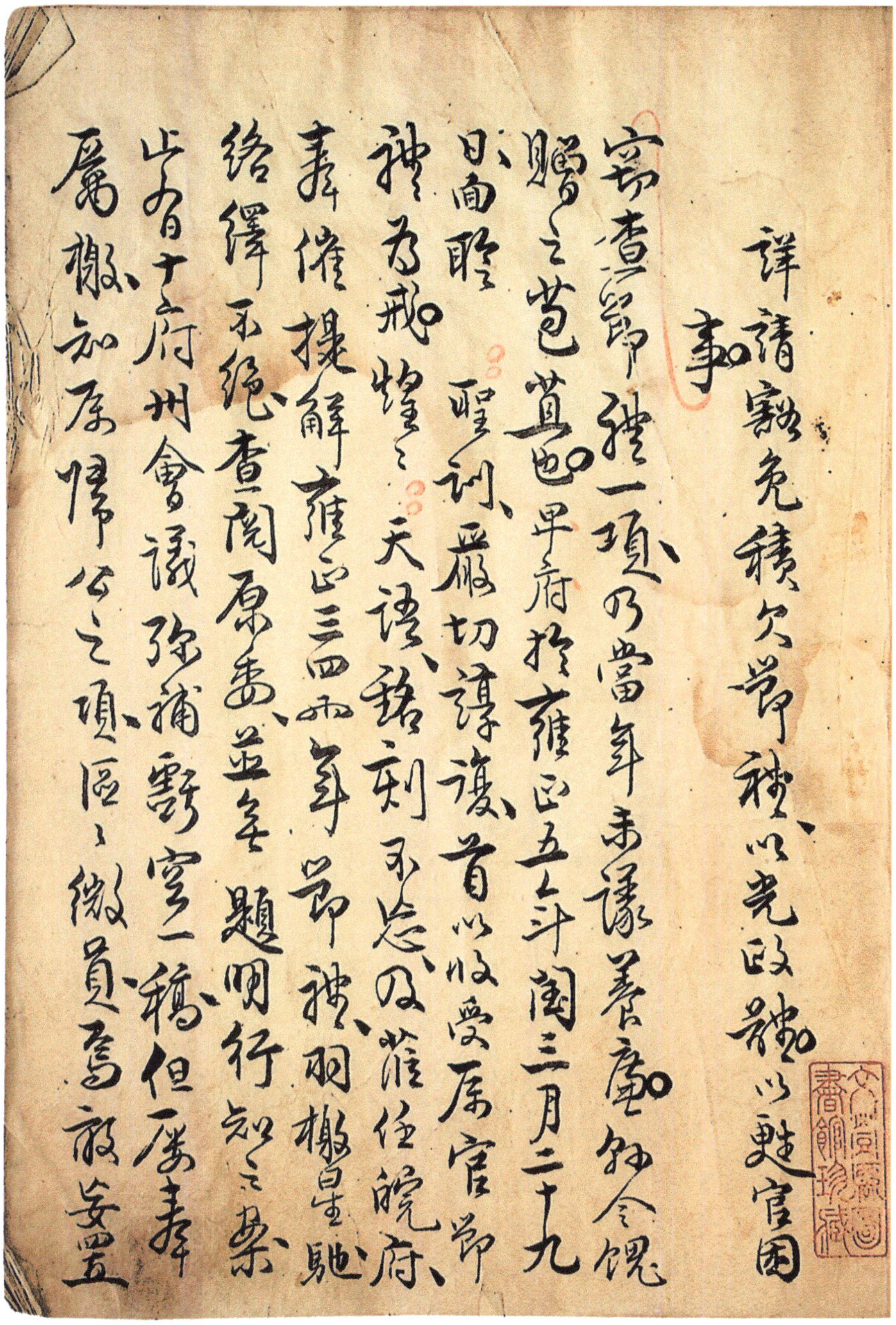

守皖谳词不分卷

（清）徐士林撰　稿本　子部法家类　二册　文登市图书馆藏

十行字不一，开本 23.4 厘米×18.2 厘米。

徐士林简介见《巡漳谳词》。徐士林重视案情、案例、判词的记录整理，判牍《守皖谳词》及《守皖谳词补遗》是他在安庆知府任上的断案手记，体现了他秉公断案、耿介不阿的为官精神，也为后人留下了一份珍贵的司法历史资料。钤有“御史中丞”“徐氏子孙永保”“帝曰汝清直”“抚吴使者”等印。入选第二批《国家珍贵古籍名录》，名录号 04515。

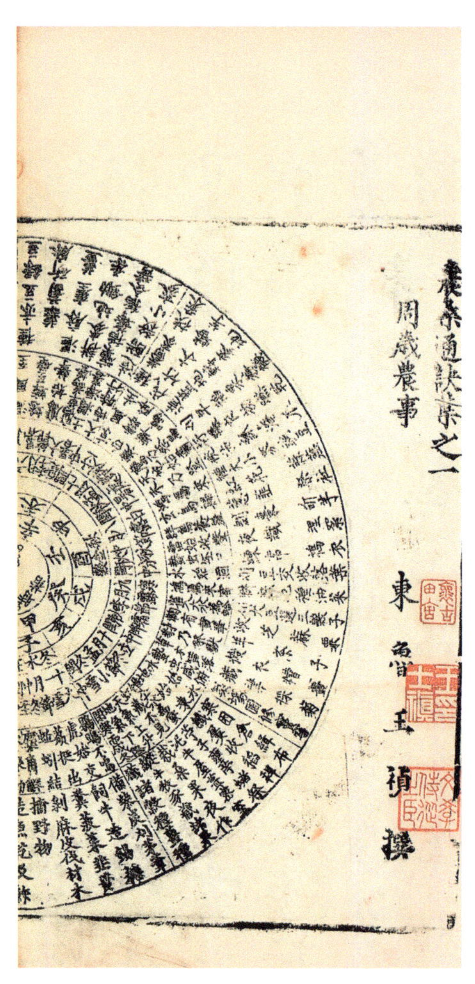

农书三十六卷

（元）王祯撰　明嘉靖九年（1530）山东布政使司刻本　子部农家类　五册　存二十六卷（农桑通诀六卷、农器图谱二十卷）　山东省图书馆藏

十一行二十二字，白口，四周单边，版框 24.4 厘米 ×15.8 厘米，开本 33.8 厘米 ×18.6 厘米。

王祯（1271—1368），字伯善，东平（今属山东）人。元成宗元贞、大德年间曾任宣州旌德县、信州永丰县县尹。在任期间，奖励农业，发展生产。为总结农事经验，撰写了农学著作《农书》。《农书》在中国农学史上占有极其重要的地位。《四库全书总目》称其“引据赅洽，文章尔雅，绘画亦皆工致，可谓华实兼资”。全书有插图二百八十一幅，绘刻精致；《农器图谱》后所附“造活字印书法”诸篇，系元代木活字印刷术的原始资料。此本系明嘉靖时邵锡提议山东布政司所刻。邵锡，生卒年不详，字天佑，安州（今属河北省安新县）人。时任山东巡抚。存世《农书》版本主要分两个系统：一即以此嘉靖本为祖本，三十六卷；二是出自《永乐大典》的“四库本”系统，二十二卷。此本是存世三十六卷系统的最早刻本，明万历二年（1574）济南府章丘县刻本和万历四十五年（1617）邓渼文远堂刻本即据此本重刻。钤有“王士禛印”“文学侍从之臣”“怀古田舍”“藉书园本”“济南周氏藉书园印”等印。入选第一批《国家珍贵古籍名录》，名录号 01781。

農桑通訣目錄

集之一

古之文字皆用竹帛逮後漢始紙爲疏乃成卷軸以其可以舒卷也至五代後漢明宗長興二年詔九經版行於世俱作集冊今宜改卷爲集

集之二

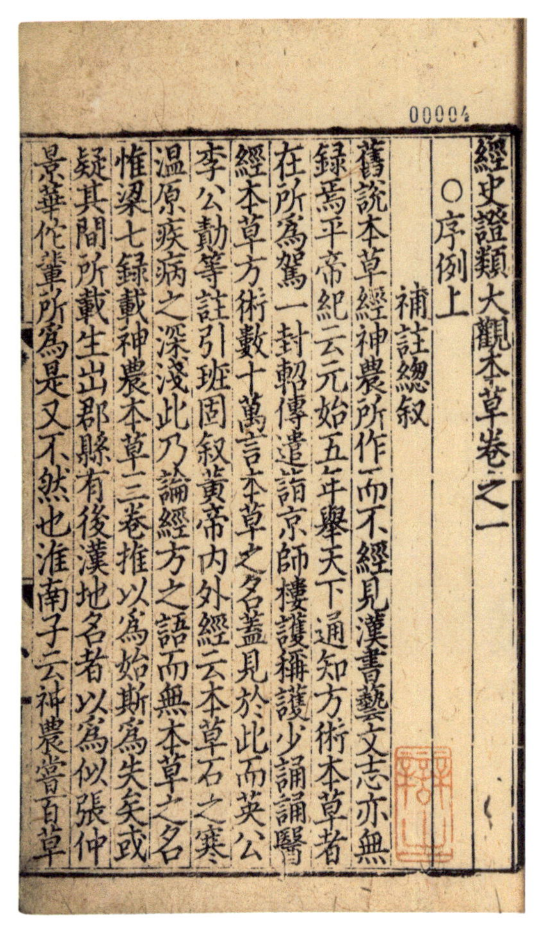

經史證類大觀本草卷之一

○序例上

補註總叙

舊說本草經神農所作而不經見漢書藝文志亦無録焉平帝紀云元始五年舉天下通知方術本草者在所爲駕一封軺傳遣詣京師樓護稱護少誦醫經本草方術數十萬言本草之名蓋見於此而英公李公勣等註引班固叙黄帝内外經云本草石之寒温原疾病之深淺此乃論經方之語而無本草之名惟梁七録載神農本草三卷推以爲始斯爲失矣或疑其間所載生出郡縣有後漢地名者以爲似張仲景華佗輩所爲是又不然也淮南子云神農嘗百草

经史证类大观本草三十一卷

（宋）唐慎微撰　**本草衍义二十卷**　（宋）寇宗奭撰　元大德六年（1302）宗文书院刻明重修本　子部医家类本草　二十九册　存二十九卷（一、三至三十）　青岛市博物馆藏

十二行二十、二十一字不等，小字双行二十四、二十五字不等，细黑口，四周双边，版框20.8厘米×14厘米，开本25厘米×16.2厘米。

唐慎微（约1056—1136），字审元，蜀州晋原（今属四川崇州）人。北宋著名医药学家。医术高超，为人诊治常分文不取，但以名方为请，故士人得一方一论必告之，经多年广采博辑，集其前本草学之大成及经史传记、佛书道藏等书中的有关资料，撰成《经史证类备急本草》一书。宋徽宗大观二年（1108）艾晟重修，改名《经史证类大观本草》，即本书。此后政和六年（1116），又有经医官曹孝忠重加校订后的《政和新修经史证类备用本草》。本书为《大观本草》的元代宗文书院刻本，该本将寇宗奭的《本草衍义》附于书后。明万历翻刻本则以《衍义》散入各条下，但仍翻“大德壬寅孟春宗文书院刊行”牌记，故《四库全书总目》在未见大德原刊本的情况下，误称“元代重刻，又从金本录入”云云，日本丹波元胤《中国医籍考》及杨守敬《日本访书志》等俱有辨。本书传世较罕，仅国图、北大、上图等数家有藏。钤有“霞秀景飞之室”“植”“子培父”“孙氏收藏”“辩之”等印。入选第二批《国家珍贵古籍名录》，名录号02906。

經史證類大觀本草序

昔人有云天地間物無非天地間用信哉其言也觀本草所載自玉石草木蟲魚果蔬以至殘衣破革飛塵聚垢皆有可用以愈疾者而神農舊經止於三卷藥數百種而已梁陶隱居因而倍之唐蘇恭李勣之徒又從而廣焉其書為稍備逮及

本朝開寶嘉祐之間嘗　詔儒臣論撰收拾采摭至於前人之所棄與夫有名而未用已用而未載者悉取而著于篇其藥之增多遂至千有

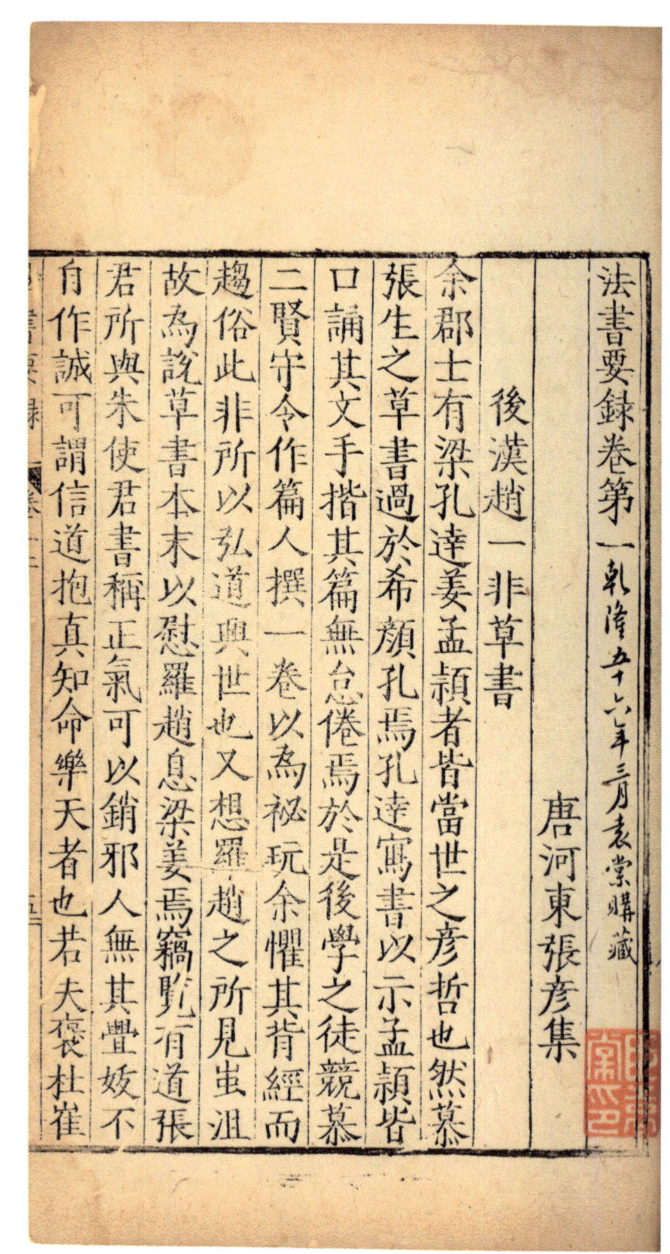
法書要録卷第一　乾隆五十六年三月袁棠購藏
唐河東張彦集
後漢趙一非草書
余郡士有梁孔達姜孟穎者皆當世之彦哲也然慕
張生之草書過於希顔孔焉孔達寫書以示孟穎皆
口誦其文手楷其篇無怠倦焉於是後學之徒競慕
二賢守令作篇人撰一卷以為秘玩余懼其背經而
趨俗此非所以弘道興世也又想羅趙之所見蚩沮
故為説草書本末以慰羅趙息梁姜焉竊覧有道張
君所與朱使君書稱正氣可以銷邪人無其釁妓不
自作誠可謂信道抱真知命樂天者也若夫褎杜崔

法书要录十卷

（唐）张彦远撰　明刻本　子部艺术类书画　五册　济南市图书馆藏

十一行二十字，白口，左右双边，版框 19.6 厘米 ×14.1 厘米，开本 26.7 厘米 ×16.5 厘米。

张彦远（815—？），字爱宾，蒲州猗氏（今属山西临猗）人。出生于缙绅大族，高祖嘉贞相玄宗，曾祖延赏相德宗，祖弘靖相宪宗，时号“三相张氏”，官至大理卿。彦远博学有文辞，尤工书法，擅长隶书，著作除本书外，尚有《历代名画记》等。该书是我国历史上第一部书法学论著总集，辑录自东汉至唐宪宗元和时期的书法文献四十余种（部分只存其目），保存了不少珍贵的书学资料。此本为明刻，钤有“臣袁棠印”“竹溪堂”等印。入选第三批《国家珍贵古籍名录》，名录号 08447。

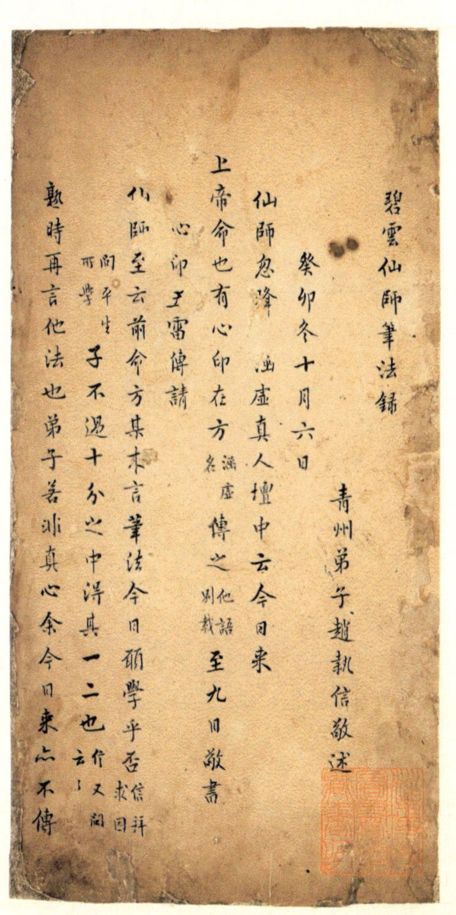

碧雲仙師筆法錄
青州弟子趙執信敬述
癸卯冬十月六日
仙師忽降涵虛真人壇中云今日來
上帝命也有心印在方（名涵虛）傳之（他語別載）至九日敬書
心印且當傳請
仙師至云前命方某本言筆法今日願學乎否（信拜求因）
（問平生所學）子不過十分之中得其一二也（作又問云ヽ）
勤時再言他法也弟子若非真心余今日來亦不傳

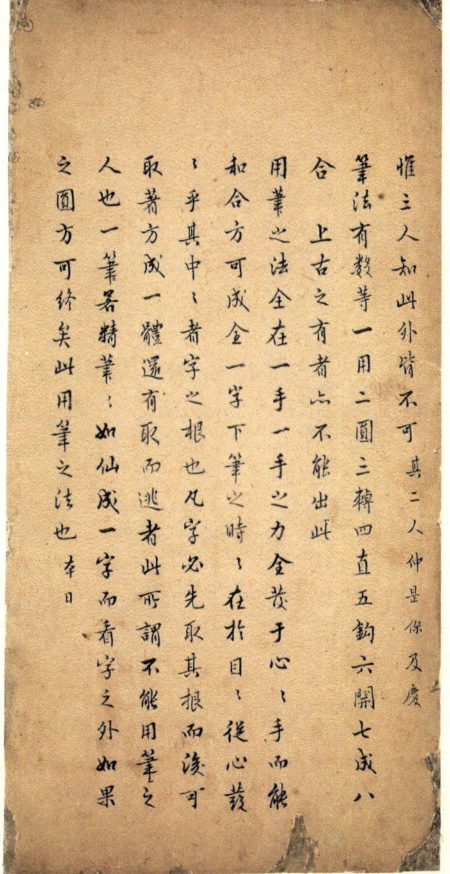

惟三人知此外皆不可其二人仲昰保及慶
筆法有數等一用二圓三轉四直五鉤六開七成八
合　上古之有者亦不能出此
用筆之法全在一手一手之力全發于心ヽ手而能
和合方可成全一字下筆之時ヽ在於目ヽ從心發
ヽ乎其中ヽ者字之根也凡字必先取其根而後可
取著方成一體還有取而逃者此所謂不能用筆之
人也一筆若精筆ヽ如仙成一字而看字之外如果
之圓方可終矣此用筆之法也（本日）

碧云仙师笔法录一卷

（清）赵执信撰　稿本　子部艺术类书画　一册　淄博市图书馆藏

九行二十字，小字双行同，开本 30 厘米 ×16.5 厘米。

赵执信（1662—1744），字伸符，号秋谷，晚号饴山老人等，博山（今属山东）人。清初著名现实主义诗人、诗论家、书法家。著有《饴山诗集》《饴山文集》《谈龙录》《声调谱》等。此书系赵执信晚年关于书法理论的著述。“碧云仙师”，指明末清初诗人冯班。冯班（1602—1671），字定远，晚号钝吟老人，江苏常熟人。虞山诗派的重要人物，论诗讲究“无字无来历”，反对严羽《沧浪诗话》的妙悟说。此说及其书法理论著作对赵执信影响很大，故称其为“碧云仙师”，奉若神灵。入选第三批《国家珍贵古籍名录》，名录号 08454。

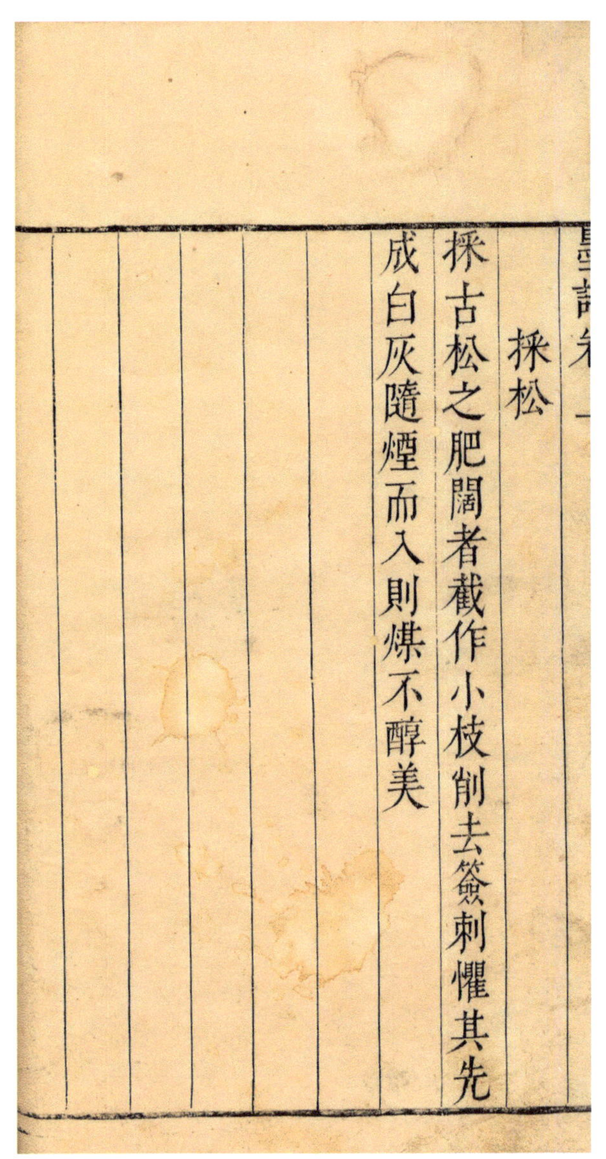
墨譜卷一

採松

採古松之肥闊者截作小枝削去簽刺懼其先

成白灰隨煙而入則煤不醇美

墨谱三卷

（宋）李孝美编次　明潘方凯刻本　子部谱录类器物　一册　烟台图书馆藏

九行十八字，小字双行同字，白口，四周单边，版框19.9厘米×13.4厘米，开本26.3厘米×17厘米。

李孝美，生卒年不详，字伯扬，自署赵郡人，仕履未详，约北宋后期人。据书前李元膺序，李孝美自云“平生无所好，顾独好墨，闻人有善墨，求观之不远千里，凡得古墨近百品”。全书三卷，上卷为《图》，图后附加文字说明；中卷择采历代墨式，亦各绘图；下卷述造墨的方法。本书是现存最早的论墨之作，此为明代潘方凯据焦竑家藏本重刻本，书中所刊版画，绘镌细腻，艺术价值颇高。目录题“宋赵郡李孝美编次，明古歙潘方凯重梓”。查国图潘膺祉如韦馆刻本，虽题“宋赵郡李孝美伯扬甫编，明古歙潘膺祉方凯甫梓”，与此有异，然实系一版改刻。入选第三批《国家珍贵古籍名录》，名录号08481。

圖

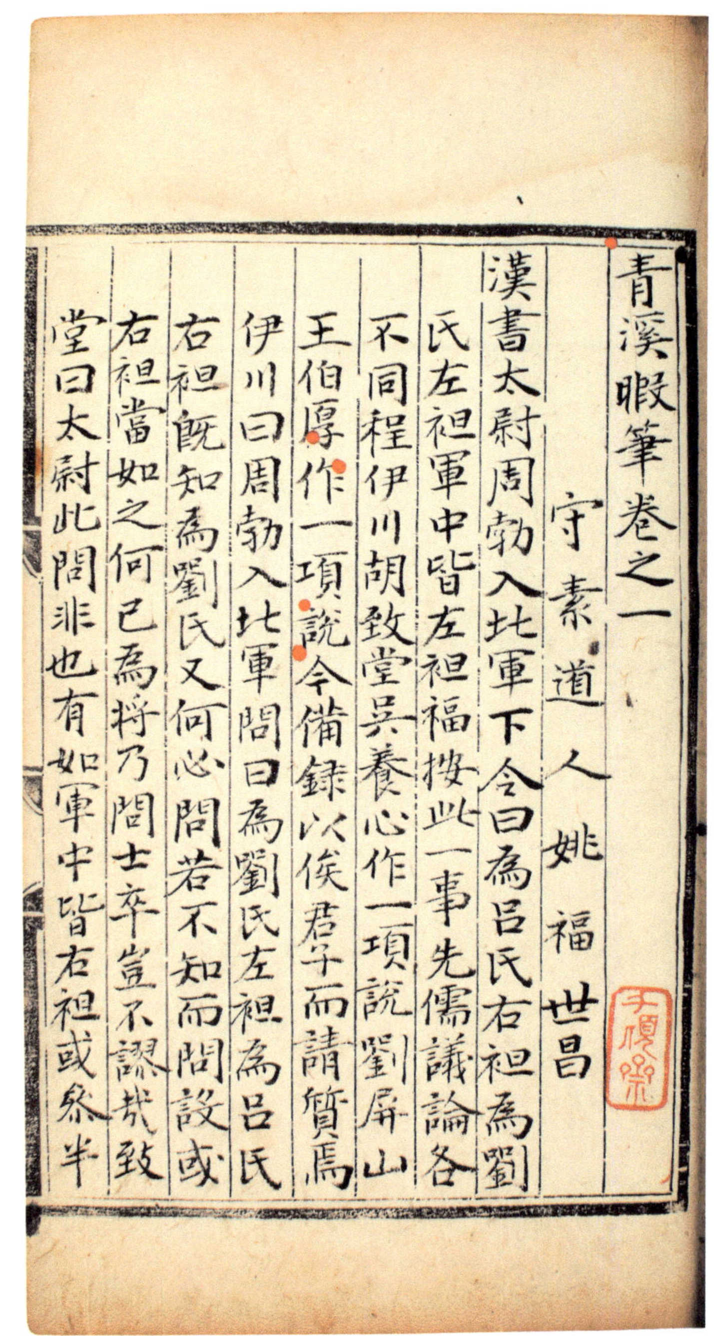

青溪暇筆卷之一

守素道人姚福世昌

漢書太尉周勃入北軍下令曰為呂氏右袒為劉氏左袒軍中皆左袒福按此一事先儒議論各不同程伊川胡致堂吳養心作一項說劉屏山王伯厚作一項説今備録以俟君子而請質焉伊川曰周勃入北軍問曰為劉氏左袒為呂氏右袒既知為劉氏又何必問若不知而問設或右袒當如之何已為將乃問士卒豈不謬哉致堂曰太尉此問非也有如軍中皆右袒或參半

青溪暇笔二十卷

（明）姚福撰　明抄本　子部杂家类杂学杂说　八册　青岛市博物馆藏

十行约十九字，大黑口，四周双边，版框 20 厘米 ×13.4 厘米，开本 26.7 厘米 ×16.5 厘米。

姚福，生卒年不详，字世昌，自号守素道人，江宁（今属江苏南京）人。是书成书于明成化九年（1473），为作者杂记读书所得及杂录耳目见闻等。传世本多为一或二卷本，此明抄本二十卷，多有传世本所无者，较稀见。钤有“静缘斋”“梅伴藏书之印”“温陵黄俞郃氏藏书印”“千顷斋”“兰亭敬观”等印。入选第三批《国家珍贵古籍名录》，名录号 08503。

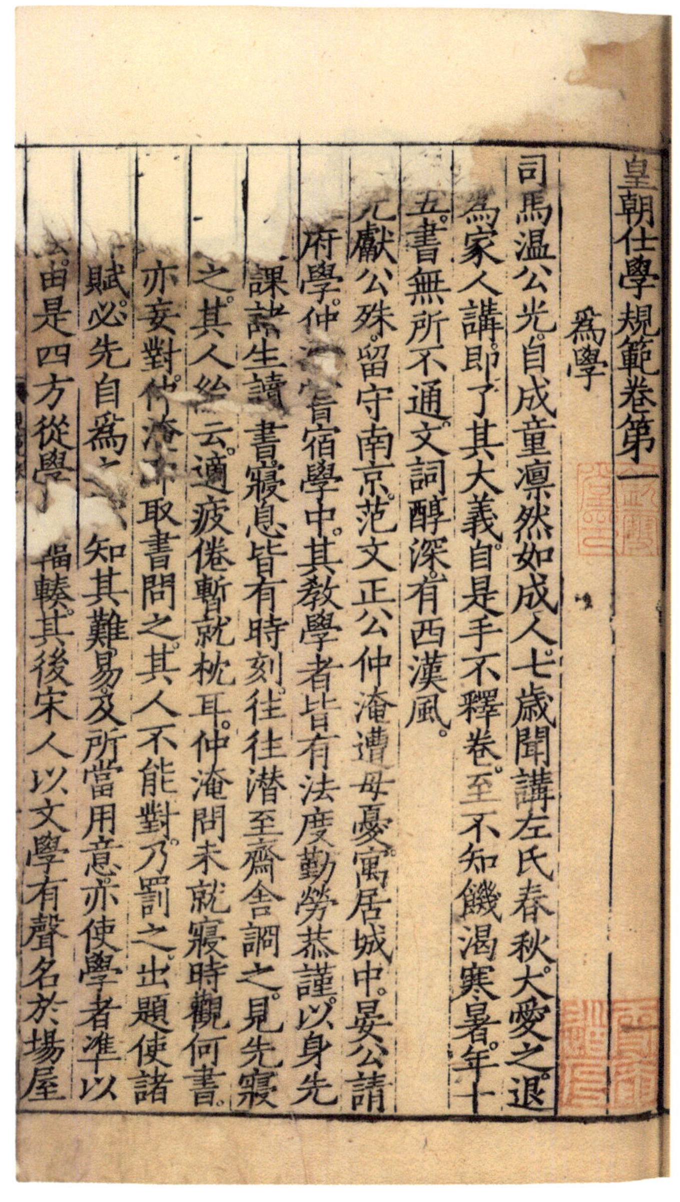

皇朝仕學規範卷第一

爲學

司馬温公光自成童凜然如成人七歲聞講左氏春秋大愛之退爲家人講即了其大義自是手不釋卷至不知饑渴寒暑年十五書無所不通文詞醇深有西漢風

元獻公殊留守南京范文正公仲淹遭母憂寓居城中晏公請府學仲[illegible]宿學中其教學者皆有法度勤勞恭謹以身先[illegible]課諸生讀書寢息皆有時刻往往潛至齋舍詗之見先寢之其人給云適疲倦暫就枕耳仲淹問未就寢時觀何書亦妄對仲淹亦取書問之其人不能對乃罰之出題使諸賦必先自爲之知其難易及所當用意亦使學者準以[illegible]由是四方從學輻輳其後宋人以文學有聲名於場屋

皇朝仕学规范四十卷

（宋）张镃辑　宋刻本　子部杂家类杂纂　六册　存二十九卷（序言、目录、一至二十九）　孔子博物馆藏

十二行二十五字，白口，左右双边，版框22厘米×15厘米，开本26.8厘米×17.3厘米。

张镃（1153—1221），字功甫，号约斋，天水（今属甘肃天水）人。工画竹石古木，诗词亦颇有造诣。该书书名取“学而优则仕”之意，内容多为举古人嘉言懿行作为鉴戒和唐宋以来人物遗事，分为学、行己、莅官、阴德、作文、作诗六类。所辑宋名臣事状，多标明出处，保存了大量今已亡佚的史料。此宋本字体优雅，印制精美，用纸精良，讹误较少，海内外较为稀见。钤有“钦雪堂印”“雪庵道人”等印。入选第一批《国家珍贵古籍名录》，名录号00775。

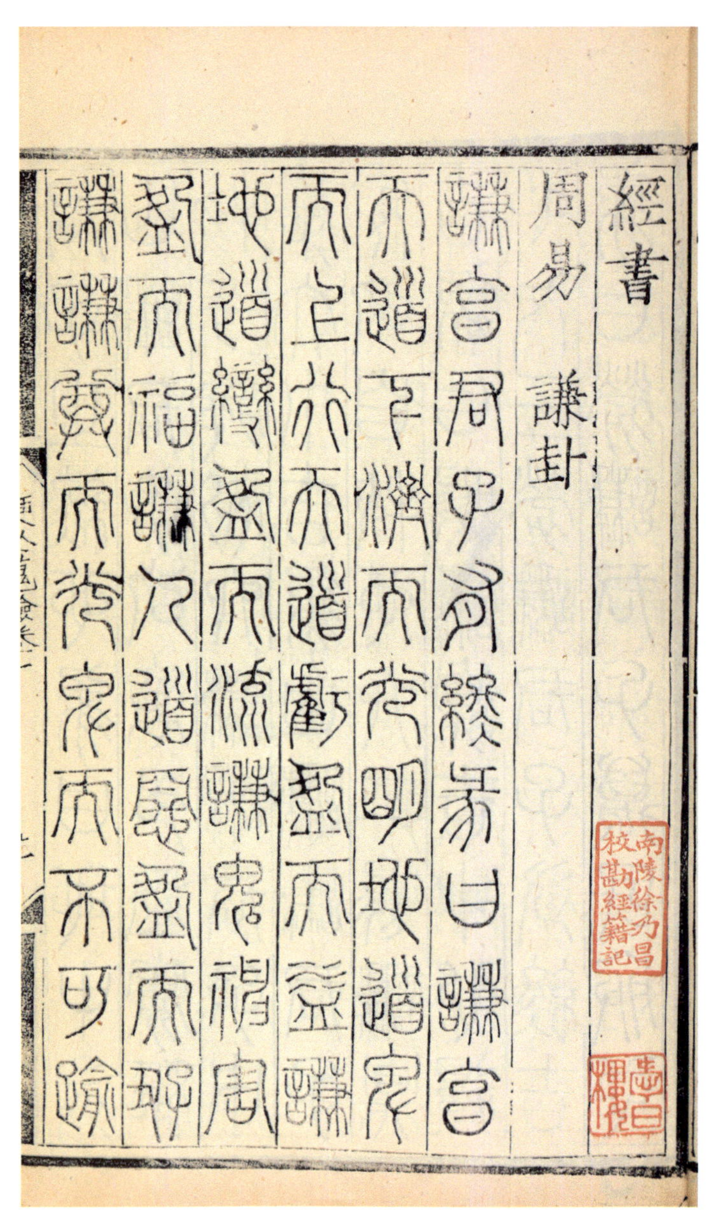
經書
周易 謙卦
謙亨君子有終彖曰謙亨
天道下濟而光明地道卑
而上行天道虧盈而益謙
地道變盈而流謙鬼神害
盈而福謙人道惡盈而好
謙謙尊而光卑而不可踰

便于搜检四卷

（明）朱祐橏编　明衡藩刻本　子部杂家类杂纂　四册　山东师范大学图书馆藏

八行十字，黑口，四周双边，版框 24.2 厘米 ×16.4 厘米，开本 27.8 厘米 ×18.2 厘米。

朱祐橏（1479—1538），明宪宗第七子，成化二十三年（1487）封衡王，孝宗弘治十二年（1499）就藩山东青州。祐橏精于书法，四体皆工，而以楷书、行草为最，旁及丹青，各臻妙品。是书按文体分类，便于士林翻检，目录及篇章名书以楷体，文章及摘句皆以篆体刊刻。开本阔大，版式疏朗，是明代衡藩刻书的代表之作。本书海内仅国图、清华大学、中国科学院、山东省图、浙江省图等数家收藏，较为稀见，而此本迭经徐乃昌、吴鹗等人递藏，更显珍贵。有刻工：炤。钤有“积学斋徐乃昌藏书”“南陵徐乃昌校勘经籍记”“爱日楼”“吴鹗之印”等印。入选第三批《国家珍贵古籍名录》，名录号 08564。

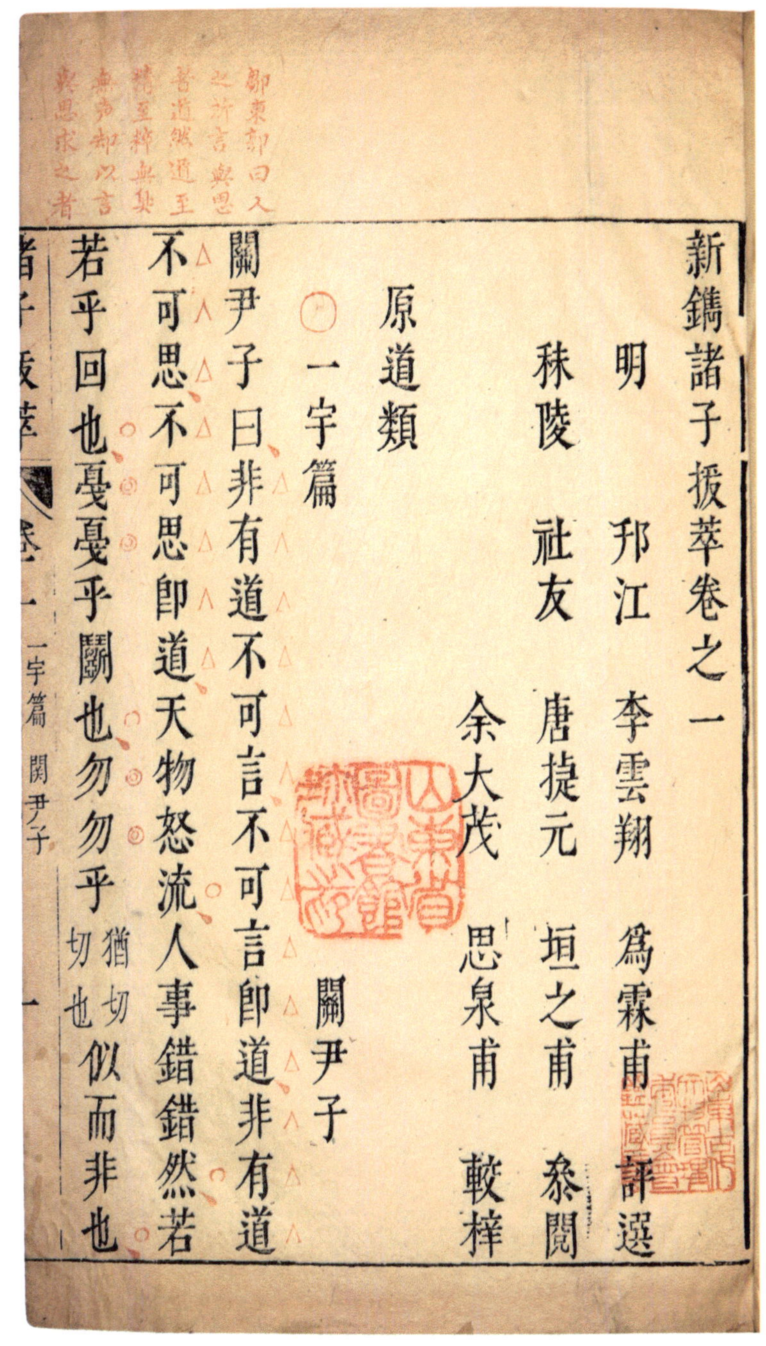
鄒東郭曰入之於言與思者道然道至精至粹與集無声却以言與思求之者

新鐫諸子拔萃卷之一

明　邗江　李雲翔　爲霖甫　評選

秣陵　社友　唐捷元　垣之甫　參閱

余大茂　思泉甫　較梓

原道類

一宇篇　關尹子

關尹子曰非有道不可言不可言卽道非有道不可思不可思卽道天物怒流人事錯錯然若若乎回也戞戞乎闕也勿勿乎似而非也（猶切切也）

諸子拔萃　卷一　一宇篇　關尹子　一

新镌诸子拔萃八卷

（明）李云翔辑　明天启七年（1627）余大茂刻朱墨套印本　子部杂家类杂纂　十六册　山东省图书馆藏

九行十八字，白口，四周单边，版框 20.3 厘米 ×14.6 厘米，开本 25.7 厘米 ×16.3 厘米。

李云翔，生卒年不详，字为霖，扬州（今属江苏）人。著作另有《汇辑舆图备考全书》等。本书为明代诸子言论汇辑之书。此本为明天启间朱墨套印本，品相美观，存世较少。钤有“于仕廌印”“振芳氏”等印。入选第一批《国家珍贵古籍名录》，名录号 01905。

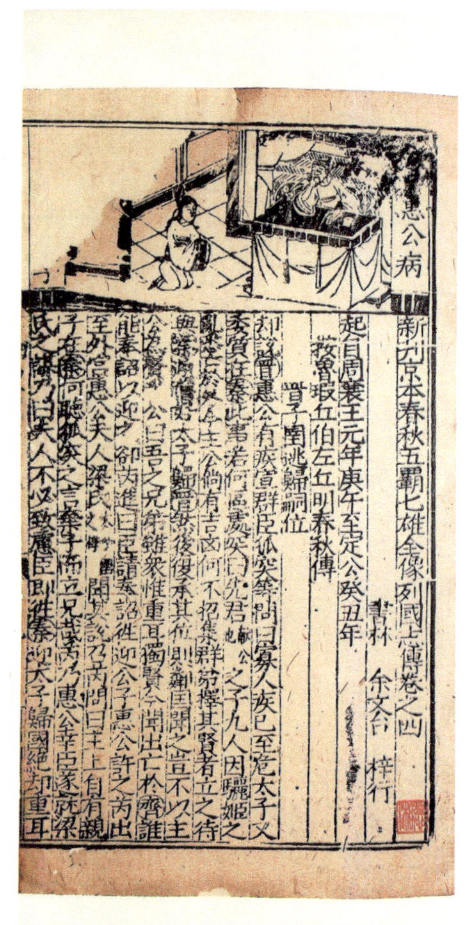
惠公病

新刊京本春秋五霸七雄全像列國志傳卷之四

書林 余文台 梓行

起自周襄王元年庚午至定公癸丑年

按先儒丘伯左丘明春秋傳

晉子圉逃歸嗣位

新刊京本春秋五霸七雄全像列国志传八卷

（明）余邵鱼撰　明万历书林余文台刻本　子部小说类长篇讲史　二册　存二卷（三至四，有缺叶）　慕湘藏书馆藏

十四行二十四字，下黑口，四周双边，版框 21.2 厘米 ×12.5 厘米，开本 28 厘米 ×15.6 厘米。

余邵鱼，生卒年不详，字或号畏斋，建阳（今属福建南平）人，生平无考，约明嘉靖、隆庆时人。本书是在《左传》《战国策》《史记》等史书对有关人物、事件记载的基础上，杂糅民间传说、话本杂剧故事等编纂而成，是后世冯梦龙《新列国志》、蔡元放《东周列国志》等书的早期形态。本书由其族侄余文台刊刻。余文台，字象斗，号三台山人，明万历至崇祯时福建著名书坊主。他所刊行的小说，又署“余象乌”“余世腾”“双峰堂”“三台馆”等。该书刻成之后，风行一时，递有重刻、翻刻，其中余文台本人即重刻多次。后刻本多附“评林”，慕湘馆所藏此本不附“评林”，当系此书存世最早版本。此本系慕湘将军 1960 年购于中国书店，末有其跋语，云：“此本名《新刊京本春秋五霸七雄全像列国志传》。上下二栏，上图下文，正文半叶十四行，行二十四字。与上述之款式不同，且无评语，其早于蓬左所藏评林本无疑，实即孙氏所称未见之原刊本也。此书海内外无第二部，仅此孤本。”钤有“慕湘”等印。入选第三批《国家珍贵古籍名录》，名录号 09577。

按中國通俗小說書目卷二列國志傳條云明余邵魚撰邵魚字畏齋福建建寧府建陽縣人余象斗萬曆時重刻此書呼為先族叔翁蓋嘉隆時人也此書原刊本未見今所見者有八卷本及十二卷本八卷本名新刊京本春秋五霸七雄全像列國志傳有明萬曆丙午三台館余象斗重刊本分三欄上評中圖下文正文十三行行二十字刻極工圖亦雅飭每卷題後學畏齋余邵魚編集書林文台余象斗評釋此本日本蓬左文庫藏一全部大連圖書館藏殘本五卷十二卷本名新鐫陳眉公先生評點春秋列國志傳明萬曆刊本每卷前附圖五葉正文半葉十行行二十字刻繪俱工首陳繼儒序題雲間陳繼儒重校姑蘇龔紹山梓行日本內閣文庫藏 又萬曆乙卯本正文半葉十一行行二十字陳序外有朱篁序亦龔紹山梓蓋前本之重刊本北京圖書館藏 又按稗海一勺錄云新刊京本春秋五霸七雄全像列國志傳評林德川侯爵家蓬左文庫藏 孤本 內容自武王伐紂起元曲中盛傳之伍子胥臨潼鬭寶等均見此書中明萬曆三台館本書分三層上評中圖下文按以上二則所錄前者之八卷本志傳即後者所稱之志傳評林實為一書王氏親見且拍有書影當以王說為是此本名新刊京本春秋五霸七雄全像列國志傳上下二欄上圖下文正文半葉十四行行二十四字與上述之款式不同且無評語其早於蓬左所藏評林本無疑實即孫氏所稱未見之原刊本也此書海內外無第二部僅此孤本惜只殘存三四兩卷三卷存第十五葉至七十一葉終中缺第二十九三十葉及第六十四葉後半第三十七三十八兩葉為補刻板四卷存第一葉至六十葉下缺中缺第三十六葉後半己酉九月十五日記

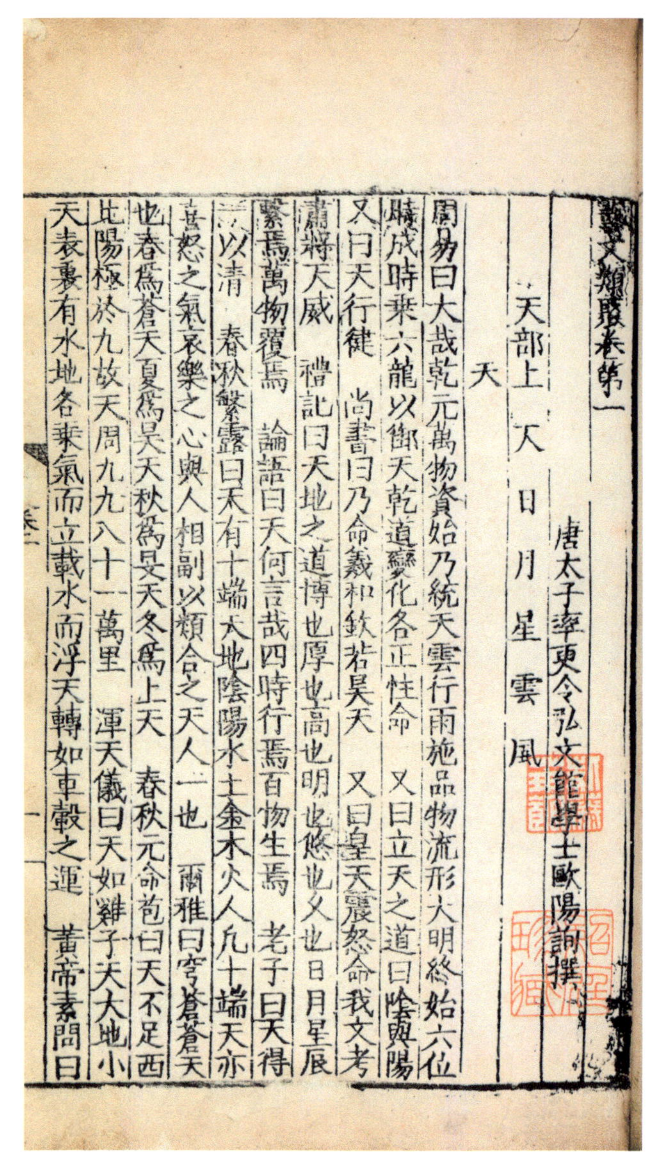
藝文類聚卷第一
唐太子率更令弘文館學士歐陽詢撰
天部上 天 日 月 星 雲 風
天
周易曰大哉乾元萬物資始乃統天雲行雨施品物流形大明終始六位時成時乘六龍以御天乾道變化各正性命 又曰立天之道曰陰與陽又曰天行健 尚書曰乃命羲和欽若昊天 又曰皇天震怒命我文考肅將天威 禮記曰天地之道博也厚也高也明也悠也久也日月星辰繫焉萬物覆焉 論語曰天何言哉四時行焉百物生焉 老子曰天得一以清 春秋繁露曰天有十端天地陰陽水土金木火人凡十端天亦喜怒之氣哀樂之心與人相副以類合之天人一也 爾雅曰穹蒼蒼天也春爲蒼天夏爲昊天秋爲旻天冬爲上天 春秋元命苞曰天不足西北陽極於九故天周九九八十一萬里 渾天儀曰天如雞子天大地小天表裏有水地各乘氣而立載水而浮天轉如車轂之運 黃帝素問曰

艺文类聚一百卷

（唐）欧阳询辑　明嘉靖二十八年（1549）平阳府刻本　子部类书类　二十四册　山东师范大学图书馆藏

十四行二十八字，白口，左右双边，版框 22.3 厘米 × 15.8 厘米，开本 28.9 厘米 × 18 厘米。

此书是唐代文学家、书法家欧阳询等于唐武德七年（624）编纂而成的现存最早的综合性官修类书，与《北堂书钞》《初学记》《白氏六帖》合称“唐代四大类书”。全书征引古籍一千四百三十一种，分门别类，摘录汇编，保存了唐代以前丰富的文献资料，尤其是许多诗文歌赋等文学作品。此书版本众多，现存有南宋绍兴年间浙江刻本，明正德十年（1515）华坚兰雪堂铜活字印本，明嘉靖六至七年（1527—1528）胡缵宗、陆采刻本，明嘉靖九年（1530）郑氏宗文堂刻本等。此本为洛阳张松在平阳府知事任上重刻本。钤有“绍庭珍藏”“紫藤花馆”等印。入选第二批《国家珍贵古籍名录》，名录号 04837。

初學記卷第一

光祿大夫行右散騎常侍集賢院學士副知院事東海郡開國公徐堅等奉

勅撰　　錫山安國校刊

天部

天第一　日第二　月第三

星第四　雲第五　風第六

雷第七

天第一 叙事 河圖括地象云易有太極是生兩

儀兩儀未分其氣混沌清濁既分伏者爲天偃

初学记三十卷

（唐）徐坚等辑　明嘉靖十年（1531）锡山安国桂坡馆刻本　子部类书类　十二册　山东大学图书馆藏

九行十八字，小字双行同，白口，左右双边，版框 21.1 厘米 ×15.7 厘米，开本 26.5 厘米 ×18.2 厘米。

徐坚（660—729），字元固，湖州长城（今属浙江）人。少举进士，以文行于世，深得唐玄宗信任，卒赠从一品太子少保。此书为徐坚奉敕纂辑的一部官修类书，取材于群经诸子、历代诗赋及唐初诸家作品，目的是为唐玄宗诸子初学作文时检查事类之用。全书共分二十三部，三百一十三个子目，每个子目内部又分“叙事”“事对”“诗文”三部分。内容丰富，包罗万象。此书现存最早刻本即为安国桂坡馆刻本，后有明嘉靖十三年（1534）晋府虚益堂刻本、嘉靖二十三年（1544）沈藩刻本、明杨鑨九洲书屋刻本、明万历十五年（1587）徐守铭宁寿堂刻本、万历二十五至二十六年（1597—1598）陈大科刻本等若干明刻本。安国（1481—1534），字民泰，江苏无锡人。因酷爱桂花，植丛桂于后山岗，自题住所为“桂坡馆”。所藏古书、彝鼎甚富，善于校勘，所刻之书，版心多题“安桂坡馆”四字。有刻工：陆奎、宝、朝、章景华、周香、青。入选第二批《国家珍贵古籍名录》，名录号 04851。

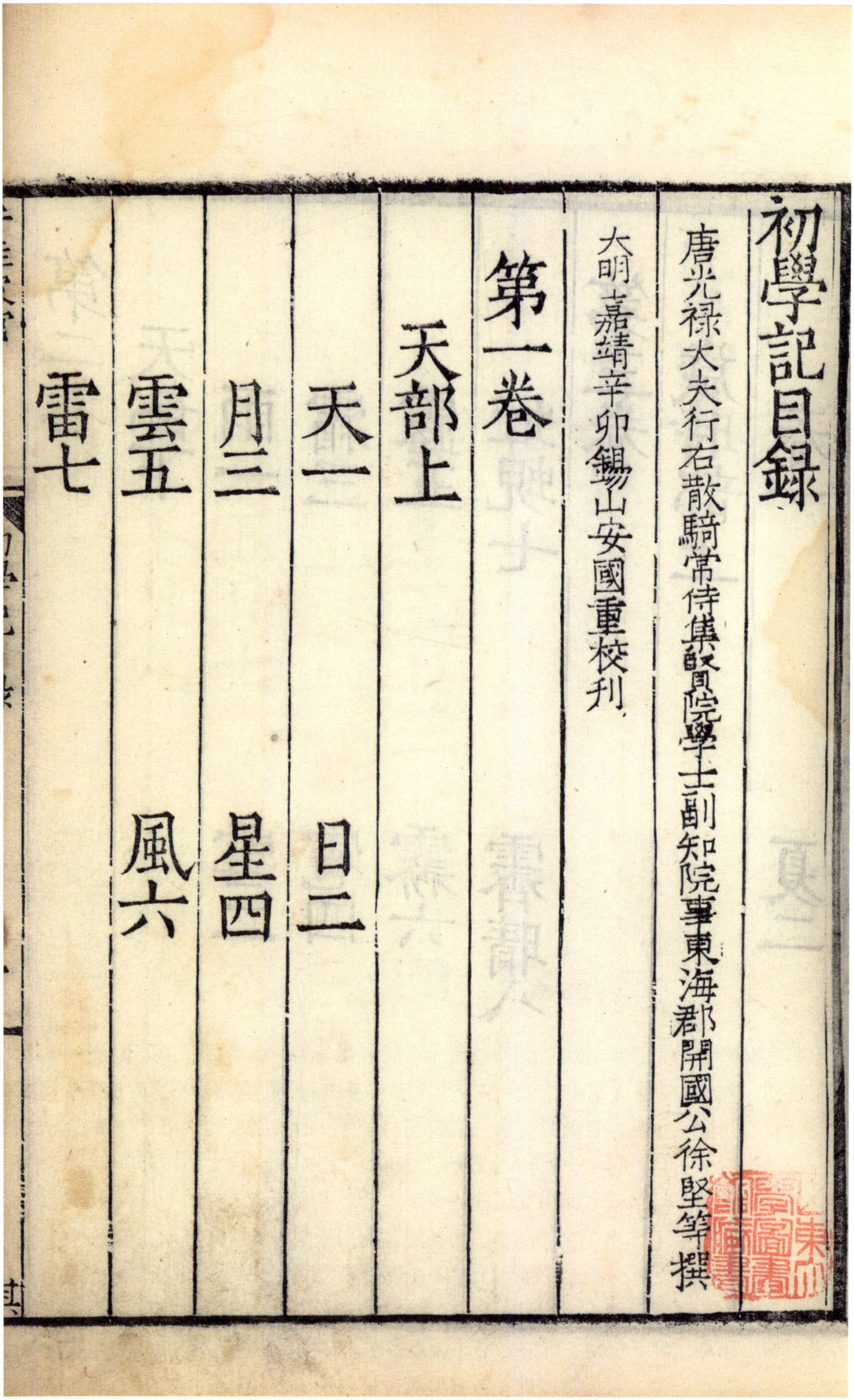

初學記目録

唐光禄大夫行右散騎常侍集賢院學士副知院事東海郡開國公徐堅等撰

大明嘉靖辛卯錫山安國重校刋

第一卷

天部上

天一　日二

月三　星四

雲五　風六

雷七

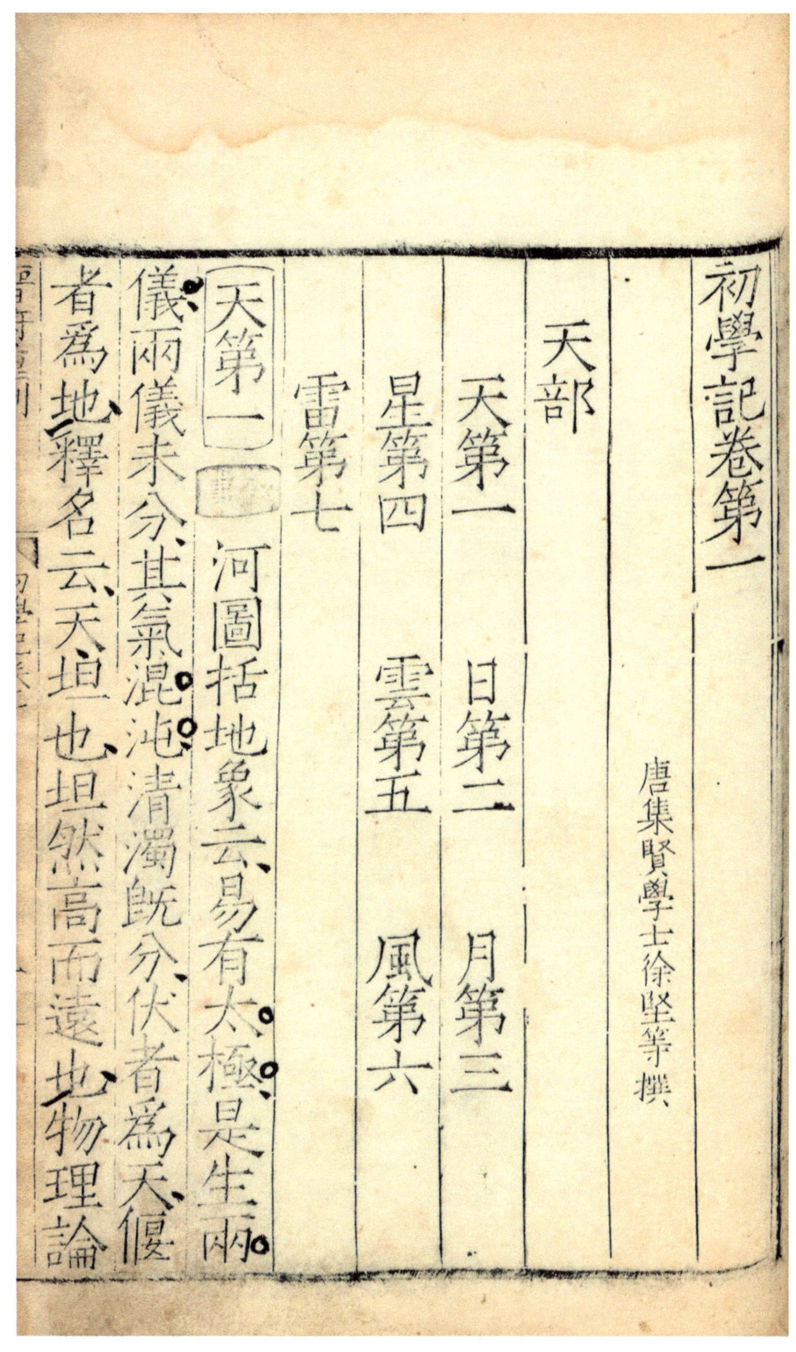
初學記卷第一

唐集賢學士徐堅等撰

天部

天第一　日第二　月第三

星第四　雲第五　風第六

雷第七

天第一　河圖括地象云易有太極是生兩儀兩儀未分其氣混沌清濁既分伏者爲天偃者爲地釋名云天坦也坦然高而遠也物理論

初学记三十卷

（唐）徐坚等辑　明嘉靖十三年（1534）晋府虚益堂刻本　子部类书类　二十二册　烟台图书馆藏

九行十八字，小字双行二十四字，白口，左右双边，版框 21 厘米×16.1 厘米，开本 27.6 厘米×19.6 厘米。

徐坚简介见前。此本为明嘉靖晋藩重刻本，雕版精良。书背上下角有绢绸包角，品相完美。入选第二批《国家珍贵古籍名录》，名录号 04860。

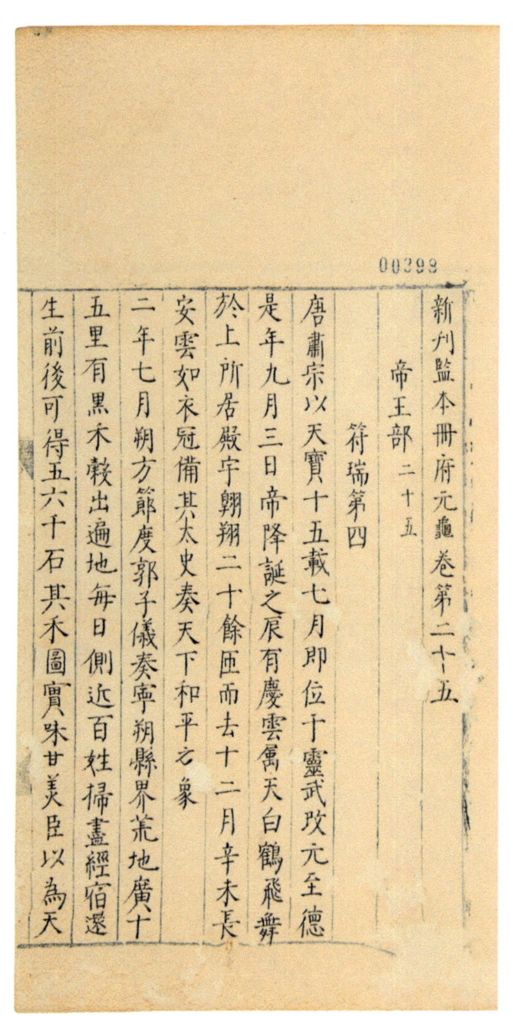

新刊監本册府元龜卷第二十五
帝王部 二十五
符瑞第四
唐肅宗以天寶十五載七月即位于靈武改元至德
是年九月三日帝降誕之辰有慶雲屬天白鶴飛舞
於上所居殿宇翱翔二十餘匝而去十二月辛未長
安雲如衣冠備其太史奏天下和平之象
二年七月朔方節度郭子儀奏寧朔縣界荒地廣十
五里有黑禾穀出遍地每日側近百姓掃盡經宿還
生前後可得五六十石其禾圖實味甘美臣以為天

册府元龟一千卷目录十卷

（宋）王钦若等辑　明抄本　子部类书类　一百四十二册　存七百二卷（二十五至七十四、一百六十一至二百、二百二十六至三百、三百一十至三百九十五、四百一至六百、六百五十一至八百四十八、八百七十一至八百九十五、九百五十一至九百七十八）　青岛市博物馆藏

十行二十字，白口，四周单边，版框 19.6 厘米×13.2 厘米，开本 29.4 厘米×17.5 厘米。

《册府元龟》是宋真宗时王钦若等人奉敕编纂的一部大型官修类书。宋真宗因为其父太宗曾经编纂《太平御览》等几部大书，意欲效仿，遂于景德二年（1005）敕修《历代君臣事迹》，大中祥符六年（1013）编成，宋真宗亲自撰序，赐名为《册府元龟》。该书编纂目的是“欲载历代事实，为将来典法，使开卷者动有资益”，即汇集历代政事历史，作为君臣的鉴戒。全书编纂取材严格，仅限于经籍正史，小说异端多不取，分三十一部、一千一百多门，编纂时所采资料大都整篇整段引文，不改旧文，所据皆北宋以前古本，具有很高的校勘及学术价值。此本原藏崂山华严寺，现收藏于青岛市博物馆。入选第一批《国家珍贵古籍名录》，名录号 01914。

帝曰俞四月壬戌帝御紫宸殿問帝臣曰皇城使上言太庙中有麞走出雖有宗庙之中得此黠獸宰臣請宣示宗政寺使令巡撿帝曰可留宗正卿來朕自戒厲之遂召宗正卿李踐方至帝曰宗庙至重卿宜恪勤官業勿俾太庙有所壞隳勿拘陰陽不旋脩葺謹有召陽未陽尚猶宗室潔况宗庙乎無長蒿萊以藏野獸言乞玄然方叩頭請罪久之帝自即位宗庙祀事未常不戒厲有司俾其嚴潔詩云祀事孔明其此之謂乎

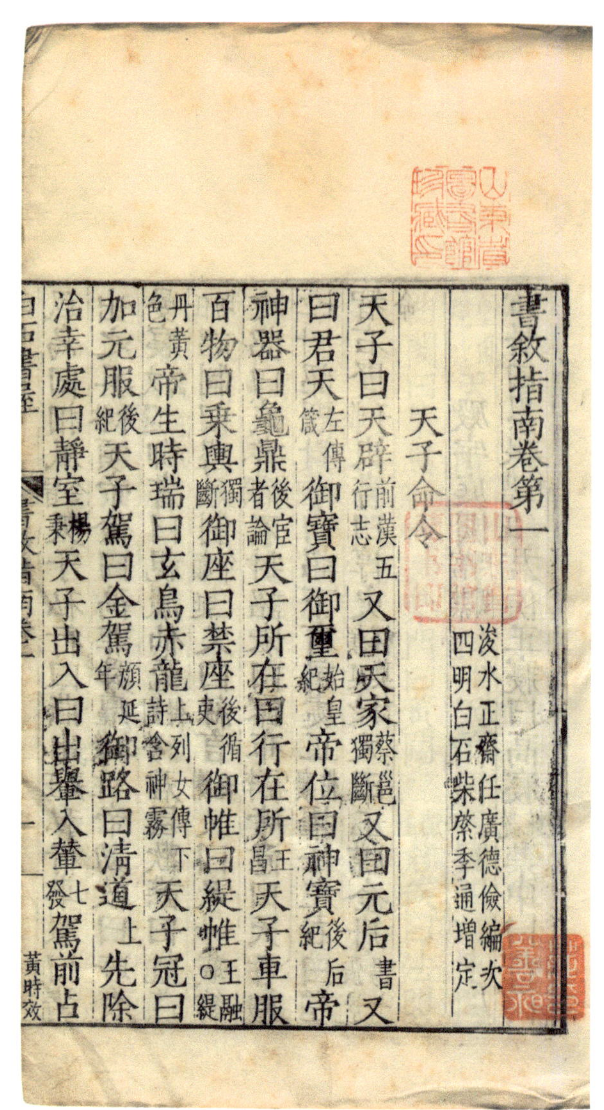
書敘指南卷第一
天子命令
浚水正齋任廣德儉編次
四明白石柴桒季通增定
天子曰天辟前漢五行志又曰天家蔡邕獨斷又曰元后書又
曰君天左傳箴御寶曰御璽始皇紀帝位曰神寶後紀后帝
神器曰龜鼎後宦者論天子所在曰行在所王昌天子車服
百物曰乘輿獨斷御座曰禁座後循吏御帷曰緹帷王融曰緹
丹黃色帝生時瑞曰玄鳥赤龍上列女傳下詩含神霧天子冠曰
加元服後紀天子駕曰金駕顏延年御路曰清道上先除
治幸處曰靜室楊秉天子出入曰出蹕入警七發駕前占
白石書屋　書敘指南卷之一　一　黃時效

书叙指南十二卷

（宋）任广辑　明嘉靖三十七年（1558）柴紥白石书屋刻本　子部类书类　四册　山东省图书馆藏

十行二十字，小字双行同，白口，左右双边，版框18.2厘米×13.8厘米，开本26.4厘米×15.9厘米。

任广，生卒年不详，字德俭，开封（今属河南）人。陈振孙《直斋书录解题》称其为宋徽宗崇宁（1102—1106）时人，其余生平事迹，概已湮没无闻。据《四库全书总目》，此书初刻于宋钦宗靖康年间（1126—1127），由于金人南侵，书版旋毁。幸有人携旧本南渡，方得以传世。至于内容，“其书皆采录经传成语，以备尺牍之用，故以书叙为名”。本书现存最早刻本为明嘉靖六年（1527）沈松刻本，此为嘉靖三十七年柴紥白石书屋刻本，仅次于沈松刻本，传本较少。有刻工。钤有“海山”“庄善昶印”等印。入选第二批《国家珍贵古籍名录》，名录号04887。

柴李通刻書叙指南序

書叙指南浚水任廣所輯類者侍御南厓沈公得之泌水李司徒居樓先生者也南厓公謂其稽名撰物㓛事陳舊可廣學者涉覽遂命河東運使黄君廣璘梓行焉日久歲遠多殘缺失次識者病之四明白石丛以柴繁氏訪詞家質以黄姬水氏偶見抄本時質山應試金陵未遑繕録與浮丘子刻二十家唐詩以黄貫曾氏也遍訪書林諧其所願暑月所為增又定三始得盡美亦嘉惠同志之意也夫是書督自王侯公卿賤至奴僕皂隸近自容貌言語遠至宮室

太学新增合璧联珠声律万卷菁华前集六十卷后集八十卷

（宋）李昭玘（宋）李似之辑　宋刻本（目录第一叶，卷七第一、八至九叶，卷九第十三叶，卷十二至二十四抄补）　子部类书类　八十册　存一百二十六卷（前集六十卷、后集一至四十三、四十六至六十八）　山东省图书馆藏

十五行二十、二十一字不等，小字单行，小黑口，左右双边，版框 10.6 厘米×7.1 厘米，开本 14.6 厘米×9.5 厘米。

李昭玘（？—1126），字成季，号乐静先生，济州任城（今属山东济宁）人。少与晁补之齐名，又从游苏轼，为其所称道。北宋元丰二年（1079）进士。李似之，生卒年不详，北宋大观三年（1109）进士，官至户部侍郎。此书前集一百二十门，后集一百七十六门。取成句之可为对偶者曰书林合璧，单用者曰书圃联珠，事之相似者曰譬喻，相反者曰反说，撮取二字可为题者曰体题，数字可隐括其事者曰体字。间有图像，盖专为应试之用，故题曰“太学新增”。《天禄琳琅书目后编》卷七著录曰：“于兔园册中最为条理博大，而书肆盛行之籍也。”此为巾箱本，狭行细字，祯、敦均缺末笔，旷、广不避讳，盖为南宋光宗绍熙间刻本。卷内有抄补。据藏印可知，原藏元代鲜于枢家。后集卷首另有二印不可辨。后入清宫天禄琳琅，钤有天子六玺。彩锦封面，黄绫书签，锦套，确系《天禄琳琅书目后编》著录者。钤有“聊复得此生”“鲜于”“困学斋”“五福五代堂宝”“八征耄念”“太上皇帝”“乾隆御览之宝”“天禄琳琅”“天禄继鉴”等印。入选第一批《国家珍贵古籍名录》，名录号 00792。

錦繡萬花谷前集卷之一

天

九關虎豹　虎豹九關啄害下人些虎豹九關言天門九重虎豹守之出楚辭

磨蟻　天圓如倚蓋地方如碁局天旁轉半在地上半在地下日月本東行天西旋入于海牽之以西如蟻行磨上磨左旋蟻右行磨疾蟻遲蟻不得不西出晉天文志吳王蕃傳

銀黄左界　河漢水之精發而浮上宛轉隨流名曰天河一曰雲漢詩疏亦名銀潢謝莊月賦斜漢左界北陸南躔亦曰銀灣出許洞詩亦曰銀浦出李賀詩

金階兩闕　神異經東北大荒中有金闕高千丈上有明月珠徑三丈光照千里中有金階兩闕名天門出杜詩注

通明殿　通明王帝殿名常有紅雲捧之坡詩云侍臣鵠

锦绣万花谷前集四十卷后集四十卷续集四十卷

明嘉靖秦汴绣石书堂刻本　子部类书类　二十六册　山东师范大学图书馆藏

十二行二十一字，小字双行同，白口，左右双边，版框 19.1 厘米×13.5 厘米，开本 25 厘米×16.5 厘米。

此为南宋时期所编大型类书之一。作者不详，书前有自序，题于南宋淳熙十五年（1188）。此书现存版本众多，有宋刻本、明弘治间华燧会通馆铜活字印本、明嘉靖十四年（1535）徽藩崇古书院刻本等。明嘉靖十五年（1536），江苏无锡人秦汴以所购宋本为底本，取校华氏会通馆印本以及张恺藏抄本等，正讹、去重、补缺，重刊此书。秦汴（1509—1581），字思宋，号次山。嗜藏书，一生刊刻图书颇多，绣石书堂为其刻书堂号。钤有“宝应王氏梅田鹤簃藏书”“啸馀”“王念曾印”等印。入选第一批《国家珍贵古籍名录》，名录号 01917。

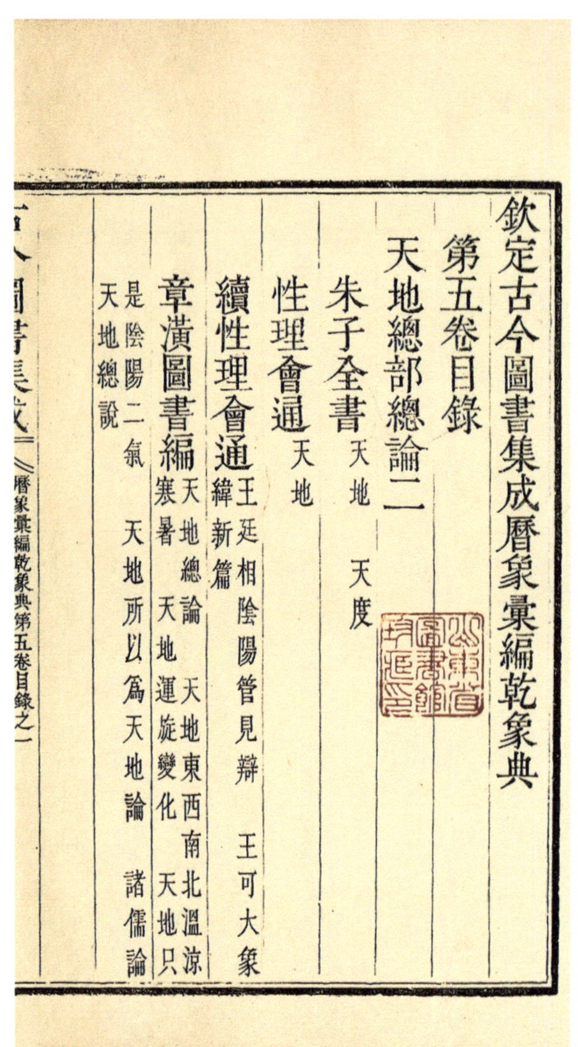
欽定古今圖書集成曆象彙編乾象典
第五卷目錄
天地總部總論二
朱子全書天地　天度
性理會通天地
續性理會通王廷相陰陽管見辯　王可大象緯新篇
章潢圖書編天地總論　天地東西南北溫涼　寒暑　天地運旋變化　天地只是陰陽二氣　天地所以爲天地論　諸儒論　天地總說
古今圖書集成　曆象彙編乾象典第五卷目錄之一

钦定古今图书集成一万卷目录四十卷

（清）蒋廷锡（清）陈梦雷等辑　清雍正四年（1726）内府铜活字印本　子部类书类　四千四百十三册　存八千九百十三卷目录三十二卷　山东省图书馆藏

九行二十字，白口，四周双边，版框 21.3 厘米×14.8 厘米，开本 27.6 厘米×17.4 厘米。

此书不仅是我国现存规模最大、体例最完整的一部古代类书，也是我国铜活字印刷史上卷帙浩繁、印制精美的代表作。最初由清代著名学者陈梦雷主持，于清康熙四十至四十五年（1701—1706）完成初稿。康熙五十五年（1716）进呈，得名《古今图书集成》。雍正初，又命蒋廷锡等重新编校，于雍正六年（1728）用铜活字排版印成，共印六十余部。雍正内府印本有两种，一种为开化纸印本，一种为太史连纸印本。开化纸质地细腻，极其洁白，无帘纹，纸虽薄而韧性强；太史连纸纸质骨立，正面光润，背面稍涩，纸细，色黄。这两种纸张质量上乘，加之印刷精良，装潢富丽，所以印成之本均极其美观大方。因刷印稀少，此种内府铜活字印本在当时即为珍籍。山东省馆藏此本系太史连纸，蓝绫书衣印本，黄绫书签，包角，有重要的文物价值。入选第一批《国家珍贵古籍名录》，名录号 01951。

大般若波羅蜜多經卷第一
唐三藏法師 玄奘奉 詔譯
初分緣起品第一之一
如是我聞一時薄伽梵住王舍城鷲峯山頂
與大苾芻衆千二百五十人俱皆阿羅漢諸
漏已盡無復煩惱得眞自在心善解脫慧善
解脫如調慧馬亦如大龍已作所作已辦所
辦棄諸重擔逮得已利盡諸有結正知解脫
至心自在第一究竟除阿難陀獨居學地得
預流果大迦葉波而爲上首復有五百苾芻
尼衆皆阿羅漢大勝生主而爲上首復有無
量鄔波索迦鄔波斯迦皆見聖諦復有無量

永乐南藏六千三百三十一卷续藏四百十卷

明永乐十至十五年（1412—1417）刻万历间续刻本（有补抄、补刻） 子部释家类大藏 存六千五百十二册 山东省图书馆藏

六行十七字，版框 27.9 厘米 ×12.9 厘米，开本 36.7 厘米 ×13.1 厘米。

此书系明成祖朱棣敕令刊刻，并于永乐年间刻成的官版大藏经。刻藏的地点和经版收藏处在南京大报恩寺，故称“永乐南藏”。本藏是在《洪武南藏》（也有学者称《初刻南藏》，认为其系建文帝时所刻）所收典籍的基础上，重新分类，并略有增删编成的。印本多为梵夹装，每版三十行，折成五面，每面六行，每行十七字。《洪武南藏》所延用的《碛砂藏》题记，除少数有关校勘方面的说明在翻刻时被保留外，其余均被删去。神宗万历年间，又据《永乐北藏》增刻续藏。此藏刻成之后，许各地请印，故流传较广，至明末清初仍在印行。山东省馆所藏此部《南藏》系万历年间印本，卷末可见“南京大功坊西廊下经房姜奉山印行”“大明万历十二年七月吉旦慈圣宣文明肃皇太后印造”“南京姜家经房印行”等字样。整部经书统一装帧，每册经折的装帧上掩面用彩缎，下掩面分用不同颜色的绫面。入选第一批《国家珍贵古籍名录》，名录号 01955。

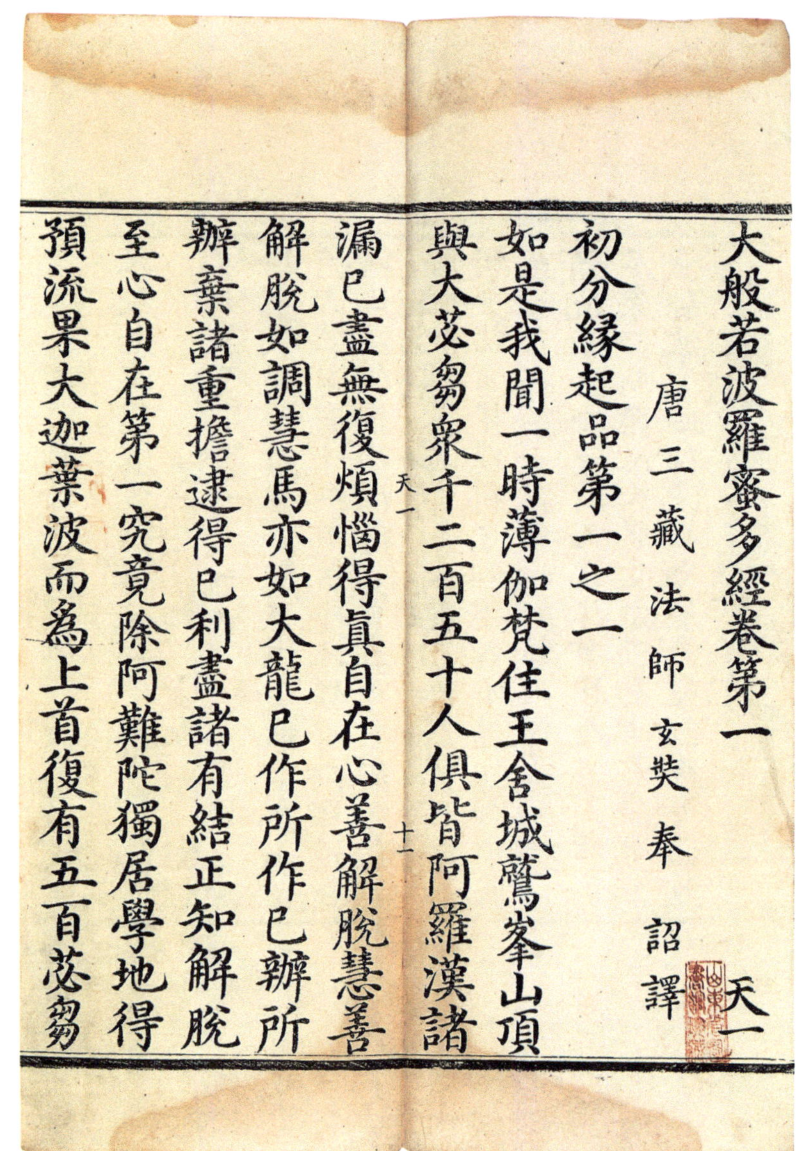

大般若波羅蜜多經卷第一　天一
唐三藏法師玄奘奉詔譯
初分緣起品第一之一
如是我聞一時薄伽梵住王舍城鷲峯山頂
與大苾芻衆千二百五十人俱皆阿羅漢諸
天一　十一
漏已盡無復煩惱得真自在心善解脫慧善
解脫如調慧馬亦如大龍已作所作已辦所
辦棄諸重擔逮得已利盡諸有結正知解脫
至心自在第一究竟除阿難陀獨居學地得
預流果大迦葉波而為上首復有五百苾芻

永乐北藏六千三百六十一卷续藏四百十卷

明永乐十九年至正统五年（1421—1440）刻万历十二年（1584）续刻本　子部释家类大藏
五百八十九册　存五千一百四十四卷　山东省图书馆藏

五行十六字，版框 24.5 厘米 ×11.1 厘米，开本 34.6 厘米 ×15.1 厘米。

《永乐北藏》亦由明成祖朱棣敕命编纂，于永乐十九年在北京上版开雕，至英宗正统五年刻成。神宗万历十二年又续刻三十六种中国著述典籍入藏。此藏刊成后，藏版于宫中，多由朝廷颁赐印本给全国各大寺院，故流传较少。现存较为完整的《永乐北藏》仅故宫博物院、浙江图书馆、华严寺藏本等有限几部，已成稀世之珍。山东省馆所藏此本，赵体字字大如钱，娟秀明丽，装帧典雅，上下夹板均为不同颜色、不同图案的彩色锦绫，花色逾千种。四合套亦为彩色锦绫，美轮美奂，是典型宫廷装帧。每叶后均钤有朱印“御记”。入选第一批《国家珍贵古籍名录》，名录号 01961。

大般若波羅蜜多經卷第一
大般若波羅蜜多經卷第三
大般若波羅蜜多經卷第四
天四
大般若波羅蜜多經卷第五
天五

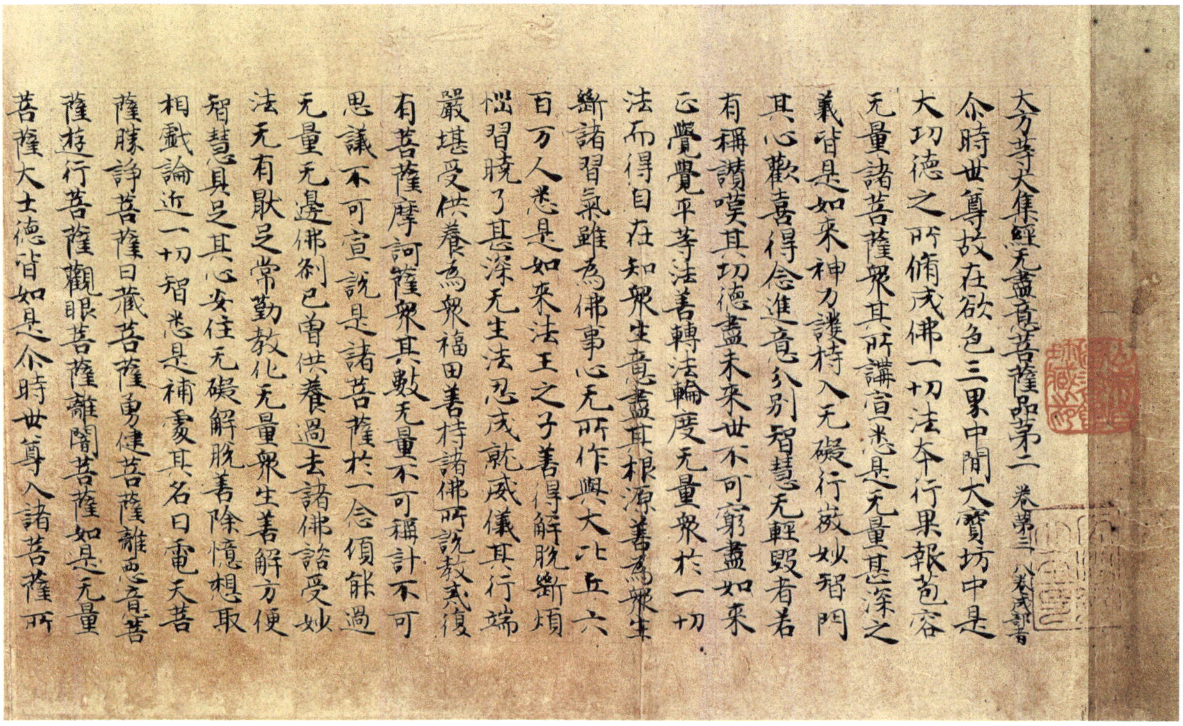

大方等大集经无尽意菩萨品第二

（北凉）释昙无谶等译　唐写本　子部释家类译经　一轴　山东省图书馆藏

行十七字，开本 26.5 厘米 ×772 厘米。

此为唐代写经卷子，藤黄纸。卷端题：“大方等大集经无尽意菩萨品第二　卷第三　八卷成部者”，卷末题：“大方等大集经　卷第三”。避“世”字。卷端及纸背钤有“瓜沙洲大王印”。入选第一批《国家珍贵古籍名录》，名录号 00126。

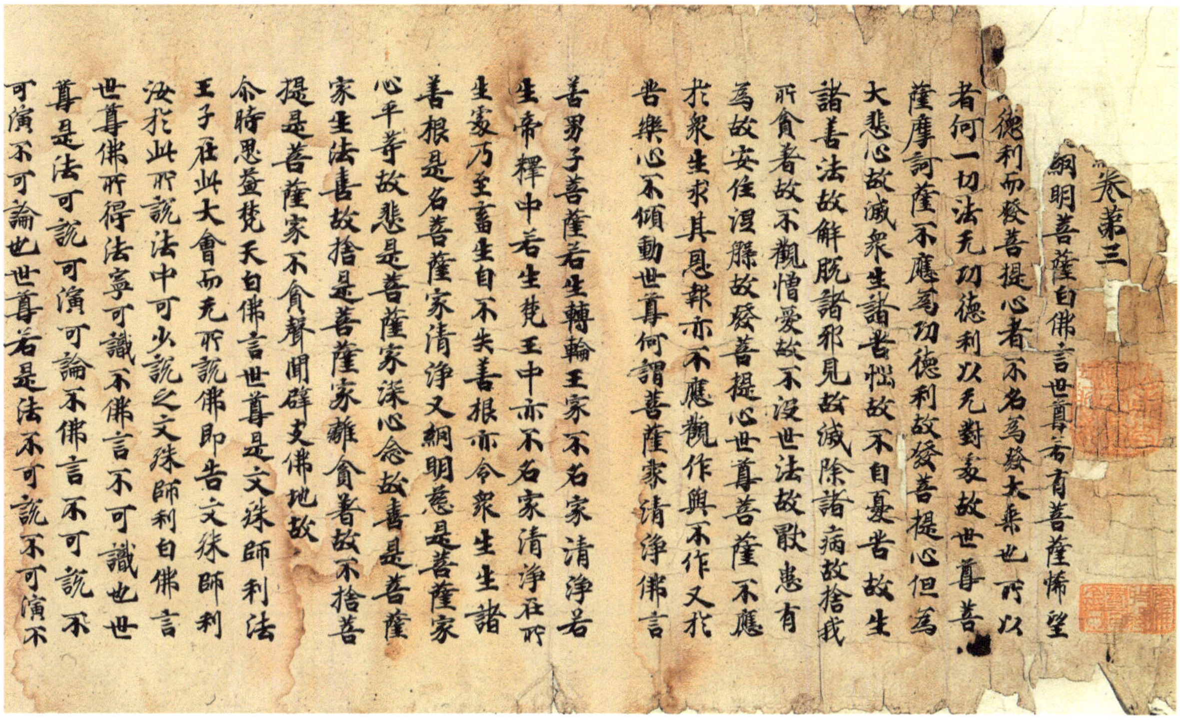

思益梵天所问经卷三

（后秦）释鸠摩罗什译　唐写本　子部释家类译经　一轴　山东省图书馆藏

行十七字，开本 26.4 厘米 ×964.6 厘米。

鸠摩罗什（343—413），本天竺人，生于龟兹，十六国时期后秦高僧，译出《大品般若经》《妙法莲华经》《维摩诘经》等诸多佛教经典。此为唐代写经卷子，卷端有缺损，卷末题：“思益经　卷第三”。乌丝栏，有燕尾，不避“世”字。钤有“荫甫收藏书画金石”等印。入选第一批《国家珍贵古籍名录》，名录号 00134。

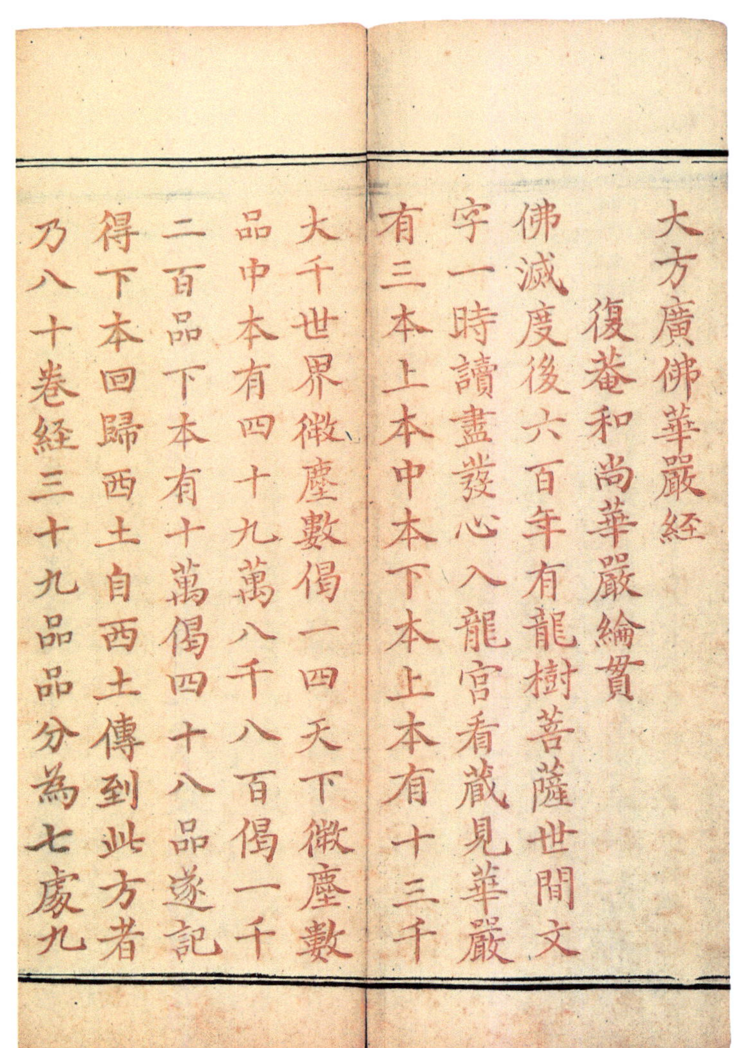

大方廣佛華嚴經
復菴和尚華嚴綸貫
佛滅度後六百年有龍樹菩薩世間文
字一時讀盡發心入龍宮看藏見華嚴
有三本上本中本下本上本有十三千
大千世界微塵數偈一四天下微塵數
品中本有四十九萬八千八百偈一千
二百品下本有十萬偈四十八品遂記
得下本回歸西土自西土傳到此方者
乃八十卷經三十九品品分為七處九

大方广佛华严经八十卷大方广佛华严经入不思议解脱境界普贤行愿品一卷

（唐）释实叉难陀等译　清康熙四明嗣法沙门深湛大师用永乐十七年至万历二十一年（1419—1593）雕版印样刺血填写本　子部释家类译经　八十一册　山东省图书馆藏

五行十五字，开本 34 厘米 ×12.1 厘米。

本书为大乘佛教要典之一。此本每册前均有扉画，其中一至十册后有韦陀像，每函最后一册亦有韦陀像。其填写过程是先以素纸覆在雕刻完毕而未施墨的“净版”上“印刷”，经过此道“工序”，雕刻的字痕深深地印于纸上，后再以混血颜料填写而成。卷一末有“永乐十七年十二月十三日奉佛弟子福贤发心书写锓梓谨施”，卷二至八十末有“大明万历癸巳孟春吉旦板”，盖所据为明永乐刻、万历二十一年补刻（或翻刻）之版。每卷末之“大清康熙己巳季冬吉旦书”为手写，非据版印描写。卷八十一末韦陀像旁的莲花龛上有“奉佛弟子颜讳光南成就华严经壹部，四明嗣法沙门深湛刺血书”。本书装帧精美，上夹板裹以黄色绛丝封面，下夹板裹以红绫。清释如典跋。入选第一批《国家珍贵古籍名录》，名录号 01970。

此大乘法寶乃 康熙年間四明嗣法沙門深湛大師刺血書
華嚴經一部 奉
佛弟子顔光南成就功德於 道光十五年在濟寧州南門裏估貭
攤工出賣時有京都 成菴潛居士輸財請歸送至 玉露禪林
方丈供奉願後之高僧披閱者珍重護持永存常住傳流法寶唯
願人人入毘盧性海各各登華藏玄門

佛弟子如典跋

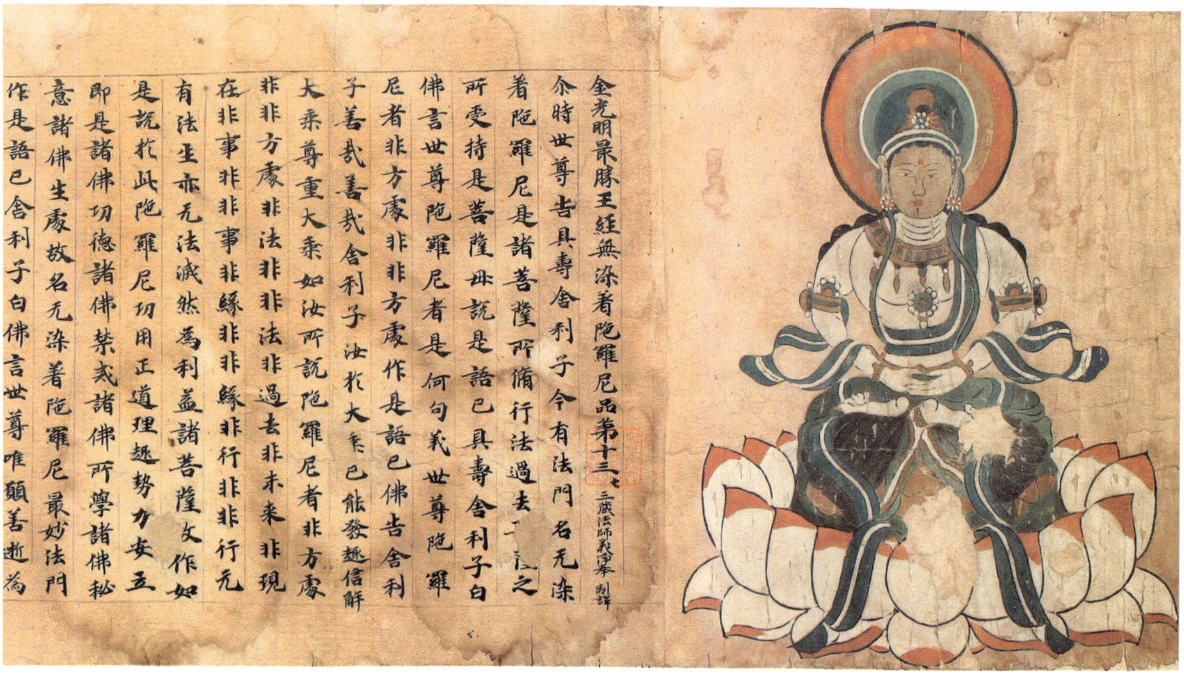

金光明最胜王经卷七

（唐）释义净译　吐蕃统治敦煌时期写本　子部释家类译经　一册　山东博物馆藏
十七字至十九字不等，开本 21.6 厘米×716.2 厘米。

义净（635—713），齐州（今属山东济南）人，俗姓张，唐代著名译经僧人。义净于唐高宗时前往天竺（今印度）等国取经，归国后翻译了大量佛教经典，著有《南海寄归内法传》《大唐西域求法高僧传》等。《金光明最胜王经》为义净所译佛教大乘经，此残卷为吐蕃统治敦煌时期（约唐中后期）写本，前有彩绘菩萨像扉画，为该经卷七。曾经民国收藏家张佩乙收藏。钤有“自在思香馆所藏唐人写经”印。入选第一批《国家珍贵古籍名录》，名录号00132。

妙法莲华经卷五

（后秦）释鸠摩罗什译　唐垂拱四年（688）写本　子部释家类译经　一册　山东博物馆藏

行十七字，开本 25 厘米×854.6 厘米。

鸠摩罗什见《思益梵天所问经卷三》。《妙法莲华经》为其所译大乘经之一。妙法，意为所说教法微妙无上；莲华，比喻经典之洁白完美。该本为唐垂拱四年写本，卷末有题记：“垂拱四年十一月清信佛子王琳妻为身染时患敬造《法华经》一部，愿病早得消除，功德具足，法界众生共成佛道。”入选第一批《国家珍贵古籍名录》，名录号 00147。

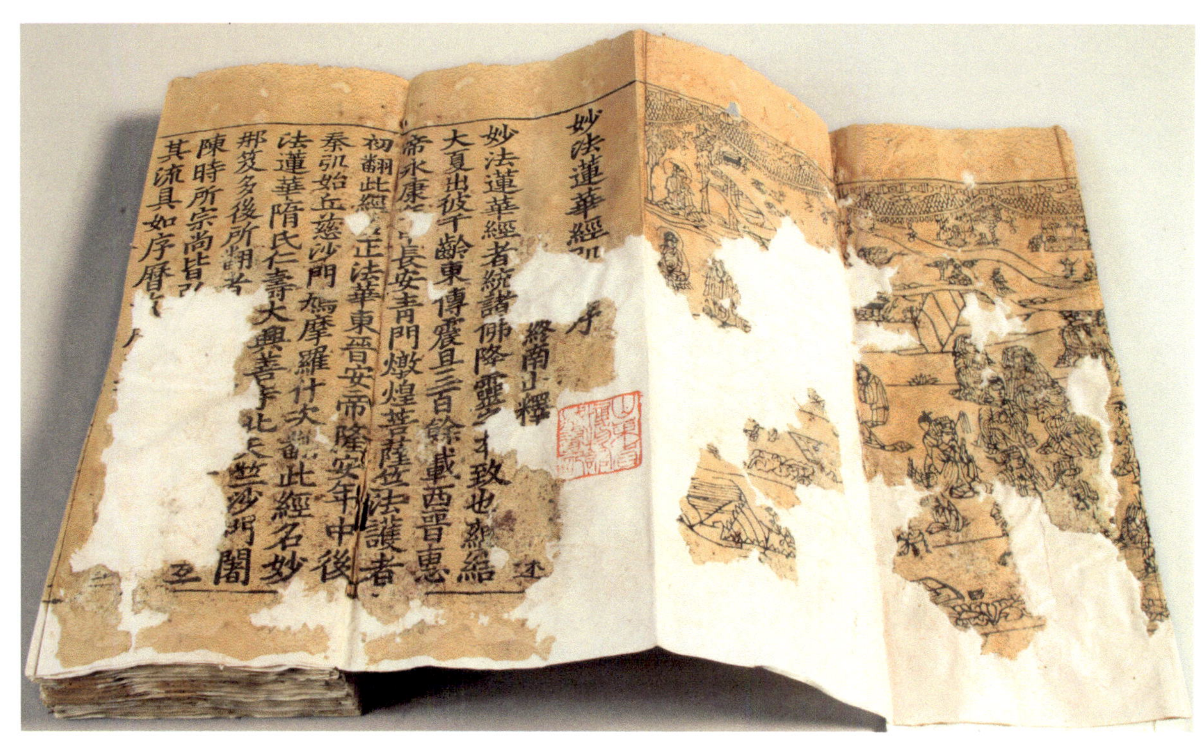

妙法莲华经七卷

（后秦）释鸠摩罗什译　北宋嘉祐八年（1063）杭州钱家刻本　子部释家类译经　七册　山东博物馆藏

六行十七字，上下单边，版框 21.6 厘米 ×10.6 厘米，开本 28 厘米 ×10.6 厘米。

鸠摩罗什见《思益梵天所问经卷三》。该本为北宋仁宗时杭州单刻佛经。有刻工：念刀。入选第二批《国家珍贵古籍名录》，名录号 02985。

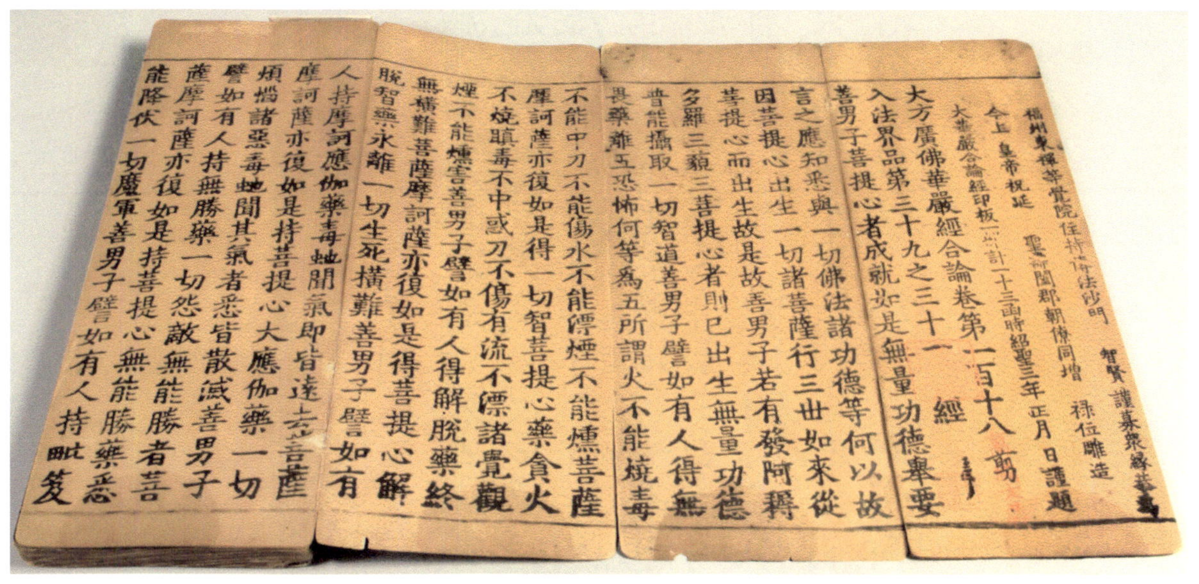
福州東禪等覺院住持傳法沙門智賢謹募衆緣恭爲
今上皇帝祝延聖壽闔郡朝僚同增祿位雕造
大華嚴合論經印板一部計一十三函時紹聖三年正月日謹題
大方廣佛華嚴經合論卷第一百十八 剪
入法界品第三十九之三十一 經
善男子菩提心者成就如是無量功德舉要
言之應知悉與一切佛法諸功德等何以故
因菩提心出生一切諸菩薩行三世如來從
菩提心而出生故是故善男子若有發阿耨
多羅三藐三菩提心者則已出生無量功德
普能攝取一切智道善男子譬如有人得無
畏藥離五恐怖何等爲五所謂火不能燒毒
不能中刀不能傷水不能漂煙不能熏菩薩
摩訶薩亦復如是得一切智菩提心藥貪火
不燒瞋毒不中惑刀不傷有流不漂諸覺觀
煙不能熏害善男子譬如有人得解脫藥終
無橫難菩薩摩訶薩亦復如是得菩提心解
脫智藥永離一切生死橫難善男子譬如有
人持摩訶應伽藥毒蛇聞氣即皆遠去菩薩
摩訶薩亦復如是持菩提心大應伽藥一切
煩惱諸惡毒蛇聞其氣者悉皆散滅善男子
譬如有人持無勝藥一切怨敵無能勝者菩
薩摩訶薩亦復如是持菩提心無能勝藥悉
能降伏一切魔軍善男子譬如有人持毗笈

大方广佛华严经合论一百二十卷

（唐）李通玄造论　（唐）释志宁合论　宋绍圣三年（1096）刻福州东禅等觉禅院《崇宁万寿大藏经》本　子部释家类撰疏撰述　一册　存一卷（一百一十八）　山东博物馆藏

六行十七字，上下单边，版框 24.4 厘米 ×11.1 厘米，开本 28.6 厘米 ×11.4 厘米。

李通玄（？—730），唐代华严学者，青年时钻研易理，四十余岁时潜心《华严经》，造论阐明经义，成《新华严经论》四十卷。唐宣宗大中年间，福州开元寺僧志宁又将李通玄之论合入经文之下，成一百二十卷，称为《华严经合论》。该本系《崇宁藏》零本（千字文“剪”字号），《崇宁藏》为北宋后期刊板于福州东禅寺等觉禅院的一部大藏经，徽宗崇宁二年（1103）全藏即将刊竣时，获敕赐名《崇宁万寿大藏》，流传稀少，国内罕见。存一册，经折装，正文内容为《大方广佛华严经合论》卷一百一十八《入法界品第三十九之三十一》，卷首有题记：“福州东禅等觉院住持传法沙门智贤谨募众缘，恭为今上皇帝祝延圣寿，阖郡朝僚同增禄位，雕造《大华严合论经》印板一部，计十三函，时绍圣三年正月日谨题。”有刻工。钤有“万岁大藏”印。王献唐题跋。入选第一批《国家珍贵古籍名录》，名录号 00892。

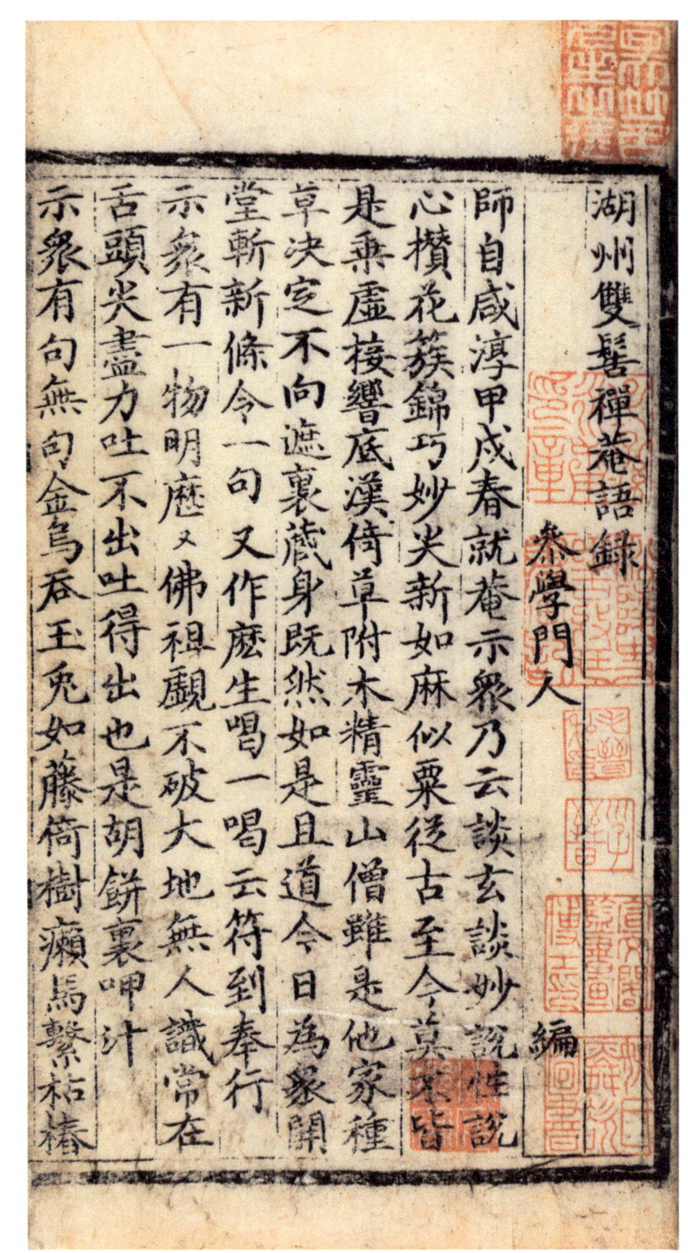
湖州雙髻禪菴語錄

叅學門人　編

師自咸淳甲戌春就菴示衆乃云談玄談妙說性說心攢花簇錦巧妙尖新如麻似粟從古至今莫不皆是乘虛接響底漢倚草附木精靈山僧雖是他家種草决定不向遮裏藏身既然如是且道今日為衆開堂斬新條令一句又作麽生喝一喝云符到奉行

示衆有一物明歷歷佛祖覷不破大地無人識常在舌頭尖盡力吐不出吐得出也是胡餅裏呷汁

示衆有句無句金烏吞玉兎如藤倚樹瀨馬繫枯椿

湖州双髻禅庵语录一卷杭州西天目山师子禅院语录一卷示禅人语一卷

（元）释原妙语录　元元贞二年（1296）刻本　子部释家类语录　存一册　山东师范大学图书馆藏

十行二十字，黑口，四周双边，版框 19.2 厘米 ×12.4 厘米，开本 23.1 厘米 ×15.4 厘米。

释原妙（1238—1295），号高峰，俗姓徐，吴江（今属江苏苏州）人。宋元之际禅宗临济宗僧人。年十五出家，南宋咸淳十年（1274），迁湖州双髻庵，此书为其语录。此本为元代初刻初印，版刻风格与纸张皆为元代，曾经元顺帝时内廷书画管理机构“宣文阁”收藏。孤本。钤有“宣文阁鉴书画博士印”“姚氏舜咨图书”“毛晋私印”“子晋”“松陵史明古收藏书画记”等印。入选第一批《国家珍贵古籍名录》，名录号 00988。

解莊卷之一

江夏郭明龍先生評

會稽陶石簣先生解

内篇

逍遥遊第一

北冥有魚其名爲鯤鯤之大不知其幾千里也化而爲鳥其名爲鵬鵬之背不知其幾千里也怒而飛其翼若垂天之雲是鳥也海運則將徙於南冥南冥者天池也齊諧者志怪者也諧之言曰鵬之

解莊　卷之一　一

解庄十二卷

（明）陶望龄撰　（明）郭正域评　明天启元年（1621）茅兆河刻朱墨套印本　子部道家类　十二册　山东师范大学图书馆藏

九行十九字，白口，四周单边，无直格，版框20.7厘米×14.4厘米，开本26厘米×16.9厘米。

陶望龄（1562—1609），字周望，号石篑，会稽（今属浙江绍兴）人。明万历十七年（1589）任翰林院编修，参与编纂国史，后任国子监祭酒。陶望龄为官刚直廉洁，一生恬淡自守，以治学为最大乐事。工诗文，著有《制草》《歇庵集》《天水阁集》等。此书有五卷、十二卷本之分。五卷本有明万历四十三年（1615）刘廷元刻老庄解本，十二卷本有茅兆河刻朱墨套印本。钤有“经史子集传家宝 / 清俸购来手自校”“曾任江州司马”“梦蝶草堂金石图书”“松涛”等印。入选第二批《国家珍贵古籍名录》，名录号04991。

靈寶无量度人上品妙經卷之一　天一
道言昔於始青天中碧落空歌大浮黎土受
元始度人无量上品元始天尊當說是經周
迴十過以召十方始當詣座天真大神上聖
高尊妙行真人無鞅數衆乘空而來飛雲丹
霄緑輿瓊輪羽盖垂蔭流精玉光五色鬱勃
洞煥太空七日七夜諸天日月星宿璇璣玉
衡一時停輪神風静默山海藏雲天無浮翳
四氣朗清一國地土山川林木緬平一等無
復高下土皆作碧玉無有異色衆真侍座元

道藏五千三百五卷

（明）张宇初等编　明正统十年（1445）内府刻万历二十八年（1600）官印本　子部道家类　四千五百二十四册　存四千九百四十六卷　青岛市博物馆藏

五行十七字，上下双边，版框高 27.7 厘米，开本 35.5 厘米×13 厘米。

《道藏》为道教经典总集，主要包括道家子书、方书、道经和传记等内容，按“三洞四辅十二类”分类方法编排，是研究道教教义及其历史的百科全书。存世《道藏》仅有明修本较为完整，世称“正统道藏”。十册一函，黄帛函套，共一百二十箱四百八十函，每箱以千字文编号。明修《道藏》目前已知全国较为完整的仅有数套。青岛市博物馆馆藏的这部《道藏》有御赐序，“文革”前藏于崂山太清宫三清殿正殿神像两侧的六个乌木大柜中。1966 年险遭焚毁，青岛市文化局将其抢运至青岛市博物馆，使其得以完好保存至今。此本部分经卷较之国图藏本（原藏北京白云观，民国时曾影印出版）更全。钤有“广运之宝”印。入选第一批《国家珍贵古籍名录》，名录号 01990。

靈寶无量度人上經大法卷之五十三　王一
齊同慈愛品
師曰應學道之士行靈寶大法務在拯幽
度人之道欲求其應現於陽眷通傳語話
或入夢中現形以此方爲妙理凡有幽魂
寃結不解在於冥中或仇讐執對或累劫
相纏或奴婢横亡或漂流大海或久沉幽
夜或被繫諸獄或學道未成而歸幽府或
僧或尼或商或賈或母死子存或産子亡
母或子母俱喪或自縊而作凶殃或犯王

道藏五千三百五卷

（明）张宇初等编　明正统十年（1445）内府刻万历二十六年（1598）官印本　子部道家类　一千二百五十六册　存一千三百六十卷　泰安市博物馆藏

五行十七字，上下双边，版框高27.5厘米，开本38厘米×12.6厘米（正统），35.3厘米×12.6厘米（万历）。

《道藏》见前。泰安市博物馆藏《道藏》为明正统十年刻万历二十六年官印本，以《千字文》排序，从“天”字号到“英”字号，经折装。今存一千二百五十六册，书衣装潢分两种，蓝绫装五十册，黄绫装一千二百零六册。此书系明万历二十七年（1599）神宗朱翊钧颁赐岱庙，并颁“敕谕”一道，保存完好。入选第一批《国家珍贵古籍名录》，名录号01989。

册府千華

山东省藏国家珍贵古籍特展图录

集部

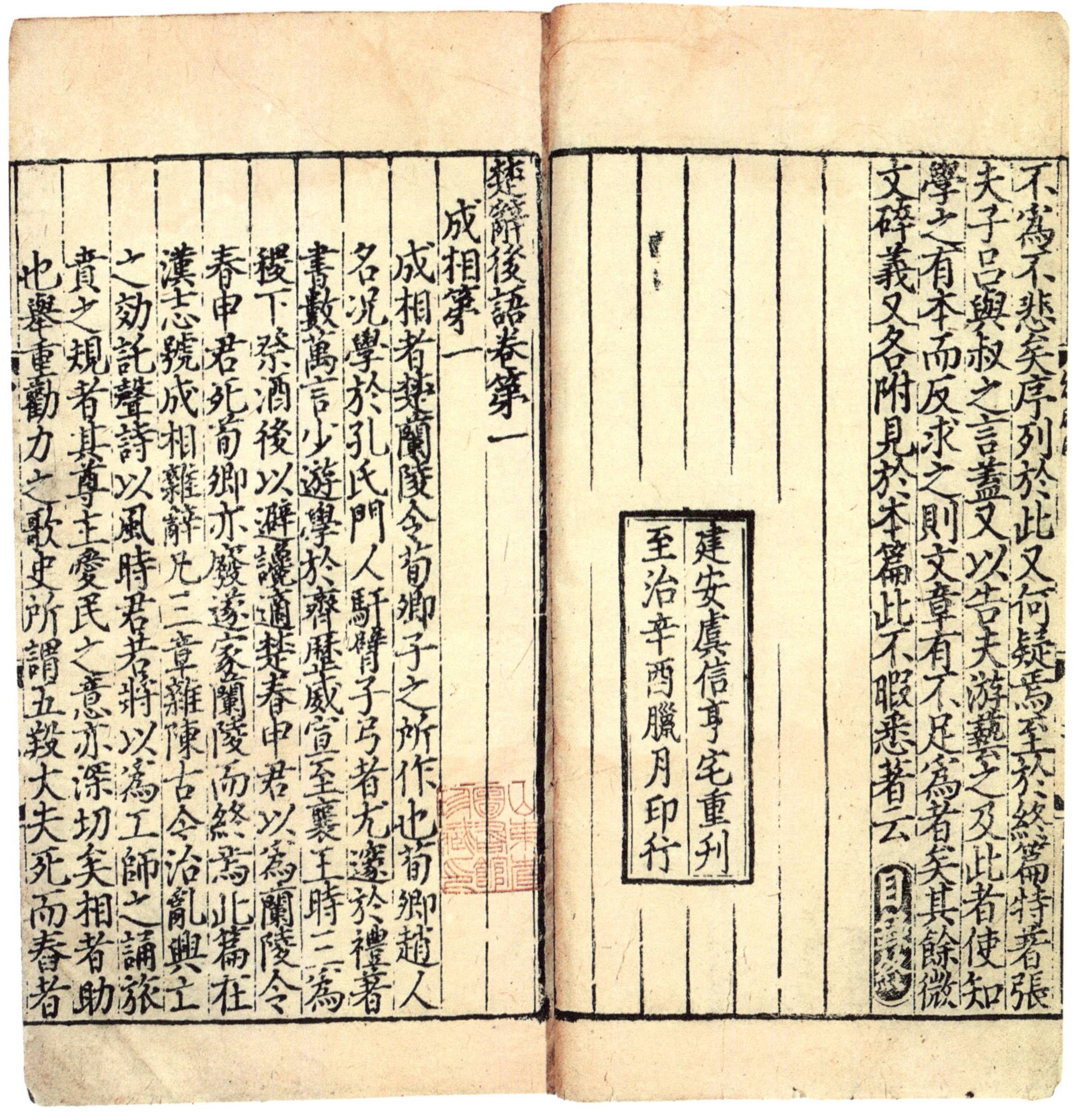
不爲不悲矣序列於此又何疑焉至於終篇特著張夫子呂與叔之言蓋又以告夫游藝之及此者使知學之有本而反求之則文章有不足爲者矣其餘微文碎義又各附見於本篇此不暇悉著云

建安虞信亨宅重刊
至治辛酉臘月印行

楚辭後語卷第一

成相第一

成相者楚蘭陵令荀卿子之所作也荀卿趙人名况學於孔氏門人馯臂子弓者尤邃於禮著書數萬言少遊學於齊歷威宣至襄王時三爲稷下祭酒後以避讒適楚春申君以爲蘭陵令春申君死荀卿亦廢遂家蘭陵而終焉此篇在漢志號成相雜辭凡三章雜陳古今治亂興亡之効託聲詩以風時君若將以爲工師之誦旅賁之規者其尊主愛民之意亦深切矣相者助也舉重勸力之歌史所謂五羖大夫死而舂者

楚辞集注八卷辩证二卷后语六卷

（宋）朱熹撰　元至治元年（1321）建安虞信亨宅刻本　集部楚辞类　四册　山东省图书馆藏

十一行二十字，小字双行二十四字，小黑口，左右双边，版框 20 厘米 ×12.5 厘米，开本 24.7 厘米 ×14.1 厘米。

朱熹简介见《仪礼经传通解》。《楚辞集注》是楚辞学史上的重要著作之一，明清之时影响更是超越其他《楚辞》注本。此本为元至治元年建安虞信亨宅刻本，较为稀见。钤有“征明”等印。入选第一批《国家珍贵古籍名录》，名录号 01009。

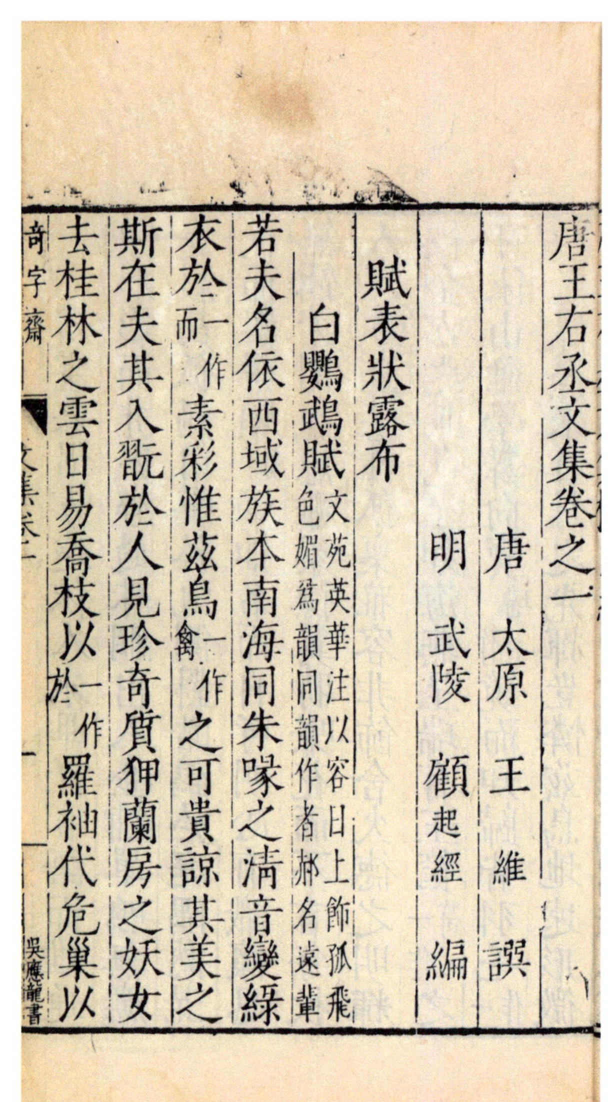
唐王右丞文集卷之一
唐 太原 王維譔
明 武陵 顧起經編
賦表狀露布
白鸚鵡賦文苑英華注以容日上飾孤飛色媚爲韻同韻作者郝名遠輩
若夫名依西域族本南海同朱喙之清音變綠
衣於而一作素彩惟茲鳥禽一作之可貴諒其美之
斯在夫其入翫於人見珍奇質狎蘭房之妖女
去桂林之雲日易喬枝以於一作羅袖代危巢以
奇字齋 文集卷一 一 吳應龍書

类笺唐王右丞诗集十卷文集四卷集外编一卷

（唐）王维撰　（明）顾起经编　明嘉靖三十五年（1556）顾氏奇字斋刻本　集部唐五代别集类　六册　山东师范大学图书馆藏

九行十八字，小字双行同，细黑口，左右双边，版框20.5厘米×15.7厘米，开本27厘米×16.8厘米。

王维（701—761，一说699—761），字摩诘，号摩诘居士，河东蒲州（今属山西运城）人。唐开元十九年（731）状元，历官右拾遗、监察御史、河西节度使判官等职，著名诗人、画家。此书诗集有顾起经注，文集无注，是现存最早的王维诗注本。顾起经（1515—1569），字玄纬，号罗浮外史、冠龙山外史，常州无锡（今江苏省无锡市）人。顾氏所刻此本为明代精工雕刻之善本。版心镌“奇字斋”，版心下刻书写人及刻工姓名，目录后刻有写勘、雕梓、装潢人姓名籍贯。有写工刻工：吴应龙、何镃等。入选第二批《国家珍贵古籍名录》，名录号05156。

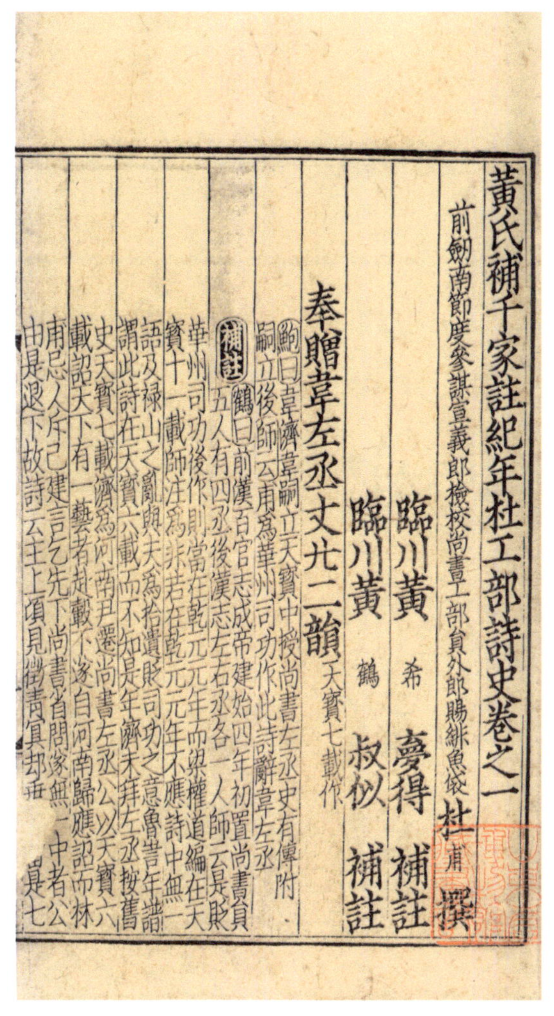
黄氏補千家註紀年杜工部詩史卷之一
前劍南節度參謀宣義郎檢校尚書工部員外郎賜緋魚袋杜甫撰
臨川黄　希　夢得　補註
臨川黄　鶴　叔似　補註
奉贈韋左丞丈廿二韻（天寶七載作）
鮑曰韋濟韋嗣立天寶中授尚書左丞史有傳附
嗣立後師云甫爲華州司功作此詩辭韋左丞
補註 鶴曰前漢百官志成帝建始四年初置尚書員
五人有四丞後漢志左右丞各一人師云是貶
華州司功後作則當在乾元元年而梁權道編在天
寶十一載師注爲非若在乾元元年不應詩中無一
語及祿山之亂與夫爲拾遺貶司功之意魯訔年譜
謂此詩在天寶六載而不知是年濟未拜左丞按舊
史天寶七載濟爲河南尹遷尚書左丞公以天寶六
載詔天下有一藝者赴轂下遂自河南歸應詔而林
甫忌人斥己建言乞先下尚書省問遂無一中者公
由是退下故詩云主上頃見徵青冥却垂[illegible]是七

黄氏补千家注纪年杜工部诗史三十六卷年谱辨疑一卷

（唐）杜甫撰　（宋）黄希（宋）黄鹤补注　元至元二十四年（1287）詹光祖月崖书堂刻本　集部唐五代别集类　十八册　山东博物馆藏

十一/十二行十九/二十二字不等，小字双行二十五字，细黑口，四周双边，版框 19.6 厘米×12.8 厘米，开本 25.4 厘米×15.9 厘米。

黄希，生卒年不详，字梦得，抚州临川（今属江西）人。宋孝宗乾道二年（1166）进士。黄鹤，字叔似，黄希之子，著有《北窗寓言集》，已佚。本书为南宋黄希、黄鹤父子为杜诗所作的注本，黄希以杜诗旧注每多遗舛，尝为随文补辑，未竟而殁。其子黄鹤取遗稿为之正定，又益以所见，积三十余年之功，宁宗嘉定九年（1216）编成是书。该书虽号曰“千家注”，实际引用诸家仅一百五十一人，且以五家为主。体例为按年编诗，故附《年谱辨疑》，考证较精，但对不可考订年月之诗强为编年，是其之失。该本卷三十二末有“武夷詹光祖至元丁亥重刊于月崖书堂”牌记一行，为现存同版诸本所无，据之得以确定刊刻年代，又全书避讳至宋光宗止，可知系元时据宋本翻刻。该书 1970 年出土于山东邹城明鲁荒王墓。入选第一批《国家珍贵古籍名录》，名录号 01035。

居誼兒時聞　先君樂道
永新大夫黄公之賢至則令
出拜且曰此鄉先生可師法
者也居誼雖不敏心竊識之
及壯讀公之文知其傳覽群
書於經史子集章句訓詁靡

五言古詩
北征
皇帝二載秋閏八月初吉杜子將北征蒼茫問家室
維時遭艱虞朝野少暇日顧慙恩私被詔許歸蓬蓽
拜辭詣闕下怵惕久未出雖乏諫諍姿恐君有遺失
君誠中興主經緯固密勿東胡反未已臣甫憤所切
揮涕戀行在道途猶恍惚乾坤含瘡痍憂虞何時畢
靡靡踰阡陌人煙眇蕭瑟所遇多被傷呻吟更流血
回首鳳翔縣旌旗晚明滅前登寒山重屢得飲馬窟

杜少陵集十卷

（唐）杜甫撰　明正德刻本　集部唐五代别集类　八册　青岛市博物馆藏

十行二十字，白口，四周单边，版框 21.5 厘米 ×15 厘米，开本 30.6 厘米 ×17.8 厘米。

杜甫（712—770），字子美，自号少陵野老，巩县（今属河南巩义）人。唐代著名现实主义诗人，与李白合称“李杜”，人称“诗圣”。该书为明代所编刊之杜甫诗文集，以诗体编次，各体之内收诗并不编年。书前有明正德七年（1512）王云凤序，言广平太守张潜编刊，府判宋灏校订。全书校勘精审，较为稀见。入选第二批《国家珍贵古籍名录》，名录号 05259。

唐陆宣公集二十四卷

（唐）陆贽撰　明嘉靖二十七年（1548）沈伯咸西清书舍刻本　集部唐五代别集类　八册
山东省图书馆藏

九行十八字，白口，左右双边，版框 19 厘米 ×13.7 厘米，开本 29.2 厘米 ×19 厘米。

陆贽（754—805），字敬舆，嘉兴（今属浙江）人。唐代政治家、文学家。唐代宗大历八年（773）进士，德宗贞元八年（792）为相，后被贬，卒于任所。贞元八年，陆贽主持科试，录取韩愈等人才为进士，世人赞为“龙虎榜”。后世司马光、苏轼、王夫之等均对其推崇备至。此本为明沈氏西清书舍刻本，较为稀见。原系海源阁藏书。钤有“秦氏之书”“紫峰”“笑竹书屋”等印。入选第二批《国家珍贵古籍名录》，名录号 05274。

韓文卷之一

明巡按直隸監察御史南平游居敬校

賦

感二鳥賦

貞元十一年五月戊辰愈東歸癸酉自潼關出息于河之陰時始去京師有不遇時之歎見行有籠白烏白鸜鵒而西者號於道曰某土之守音狩某官使使去聲者進於天子東西行者皆避路莫敢正目焉因竊自悲幸生天下無事時承先人之遺業不識干戈耒耜攻守耕穫之勤讀書著文自七歲至今凡二十二年其行已不敢有愧於道其閒居思念前古當今之故亦僅志其一二大者焉選舉於有司

韩文四十卷外集十卷遗集一卷

（唐）韩愈撰 **集传一卷** 明嘉靖十六年（1537）游居敬刻韩柳文本 集部唐五代别集类 六册 山东师范大学图书馆藏

十一行二十二字，小字双行同，白口，左右双边，版框 19.1 厘米×13.3 厘米，开本 26.7 厘米×5.9 厘米。

此本是明刻韩文白文本的代表，书内省去了各种评注，仅保留原文。系时任监察御史的游居敬于嘉靖十六年在宁国府刊刻而成，同时刊刻的还有《柳文》。嘉靖三十五年（1556），莫如是曾据游本重刻。游居敬（1509—1571），字行简，号可斋，南平（今福建省南平市）人。嘉靖十一年（1532）进士，官至都察院副都御史、云南巡抚。钤有“熙印”“江春”“震泽杨叔梅藏书记”“庆集堂图书”“笑读古人书”“品高”等印。有批校。入选第二批《国家珍贵古籍名录》，名录号 05296。

文中子云文乎文乎苟
作云乎哉必也貫乎道

謝氏偽文章五規範本
此語

韓文序

門人李漢編

文者貫道之器也不深於斯道有至焉者不也易繇爻象春秋書事詩詠謌書禮剔其僞皆深矣乎秦漢已前其氣渾然迨乎司馬遷相如董生楊雄劉向之徒尤所謂傑然者也至後漢曹魏氣象萎薾司馬氏已來規範蕩悉謂易巳下爲古文剽掠潛竊爲工耳文與道蓁塞固然莫知也先生生於大曆戊申幼孤隨兄播遷韶嶺兄卒鞠於嫂氏辛勤來歸自知讀書爲文日記數千百言比壯經書通念曉析酷排釋氏諸史百子皆搜抉無隱汗瀾卓踔奫泫澄深詭然而蛟龍翔蔚然而虎鳳躍鏘然而韶鈞鳴日光玉

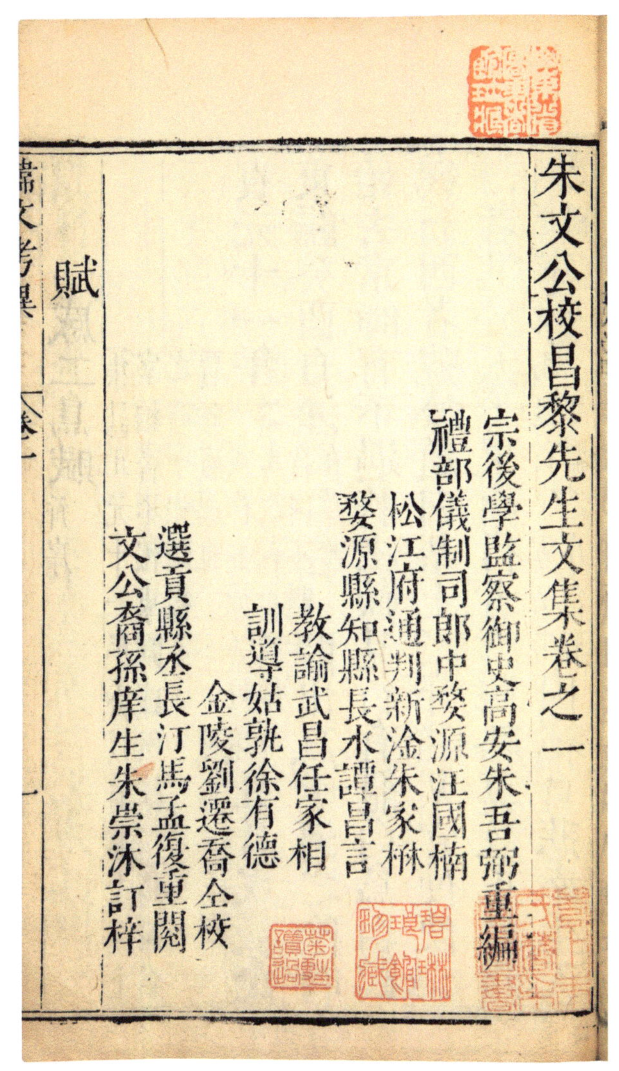

朱文公校昌黎先生文集卷之一

宗後學監察御史高安朱吾弼重編

禮部儀制司郎中婺源汪國楠

松江府通判新淦朱家栻

婺源縣知縣長水譚昌言

教諭武昌任家相

訓導姑孰徐有德

金陵劉還喬仝校

選貢縣丞長汀馬孟復重閱

文公裔孫庠生朱崇沐訂梓

賦

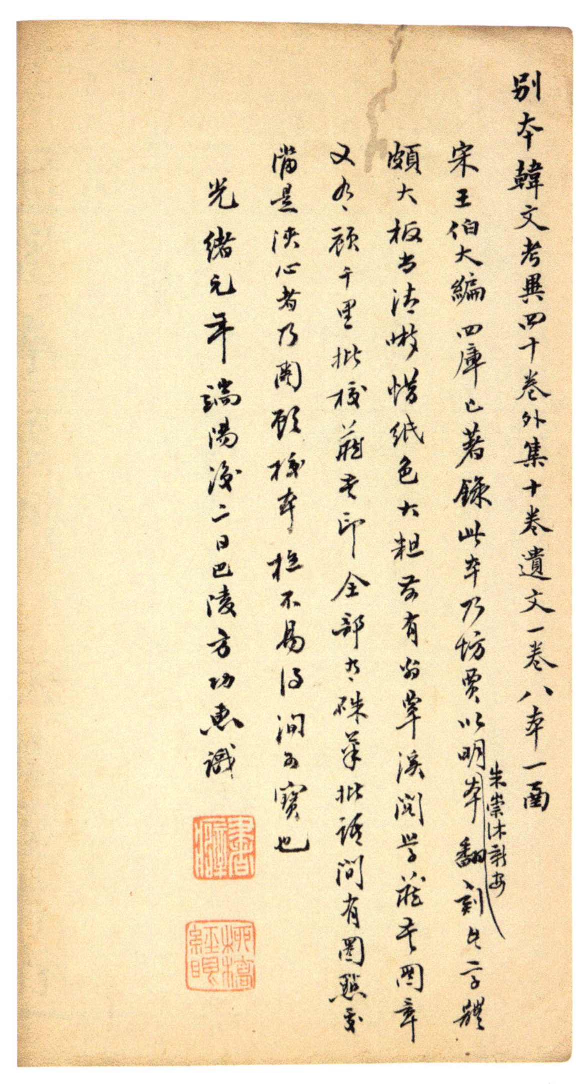

別本韓文考異四十卷外集十卷遺文一卷八本一函

宋王伯大編四庫已著錄此本乃仿費以明本（朱崇沐新安）翻刻之字體

光緒元年端陽後二日巴陵方功惠識

朱文公校昌黎先生文集四十卷外集十卷遗文一卷

（唐）韩愈撰　（宋）朱熹考异　（宋）王伯大音释　**传一卷**　明刻本　集部唐五代别集类　八册　山东省图书馆藏

九行十八字，小字双行同，白口，四周双边，版框 22 厘米 ×15 厘米，开本 26 厘米 ×16.7 厘米。

韩愈（768—824），字退之，河阳（今属河南孟州）人。唐代文学家、儒学家，以继承儒学道统自居，开宋明理学之先声。朱熹推之为古代“五君子”（诸葛亮、杜甫、颜真卿、韩愈、范仲淹）之一，对其诗文做出充分肯定，认为“将《汉书》及韩、柳文熟读，不到不会做文章”。有清顾广圻批校，清方功惠跋。顾广圻（1766—1835），字千里，号涧苹，别号思适居士，元和（今属江苏省苏州市）人。清代最负盛名的校勘学家，手校书籍，均具有较高学术价值。钤有“书癖”“柳桥经眼”“顾广圻印批校藏书”“巴陵方氏宝藏”“北平翁方纲藏书印”等印。入选第二批《国家珍贵古籍名录》，名录号 05332。

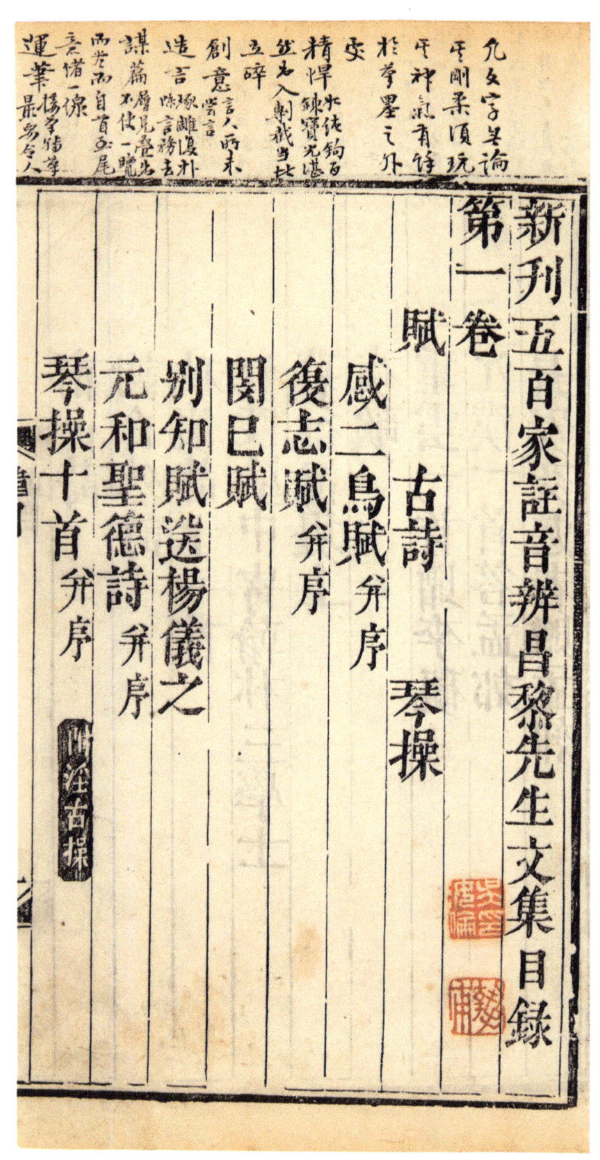
新刊五百家註音辯昌黎先生文集目錄

第一卷

賦　古詩　琴操

感二鳥賦并序

復志賦并序

閔己賦

別知賦送楊儀之

元和聖德詩并序

琴操十首并序

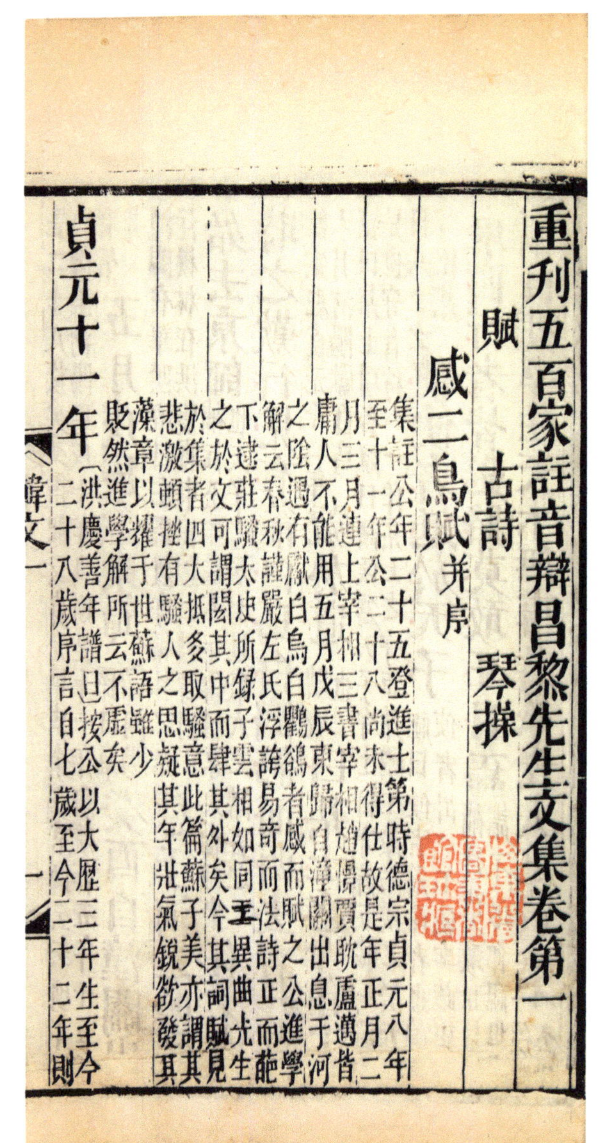
重刊五百家註音辯昌黎先生文集卷第一

賦　古詩　琴操

感二鳥賦并序

集註公年二十五登進士第時德宗貞元八年至十一年公二十八尚未得仕故是年正月二月三月進上宰相三書宰相趙憬賈耽盧邁皆不能用五月戊辰東歸自潼關出息于河之陰遇有獻白烏白鸜鵒者感而賦之公進學解云春秋謹嚴左氏浮誇易奇而法詩正而葩下逮莊騷太史所錄子雲相如同工異曲先生之於文可謂閎其中而肆其外矣今其詞賦見於集者四大抵多取騷意此篇蘇子美亦謂其悲激頓挫有騷人之思疑其年壯氣銳欲發其藻章以耀于世蘇語雖少貶然進學解所云不虛矣

貞元十一年（洪慶善年譜曰按公以大歷三年生至今二十八歲序言自七歲至今二十二年則

重刊五百家注音辩昌黎先生文集四十卷

（唐）韩愈撰　（宋）魏仲举辑注　清乾隆四十九年（1784）刻本　集部唐五代别集类　十二册　山东省图书馆藏

十行十八字，小字双行二十三字，白口，左右双边，版框 19.6 厘米 ×12.5 厘米，开本 24.5 厘米 ×15 厘米。

韩愈简介见前。韩愈的儒学思想及其诗文创作实践对宋人产生巨大影响，两宋时期由宋儒校勘、笺注的韩集数不胜数。南宋宁宗庆元六年（1200），福建建安人魏仲举汇编并刊印了《重刊五百家注音辩昌黎先生文集》。该书征引广博，傅增湘曾赞云“读韩集者，若求集注，当以魏仲举本为优”。此本为清乾隆精刻本，有桐城派代表人物吴汝纶批校。钤有“吴汝伦印”“挚甫”等印。入选第二批《国家珍贵古籍名录》，名录号 05336。

韓文公文抄卷之一

進撰平淮西碑文表

不獨碑文冠當時而表亦壯

臣某言伏奉正月十四日勑牒以收復淮西羣臣請刻石紀功明示天下爲將來法式陛下推勞臣下允其志願使臣撰平淮西碑文者聞命震駭心識顛倒非其所任爲愧爲恐經涉旬月不敢措手竊惟自古神聖之君既立殊功異德卓絶之跡必有奇能博辯之士爲時而生持簡操筆從而寫之各有品章條貫

韓文　卷一　一

韩文公文抄十六卷

（唐）韩愈撰　（明）茅坤评　明刻朱墨套印本　集部唐五代别集类　四册　山东省图书馆藏

九行二十字，白口，四周单边，版框 21.1 厘米×14.7 厘米，开本 27 厘米×17.7 厘米。

韩愈简介见前。茅坤简介见《史记钞》。是书为明代套印本，将韩文与茅坤评语分色套印，朱墨粲然。入选第二批《国家珍贵古籍名录》，名录号 05352。

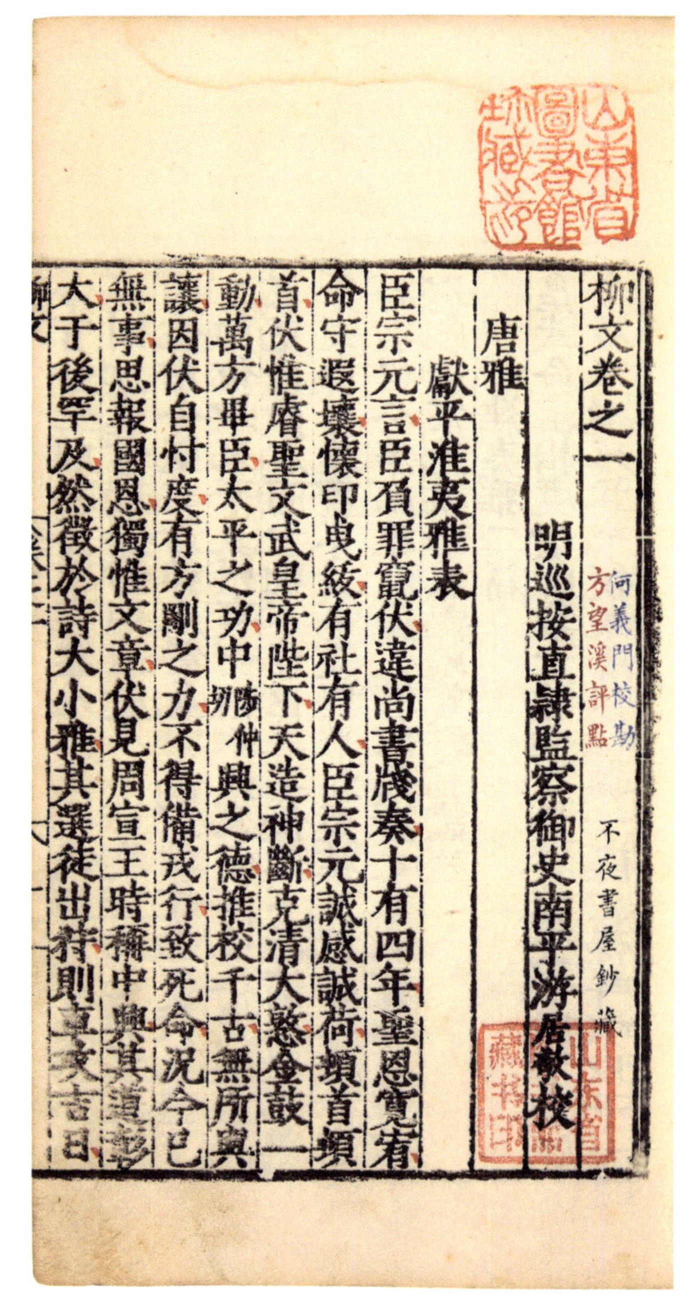
柳文卷之一　明巡按直隸監察御史南平游居敬校
唐雅
獻平淮夷雅表
臣宗元言臣負罪竄伏違尚書牋奏十有四年聖恩寬宥
命守遐壤懷印曳紱有社有人臣宗元誠惑誠荷頓首頓
首伏惟睿聖文武皇帝陛下天造神斷克清大憝金鼓一
動萬方畢臣太平之功中興之德推校千古無所與
讓因伏自忖度有方剛之力不得備戎行致死命況今已
無事思報國恩獨惟文章伏見周宣王時稱中興其道彰
大于後罕及然徵於詩大小雅其選徒出狩則車攻吉日

柳文四十三卷别集二卷外集二卷

（唐）柳宗元撰　**附录一卷**　明嘉靖十六年（1537）游居敬刻韩柳文本　集部唐五代别集类　十二册　山东省图书馆藏

十一行二十二字，白口，左右双边，版框 19.2 厘米 ×13.5 厘米，开本 26.7 厘米 ×16.7 厘米。

柳宗元（773—819），字子厚，河东（今属山西运城）人。唐代文学家、儒学家。与韩愈并称为“韩柳”，两人同为中唐古文运动的倡导者。此本与前《韩文》同为明嘉靖十六年游居敬刻本。清曹奭录清何焯、清方苞批校。钤有“郭氏晚学斋藏书之印”等印。入选第二批《国家珍贵古籍名录》，名录号 05369。

河東先生集卷第一

雅詩歌曲

獻平淮夷雅表一首 按詩宣王能興衰撥亂命召公平淮夷注云淮夷東國在淮浦而夷行也元和十二年十月癸酉平吳元濟在淮蔡故曰淮夷蓋公擬江漢之詩而作也與韓文公平淮西碑同時作先儒穆伯長云韓元和聖德平淮西柳雅章之類皆辭嚴義偉制述如經能萃然聳唐德於盛漢之表談藪云論柳文者皆以謂封建論退之所無淮西雅韓文不逮

臣宗元言臣負罪竄伏違尚書牋奏十有四

河东先生集四十五卷外集二卷龙城录二卷

（唐）柳宗元撰　**附录二卷传一卷**　明郭云鹏济美堂刻本　集部唐五代别集类　二十册　山东省图书馆藏

九行十七字，细黑口，四周双边，版框 20.3 厘米 ×13.7 厘米，开本 25.6 厘米 ×16.8 厘米。

柳宗元简介见前。此本为明嘉靖郭氏济美堂刻本，字体端秀，堪称精刻，存世较少。前人称据南宋廖莹中世綵堂刻本翻刻，实则两本差异较大。此本版心下镌“济美堂”及刻工，各卷后有“东吴郭云鹏校寿梓”牌记。钤有“杨氏家藏”“尊敕堂”“资江陶氏云汀藏书”等印。入选第二批《国家珍贵古籍名录》，名录号 05377。

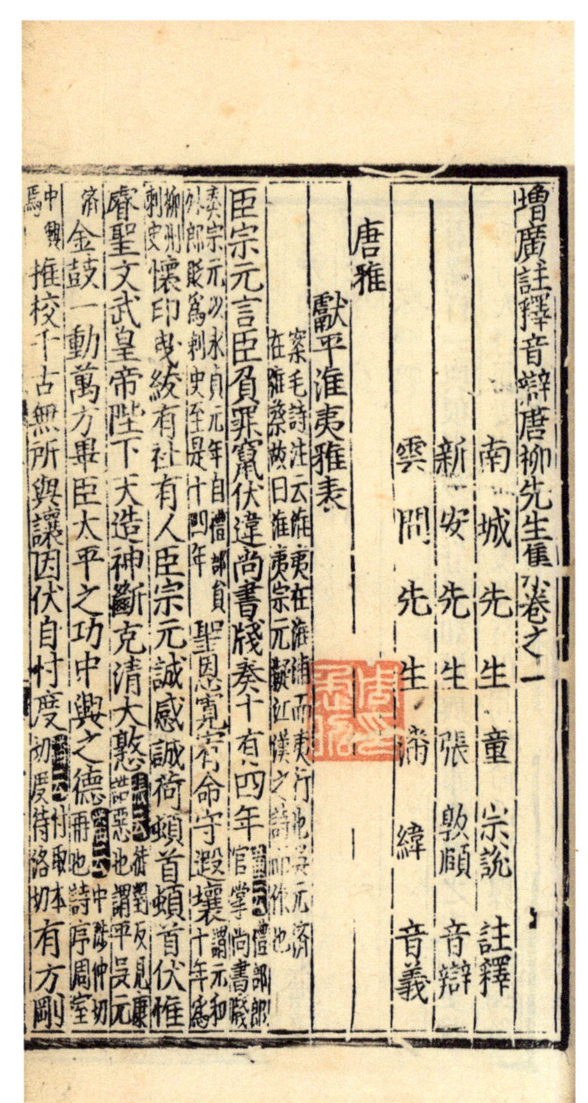
增廣註釋音辯唐柳先生集卷之一

南城先生童宗説註釋

新安先生張敦頤音辯

雲間先生潘緯音義

增广注释音辩唐柳先生集四十三卷别集二卷外集二卷

（唐）柳宗元撰　（宋）童宗说注释　（宋）张敦颐音辩　（宋）潘纬音义　**附录一卷**

明正德十年（1515）张景旸、胡韶、刘玉刻本　集部唐五代别集类　五册　存二十一卷（一至二十一）　山东大学图书馆藏

十三行二十三字，小字双行同，上下大黑口，四周双边，版框 20.2 厘米 ×12.8 厘米，开本 25.5 厘米 ×15 厘米。

柳宗元简介见前。童宗说，生卒年不详，字梦弼，建昌军南城（今属江西）人。宋绍兴二十一年（1151）进士，官袁州教授。张敦颐（1097—1183），字养正，徽州婺源（今江西省婺源县）人，南宋文献学家与理学家。潘纬，生卒年不详，字仲宝，南宋嘉兴华亭（今上海市松江区）人。此书版本众多，现存有宋刻本、元刻本、明初刻本、明正统十三年（1448）善敬堂刻本等，此本虽非最早，然亦存世无多。钤有“郑氏注韩居珍藏记”“郑杰之印”“周懋昭印”等印。入选第二批《国家珍贵古籍名录》，名录号 05397。

柳文卷之一

與李翰林建書

杓直足下州傳遽至得足下書又於夢得處得足下前次一書意皆勤厚莊周言逃蓬藋者聞人足音則跫然喜僕在蠻夷中比得足下二書及致藥餌喜復何言僕自去年八月來痞疾稍已往時間一二日作今一月乃二三作用南人檳榔餘甘破決壅隔大過陰邪雖敗已傷正氣

柳文卷一　一

柳文七卷

（唐）柳宗元撰　（明）茅坤辑　明刻朱墨套印本　集部唐五代别集类　七册　山东省图书馆藏

八行十八字，白口，四周单边，版框 20.3 厘米 ×14.5 厘米，开本 26.5 厘米 ×17.5 厘米。

柳宗元简介见前。茅坤简介见《史记钞》。是书为明刻套印本，柳宗元文与茅坤评语，分色套印，朱墨粲然。钤有“杨”“香南氏”等印。入选第一批《国家珍贵古籍名录》，名录号 02040。

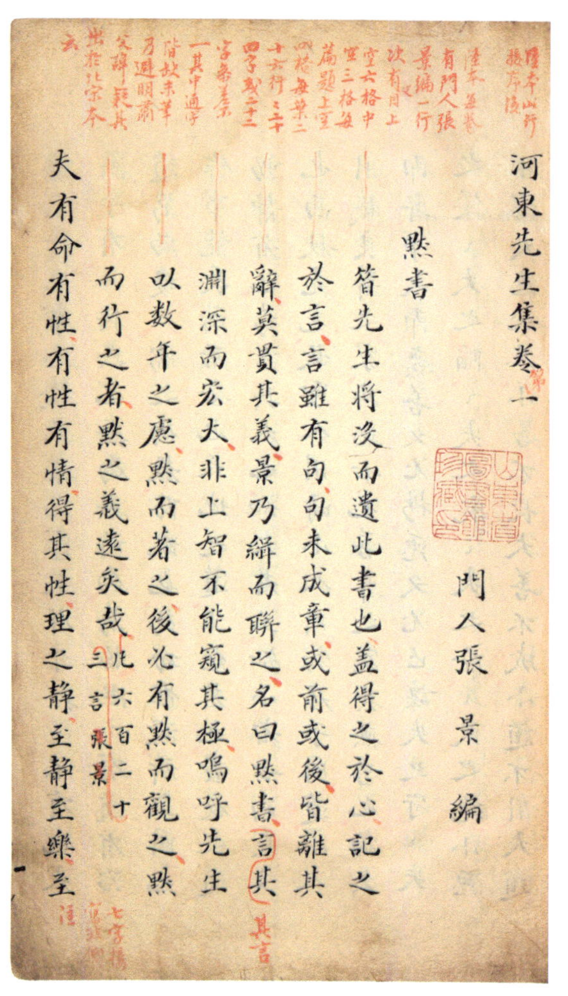
河東先生集卷一

門人張景編

默書

昔先生將没而遺此書也蓋得之於心記之於言雖有句句未成章或前或後皆離其辭莫貫其義景乃緝而聯之名曰默書言其淵深而宏大非上智不能窺其極嗚呼先生以數千之慮默而著之後必有默而觀之默而行之者默之義遠矣哉 凡六百二十三言張景

夫有命有性有性有情得其性理之静至静至樂至

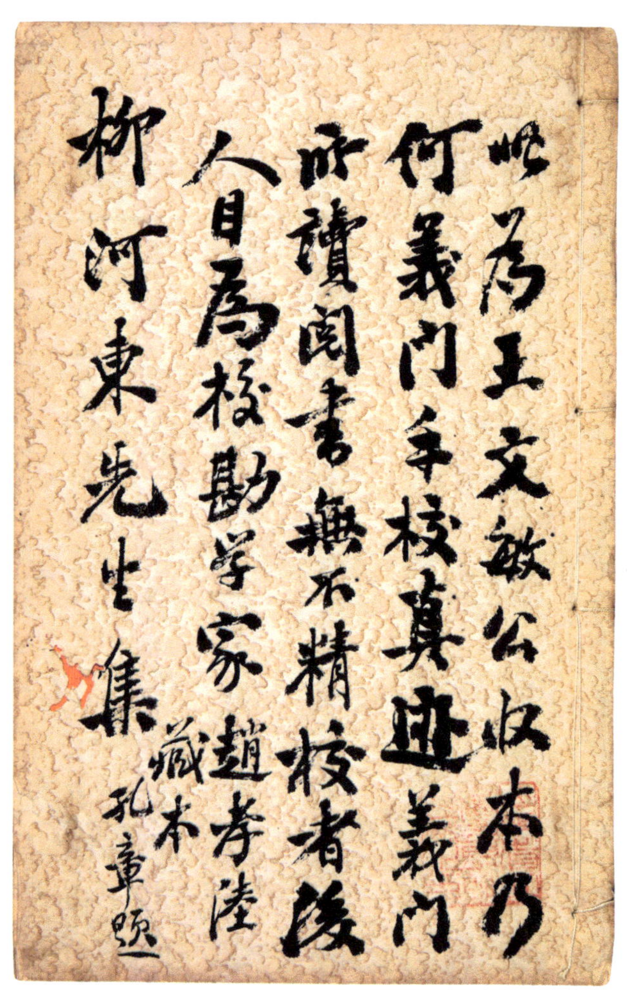
此為王文敏公收本乃何義門手校真迹義門所讀閱書無不精校者後人目為校勘學家趙孝陸藏本

柳河東先生集 孔章題

河东先生集十五卷

（宋）柳开撰　**附录一卷**　清初抄本　集部宋别集类　二册　山东省图书馆藏

十行二十字，开本 26.6 厘米 ×17.1 厘米。

柳开（947—1000），原名肩愈，字绍先，后改名开，字仲涂，号补亡先生，大名（今属河北）人。北宋开宝六年（973）进士，北宋散文家、儒学家，以复兴古道、述作经典自命，是宋代古文运动的先驱。柳开著文颇多，然当时已有散佚，门人张景辑其遗文 15 卷，称《河东先生集》。此本系清初抄本，有清何焯批校并跋。入选第二批《国家珍贵古籍名录》，名录号 05454。

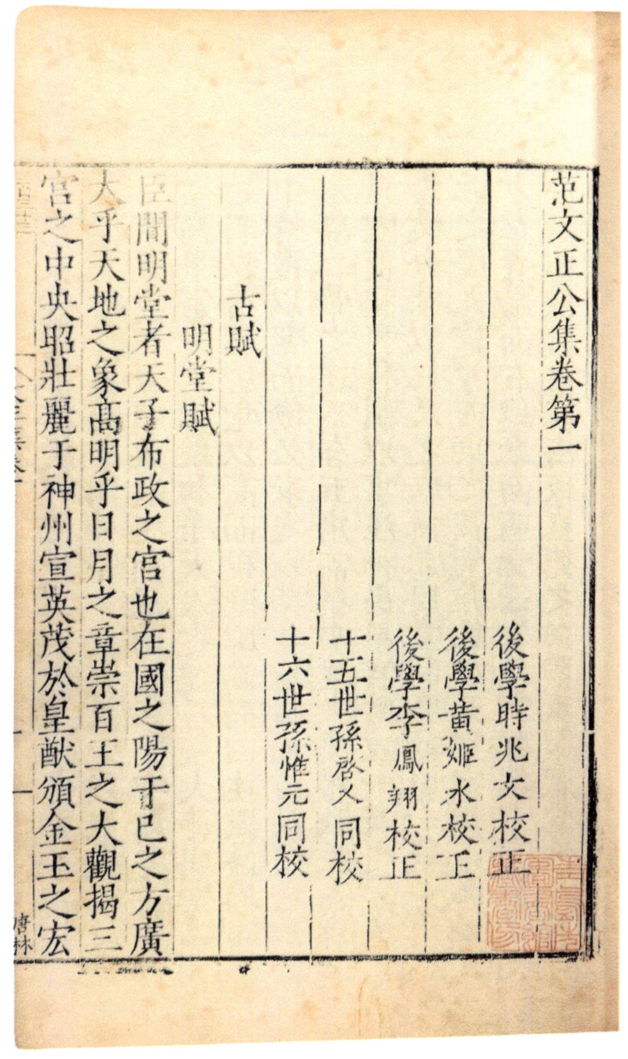
范文正公集卷第一
後學時兆文校正
後學黄姬水校正
後學李鳳翔校正
十五世孫啓文同校
十六世孫惟元同校
古賦
明堂賦
臣聞明堂者天子布政之宫也在國之陽于巳之方廣
大乎天地之象高明乎日月之章崇百王之大觀揭三
宫之中央昭壯麗于神州宣英茂於皇猷頌金玉之宏

范文正公集二十卷别集四卷政府奏议二卷尺牍三卷

（宋）范仲淹撰　**遗文一卷**　（宋）范纯仁（宋）范纯粹撰　**年谱一卷**　（宋）楼钥撰　**年谱补遗一卷祭文一卷褒贤集一卷褒贤祠记二卷诸贤赞颂论疏一卷论颂一卷诗颂一卷遗迹一卷言行拾遗事录四卷鄱阳遗事录一卷义庄规矩一卷**　明嘉靖范惟元等刻本　集部宋别集类　十册　青岛市图书馆藏

十二行二十一字，小字双行同，白口，左右双边，版框 21.6 厘米 ×15.3 厘米，开本 28.3 厘米 ×18.7 厘米。

范仲淹（989—1052），字希文，吴县（今属江苏苏州）人。宋真宗大中祥符八年（1015）进士，历任州县官、枢密副使、参知政事等职，“庆历新政”发起人之一，谥“文正”。此本为明嘉靖间范氏后人据元天历本重刊之范仲淹集，收文集、奏议、书信以及后人所编年谱、祭文、遗事录等，卷端题“后学时兆文校正、后学黄姬水校正、后学李凤翔校正，十五世孙启文同校、十六世孙惟元同校”，苏轼序后亦翻刻元天历篆书牌记。《四部丛刊》初编即据此本影印。入选第二批《国家珍贵古籍名录》，名录号 05465。

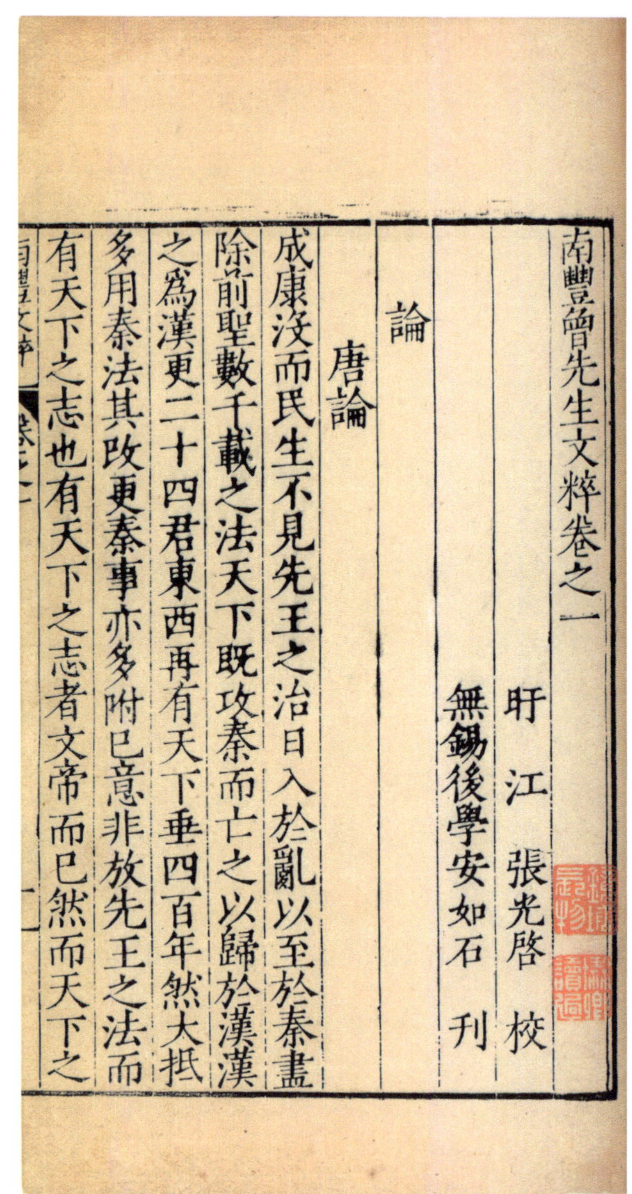
南豐曾先生文粹卷之一
盱江　張光啓　校
無錫後學安如石　刊
論
唐論
成康沒而民生不見先王之治日入於亂以至於秦盡除前聖數千載之法天下既攻秦而亡之以歸於漢漢之爲漢更二十四君東西再有天下垂四百年然大抵多用秦法其改更秦事亦多附己意非放先王之法而有天下之志也有天下之志者文帝而已然而天下之

南丰曾先生文粹十卷

（宋）曾巩撰　明嘉靖二十八年（1549）安如石刻本　集部宋别集类　六册　济南市图书馆藏

十行二十一字，白口，左右双边，版框 20.2 厘米 ×14.4 厘米，开本 27.2 厘米 ×16.8 厘米。

曾巩（1019—1083），字子固，建昌军南丰（今属江西）人，世称“南丰先生”。宋嘉祐二年（1057）进士，历任太平州司法参军、齐州知州、中书舍人等职。曾巩是北宋中期著名的文学家，“唐宋八大家”之一。此本为明嘉靖时所刻曾巩诗文集，篇目多于宋刻本《曾南丰先生文粹》，字体刊刻颇为整饬，笔画斩方，纸白墨浓，是较为典型的嘉靖本。钤有“镜塘长物”“协卿读过”“杨氏海源阁藏”“杨端勤公仲子”等印。入选第二批《国家珍贵古籍名录》，名录号 05493。

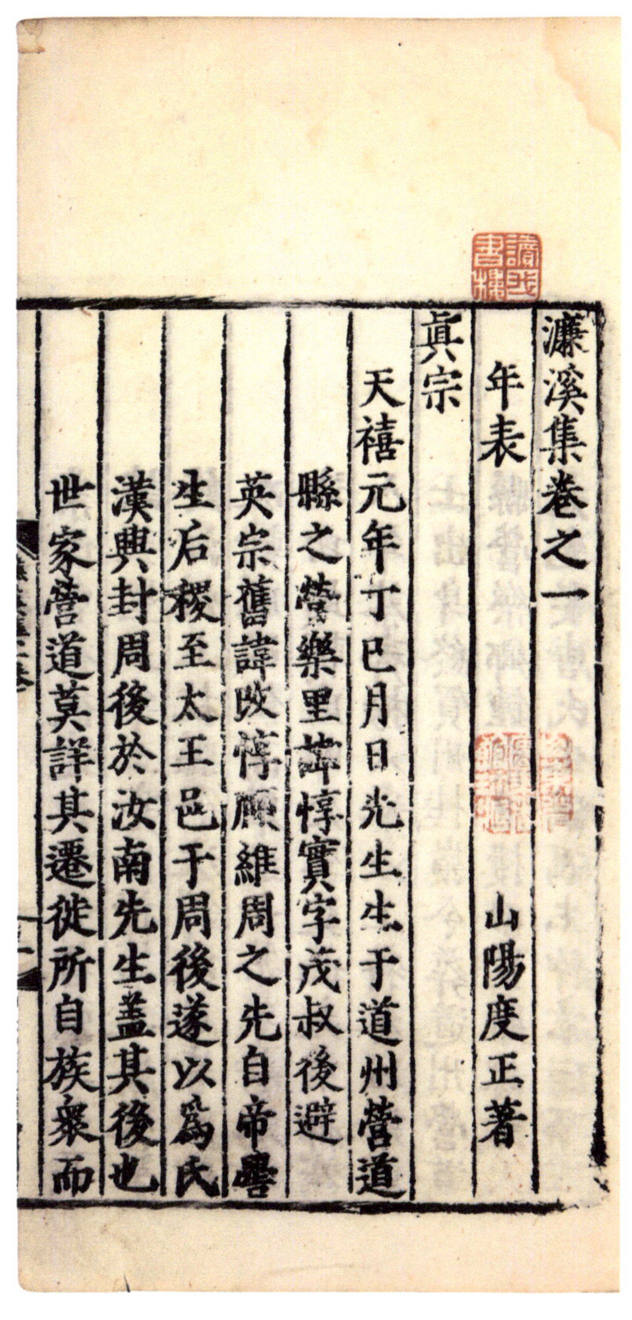

濂溪集卷之一

年表　　山陽度正著

眞宗

天禧元年丁巳月日先生生于道州營道縣之營樂里諱惇實字茂叔後避英宗舊諱改惇頤維周之先自帝嚳生后稷至太王邑于周後遂以爲氏漢興封周後於汝南先生葢其後也世家營道莫詳其遷徙所自族衆而

濂溪集六卷

（宋）周敦颐撰　明嘉靖十四年（1535）黄敏才刻递修本　集部宋别集类　二册　山东省图书馆藏

九行十七字，细黑口，四周单边，版框 20.4 厘米 ×13.5 厘米，开本 28.6 厘米 ×15.9 厘米。

周敦颐（1017—1073），原名敦实，因避宋英宗旧讳改名敦颐，字茂叔，号濂溪，道州营道（今属湖南道县）人。北宋儒学家、文学家，理学开创者之一，宋明理学中之“濂学”即由周敦颐而得名。本书为明嘉靖十四年刻本，存世较少，在周敦颐文集的编纂流传史上有承上启下的重要地位。钤有“读我书楼”等印。入选第二批《国家珍贵古籍名录》，名录号 05500。

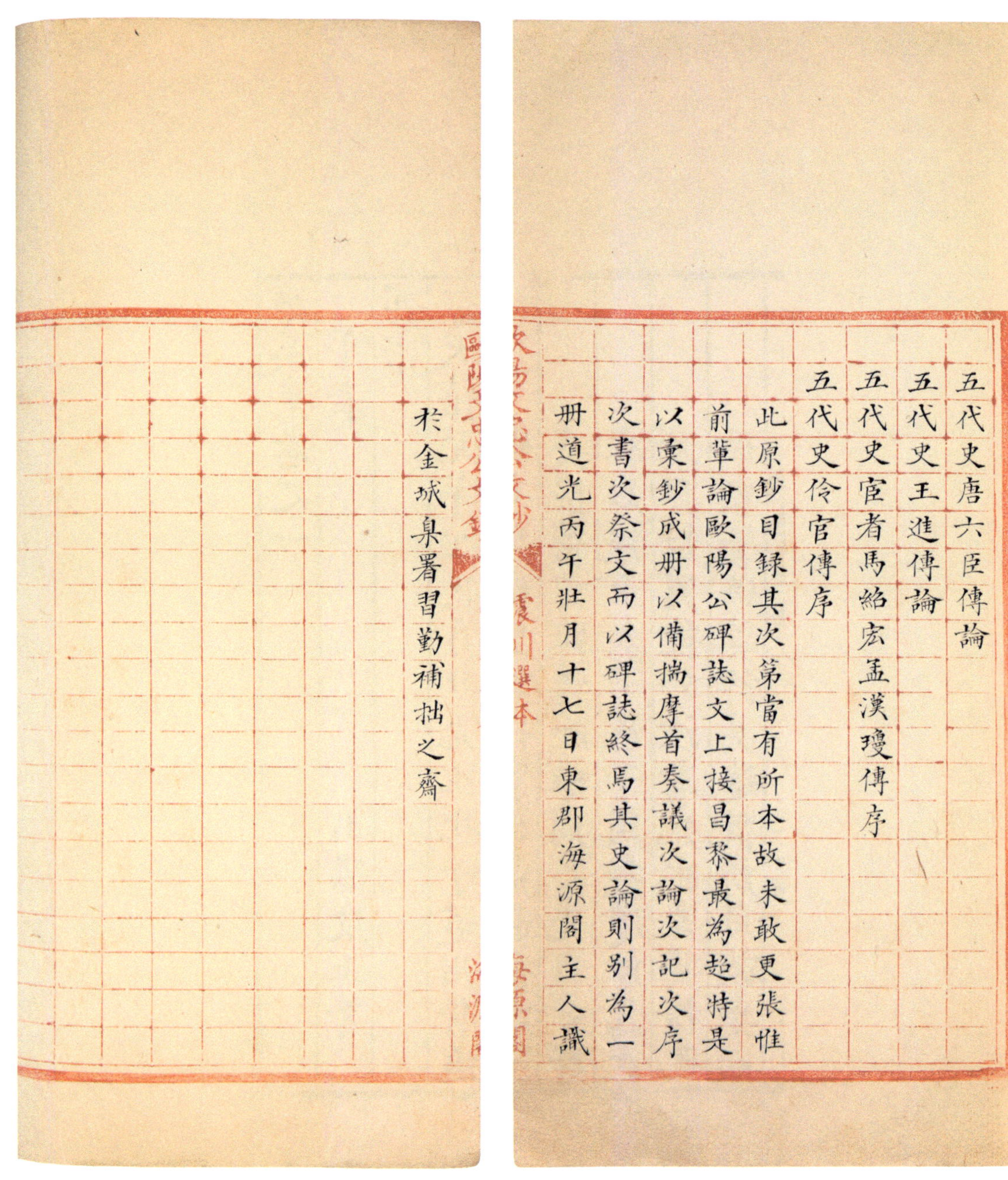

震川先生评选欧阳文忠公文钞不分卷

（宋）欧阳修撰　（明）归有光辑并评　清末杨氏海源阁抄本　集部宋别集类　四册　山东省图书馆藏

九行二十字，红格，白口，四周双边，版框19.8厘米×13.2厘米，开本29.8厘米×16.5厘米。

欧阳修简介见《欧阳文忠公毛诗本义》。归有光（1507—1571），字熙甫，别号震川，又号项脊生，世称“震川先生”，昆山（今属江苏）人。明代散文大家，时人称之为“今之欧阳修”。此为归有光评选之欧阳修文，清末海源阁抄本。入选第二批《国家珍贵古籍名录》，名录号05534。

范忠宣公文集卷第一

後學時兆文校正
後學黃姬水校正
後學李鳳翔校正
十五世孫啓乂同校
十六世孫惟元同校

古賦二首

秋風吹汝水賦（時作襄城宰汝州太守席上賦）

歲作噩之窮秋兮策羸驂而獨征嗟旅懷之羈憤兮感時律之崢嶸遵汝流之縈紆兮背嵩峯之翠橫號霜風之憭慄兮肅天地而淒清獵葭葦于晚岸兮雜紅翠之

范忠宣公文集二十卷

（宋）范纯仁撰　明嘉靖范惟元等刻本　集部宋别集类　四册　青岛市图书馆藏

十二行二十一字，小字双行同，白口，左右双边，版框 21.6 厘米 ×15.3 厘米，开本 28.3 厘米 ×18.7 厘米。

范纯仁（1027—1101），字尧夫，吴县（今属江苏苏州）人。范仲淹次子。宋仁宗皇祐元年（1049）进士，除官不赴，父殁方出仕，后历任多官，反对王安石变法，但亦反对司马光之矫枉过正，徽宗年间卒，谥“忠宣”。此本为明嘉靖间范氏后人据元天历本重刊《范文正公集》时一并重刊，全书二十卷，含范纯仁所作诗、赋、表、奏议、祭文、墓志等。入选第二批《国家珍贵古籍名录》，名录号 05535。

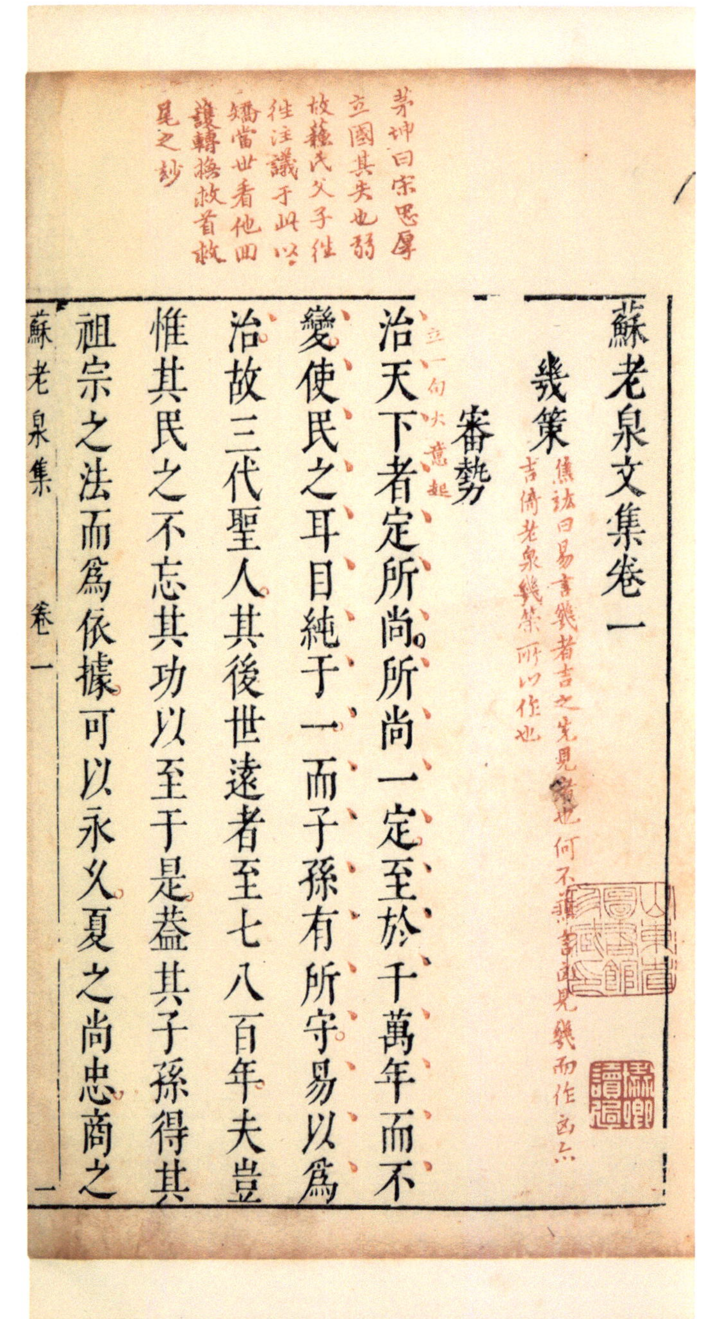

苏老泉文集十三卷

（宋）苏洵撰　（明）茅坤（明）焦竑等评　明凌濛初刻朱墨套印本　集部宋别集类　六册　山东省图书馆藏

八行十八字，白口，四周单边，版框 20.1 厘米 ×14.8 厘米，开本 29.2 厘米 ×18.7 厘米。

苏洵简介见《批点孟子书》。苏洵擅长于散文，尤其擅长政论，议论明畅，笔势雄健。此本为明代凌氏刻朱墨套印本。有刻工。钤有“协卿读过”“杨氏海源阁藏”“保彝私印”等印。入选第二批《国家珍贵古籍名录》，名录号 05542。

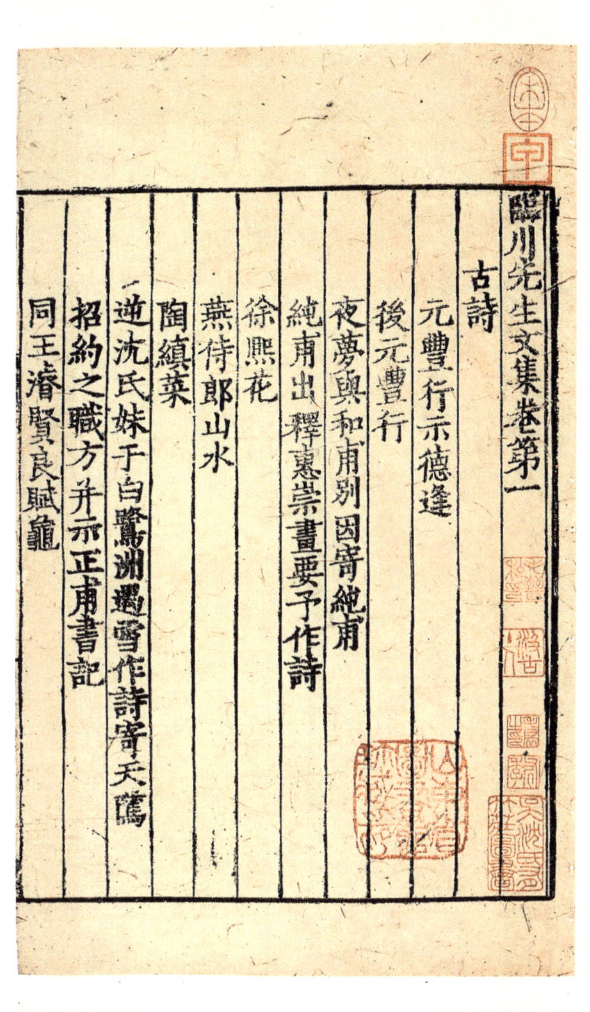
臨川先生文集卷第一

古詩

元豐行示德逢

後元豐行

夜夢與和甫別因寄純甫

純甫出釋惠崇畫要予作詩

徐熙花

燕侍郎山水

陶縝菜

送沈氏妹于白鷺洲遇雪作詩寄天騭

招約之職方并示正甫書記

同王濬賢良賦龜

临川先生文集一百卷目录二卷

（宋）王安石撰　宋绍兴二十一年（1151）两浙西路转运司王珏刻元明递修本　集部宋别集类　四十册　山东省图书馆藏

十二行二十字，小字双行二十一、二十二字不等，白口或黑口，左右双边，版框20.5厘米×16厘米，开本29.9厘米×19.2厘米。

王安石（1021—1086），字介甫，号半山，抚州临川（今属江西）人。北宋著名政治家、儒学家、文学家。王安石究心经学，著书立说，被誉为通儒，门生众多，创立“荆公新学”，使儒学发展到一个新阶段。此书为王安石曾孙王珏刻于两浙西路转运司，是明嘉靖刘氏安正堂本、应云鸑本、何迁本，隆庆五年（1571）宗文堂本、万历四十年（1612）光启堂本等的共同祖本。此本为入明以后印本。有刻工：陈忠、李祥、项中等。钤有“吴沈氏有竹庄图书”“宋本”“甲”“毛晋私印”“子晋”“毛扆之印”“斧季”“鼎伯”“汲古阁”“汲古主人”“息园珍藏”“杨元吉”“吉玉庐”“乐”“黄平乐嘉荃所藏经史百家善本”等印。入选第二批《国家珍贵古籍名录》，名录号03127。

之難自非劉向揚雄莫勝其任吾今所挍本仍閩浙
之故耳先後失次訛舛尚多念少遲之盡更其失而
慮歲之不我與也計爲之何客曰不然皐蘇不世出
天下未嘗廢律劉揚不世出天下未嘗廢書凡吾所
爲將以備臨川之故事也以小不備而忘其大不備
士夫披閱終無時矣明牕淨榻永晝清風日思誤書
自是一適若覽而不覺其誤孫而不能思思而不能
得雖劉揚復生將如彼何哉詹子曰善客其爲我志
之十年五月戊子豫章黃次山季岑父序

臨川先生文集總目録上

第一卷

古詩

元豐行示徳逢
後元豐行
夜夢與和甫別因寄純甫
純甫出釋惠崇畫要予作詩
徐熙花
燕侍郎山水
陶縝菜
遊沈氏妹于白鷺洲遇雪作詩寄天騭
招約之職方并示正甫書記

東坡文選第一卷

賦

天慶觀乳泉賦

陰陽之相化天一爲水六者其壯而一者其穉也夫物老死於坤而萌芽於復故水者物之終始也意水之在人寰也如山川之蓄雲草木之含滋漠然無形而爲往來之氣也爲氣者水之生而有形者其死也死者鹹而生者甘甘者能往能來而鹹者一出而不復返此陰陽之理也吾何以知之盖嘗求之於身而

卷一

东坡文选二十卷

（宋）苏轼撰　（明）钟惺辑并评　明闵氏刻朱墨套印本　集部宋别集类　八册　山东省图书馆藏

九行二十字，白口，四周单边，版框 21.1 厘米×14.7 厘米，开本 26.8 厘米×17.9 厘米。

苏轼（1037—1101），字子瞻，又字和仲，号东坡居士，眉州眉山（今属四川）人。宋嘉祐元年（1056）进士。与父苏洵、弟苏辙并以文学著称于世，世称“三苏”，均被列入“唐宋八大家”。此为明代钟惺评选的苏轼文集。钟惺（1574—1624），字伯敬，号退谷，湖广竟陵（今属湖北天门）人，明代文学家、诗文评点家。钤有“秋岚”“雪岩”等印。入选第三批《国家珍贵古籍名录》，名录号 08873。

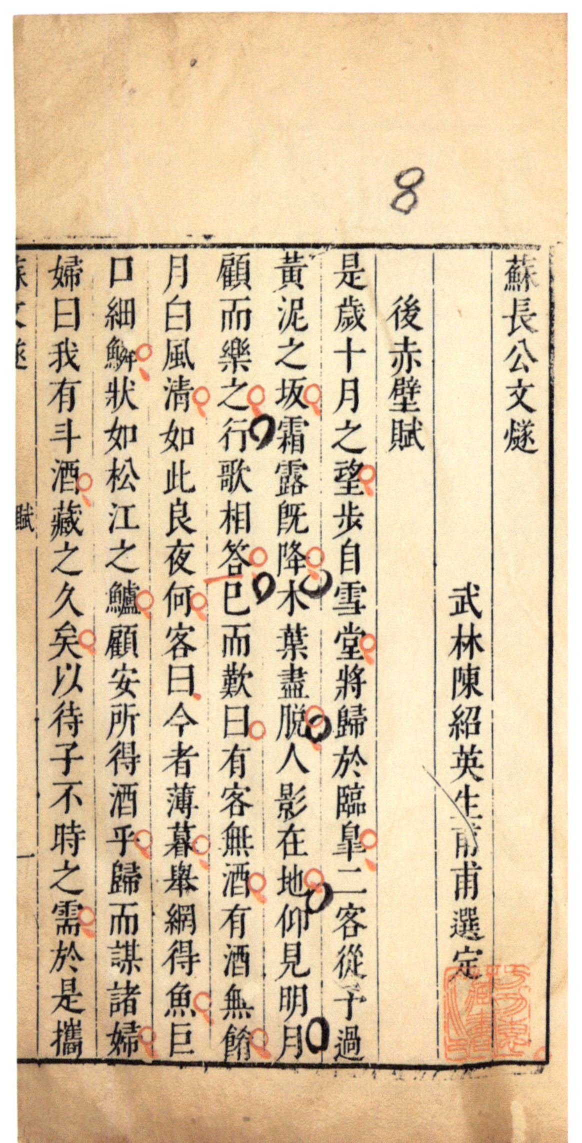

蘇長公文燧

武林陳紹英生甫選定

後赤壁賦

是歲十月之望步自雪堂將歸於臨臯二客從予過黃泥之坂霜露既降木葉盡脫人影在地仰見明月顧而樂之行歌相答已而歎曰有客無酒有酒無餚月白風清如此良夜何客曰今者薄暮舉網得魚巨口細鱗狀如松江之鱸顧安所得酒乎歸而謀諸婦婦曰我有斗酒藏之久矣以待子不時之需於是攜

蘇文燧 賦 一

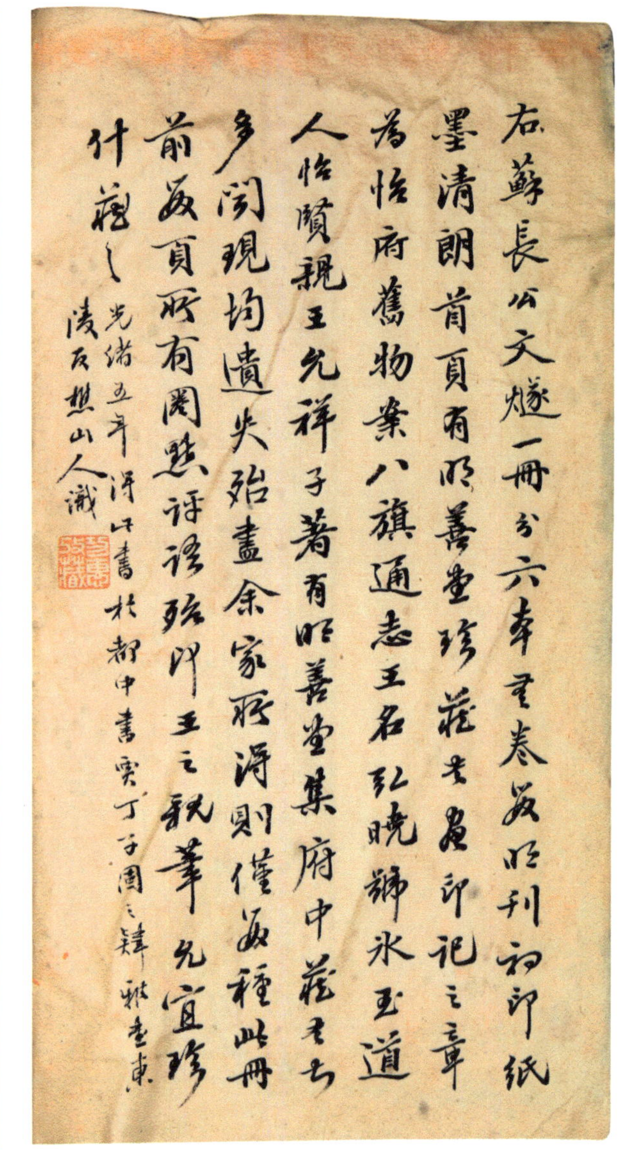

右蘇長公文燧一冊分六本皆崇禎時刊初印紙
墨清朗首頁有明善堂珍藏書畫印記之章
爲怡府舊物案八旗通志王名弘曉號冰玉道
人怡賢親王允祥子著有明善堂集府中藏書之
多閱現均遺失殆盡余家所得則僅此種此冊
前後頁所有圈點評語殆即王之親筆允宜珍
什襲之
光緒五年得此書於都中書賈丁子固之肆秋壺東
陵方楳山人識

苏长公文燧不分卷

（宋）苏轼撰　（明）陈绍英辑　明崇祯四年（1631）陈绍英刻本　集部宋别集类　六册　山东省图书馆藏

九行二十字，白口，四周单边，版框 19 厘米 ×13.1 厘米，开本 26.5 厘米 ×17 厘米。

苏轼简介见前。此书选东坡文二百三十七篇，辑者陈绍英认为“以子瞻之文，任取无穷，而学人取之，不徒为宿火困则可耳”，故取名“文燧”。此本有清怡亲王爱新觉罗·弘晓批校，著名藏书家方功惠跋。钤有“明善堂珍藏书画印记”“巴陵方氏碧琳琅馆珍藏古刻善本之印”“功惠考藏”“方功惠藏书印”。入选第二批《国家珍贵古籍名录》，名录号 05625。

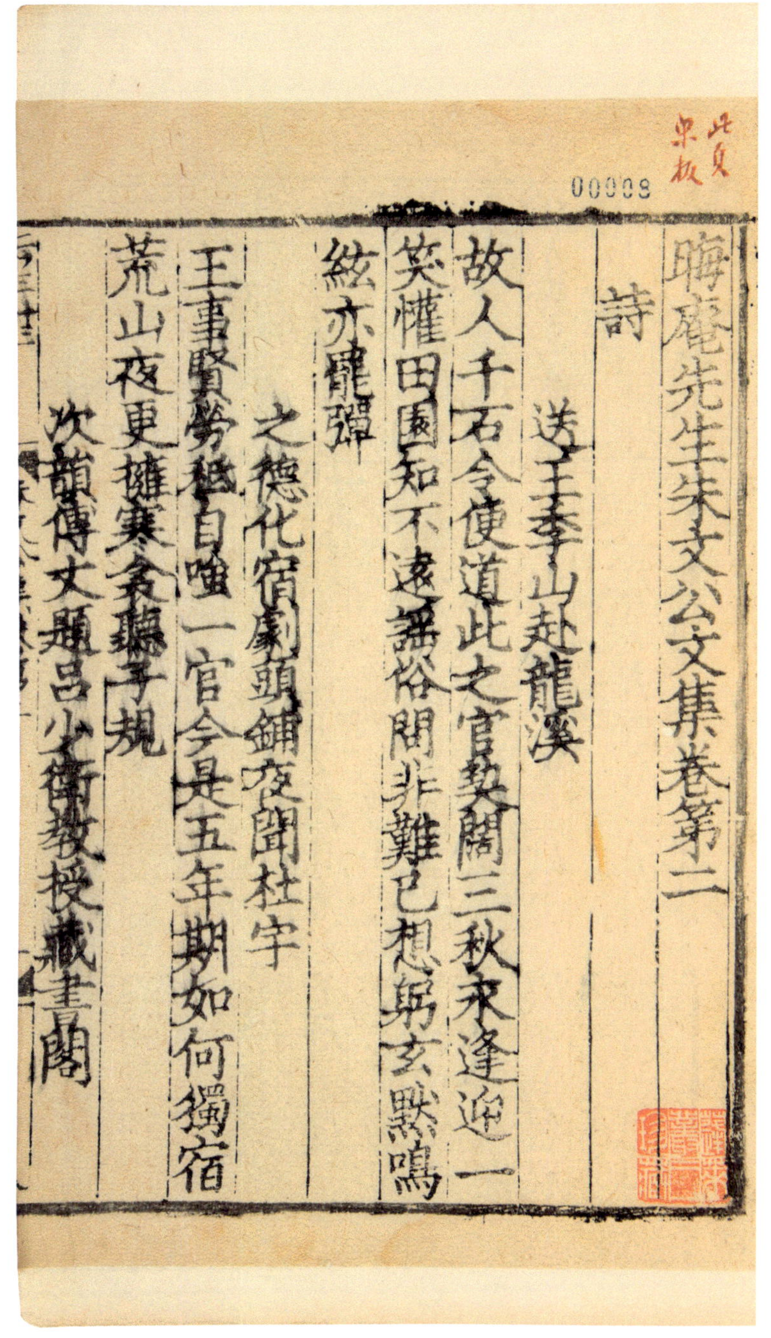

晦庵先生朱文公文集一百卷目录二卷续集十一卷别集十卷

（宋）朱熹撰　宋咸淳元年（1265）建安书院刻宋元明递修本　集部宋别集类　一册　存一卷（二）　青岛市博物馆藏

十行十八字，白口，左右双边，版框 20.8 厘米×32 厘米，开本 28.1 厘米×18.5 厘米。

朱熹简介见《仪礼经传通解》。该书是朱熹诗文集的福建刻本，原为宋刻，历经元、明两代多次递修。有刻工：伯俊。钤有“蓬莱丛三珍藏”“树五藏书”“耕石斋藏”等印。入选第二批《国家珍贵古籍名录》，名录号 03141。

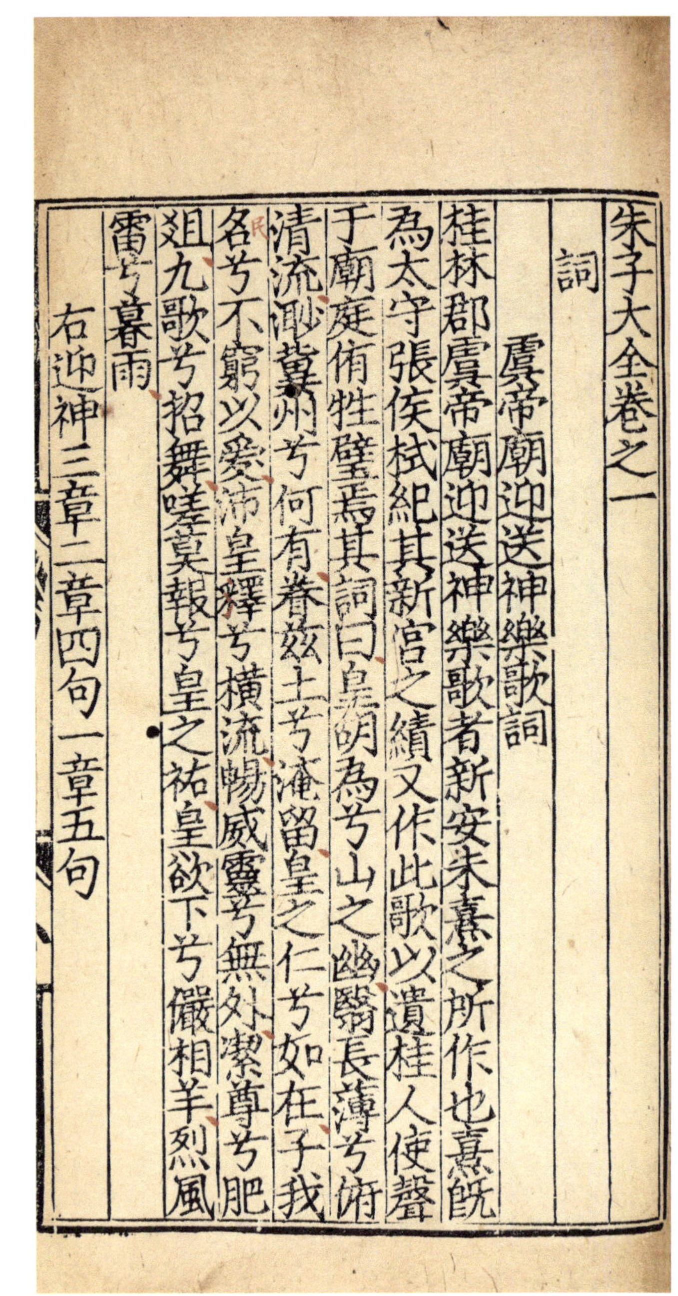

朱子大全卷之一

詞

虞帝廟迎送神樂歌詞

桂林郡虞帝廟迎送神樂歌者新安朱熹之所作也熹既為太守張侯栻紀其新宮之績又作此歌以遺桂人使聲于廟庭侑牲璧焉其詞曰皇胡為兮山之幽翳長薄兮俯清流瀰莽州兮何有眷茲土兮淹留皇之仁兮如在子我名兮不窮以愛沛皇釋兮橫流暢威靈兮無外潔尊兮肥俎九歌兮招舞嗟莫報兮皇之祐皇欲下兮儼相羊烈風雷兮暮雨

右迎神三章二章四句一章五句

朱子大全一百卷目录二卷续集十卷别集十卷

（宋）朱熹撰　明天顺四年（1460）贺沈、胡缉刻本　集部宋别集类　八册　存二十八卷（一至二十六、目录全）　山东师范大学图书馆藏

十一行二十二字，小字双行同，黑口，四周双边，版框 20 厘米 ×13 厘米，开本 25.7 厘米 ×16 厘米。

朱熹简介见《仪礼经传通解》。朱熹著述丰富，诗文集流传版本众多。此为明天顺四年的贺沈、胡缉刊本，是存世较早的朱熹文集版本，属宋闽本系统。时贺沈任建宁府知府，胡缉任建宁府推官。入选第二批《国家珍贵古籍名录》，名录号 05669。

梅溪先生廷試策卷第一

御試策

問蓋聞監于先王成憲其永無愆遵先王之法而過者
未之有也御惟 祖宗以來立經陳紀百度著明細[illegible]
畢舉皆 列聖相授之模為萬世不刊之典 朕纘紹
丕圖恪守 洪業凡一號令一施為靡不稽諸 故實
惟 祖宗成法是憲是若然畫一之禁賞刑之具猶昔
也而奸弊未盡革賦斂之制經常之度猶昔也而財用
未甚裕取士之科作成之法猶昔也而人才尚未盛黜
陟之典訓迪之方猶昔也而官師或未勵其咎安在豈
道雖久而不渝法有時而或弊損益之宜有不可已邪

梅溪先生廷试策一卷奏议四卷文集二十卷后集二十九卷

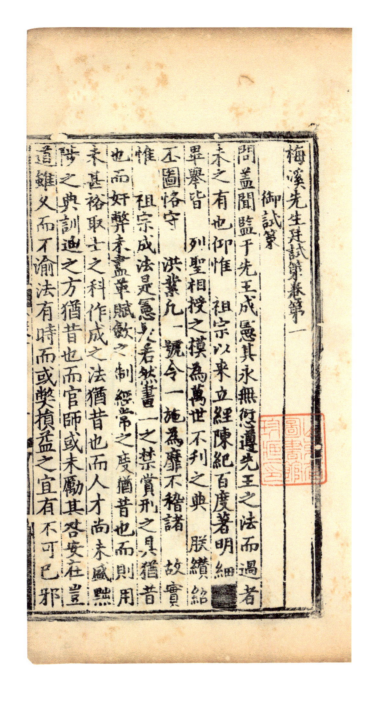

（宋）王十朋撰　**附录一卷**　明正统五年（1440）刘谦、何澋刻天顺六年（1462）重修本
集部宋别集类　十册　山东省图书馆藏

十一行二十一字，大黑口，四周双边，版框 21.5 厘米×13.7 厘米，开本 27 厘米×15.5 厘米。

王十朋（1112—1171），字龟龄，号梅溪，温州乐清（今属浙江）人。南宋诗文学者、爱国名臣。自幼聪慧，宋绍兴二十七年（1157）状元，故诗文、廷试策论均极受后人重视。本书为明正统刻、天顺重修之本，收录王十朋廷试策、奏议、诗文等，传本稀少，刻印精良。有刻工。入选第二批《国家珍贵古籍名录》，名录号 05684。

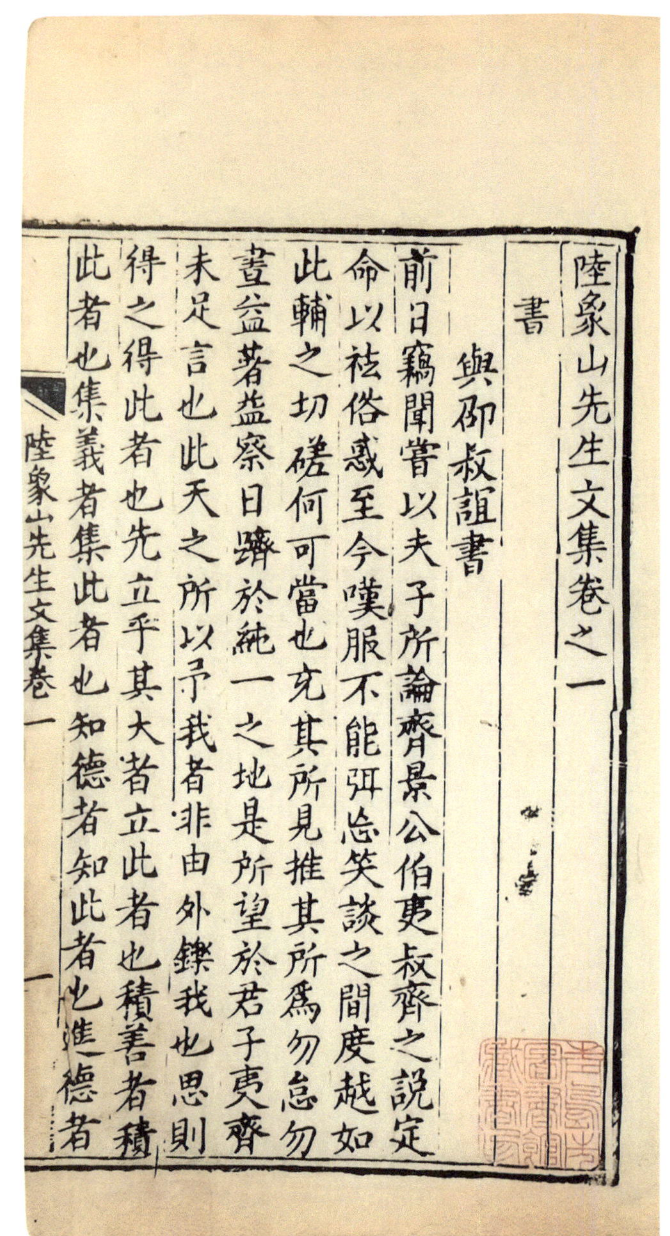
陸象山先生文集卷之一

書

與邵叔誼書

前日竊聞嘗以夫子所論齊景公伯夷叔齊之說定命以祛俗惑至今嘆服不能弭忘笑談之間度越如此輔之切磋何可當也充其所見推其所爲勿怠勿晝益著益察日躋於純一之地是所望於君子夷齊未足言也此天之所以予我者非由外鑠我也思則得之得此者也先立乎其大者立此者也積善者積此者也集義者集此者也知德者知此者也進德者

陸象山先生文集卷一　一

陆象山先生全集三十六卷

（宋）陆九渊撰　明嘉靖三十八年（1559）张乔相刻本　集部宋别集类　二十册　青岛市图书馆藏

十行二十字，白口，四周双边，版框 19.8 厘米 ×12.8 厘米，开本 25.8 厘米 ×16.1 厘米。

陆九渊（1139—1193），字子静，号象山翁，抚州金溪（今属江西）人，世称“象山先生”。宋孝宗乾道八年（1172）进士，“心学”创始人。陆九渊平生主张不立文字，反对著书立说，其语录和诗文等由其子陆持之于宋宁宗开禧元年（1205）汇编成《象山先生集》。该本为明嘉靖年间刻本，包括陆九渊所作诗文、书信、奏表、程文以及门人所记语录、年谱、行状等。入选第四批《国家珍贵古籍名录》，名录号 10653。

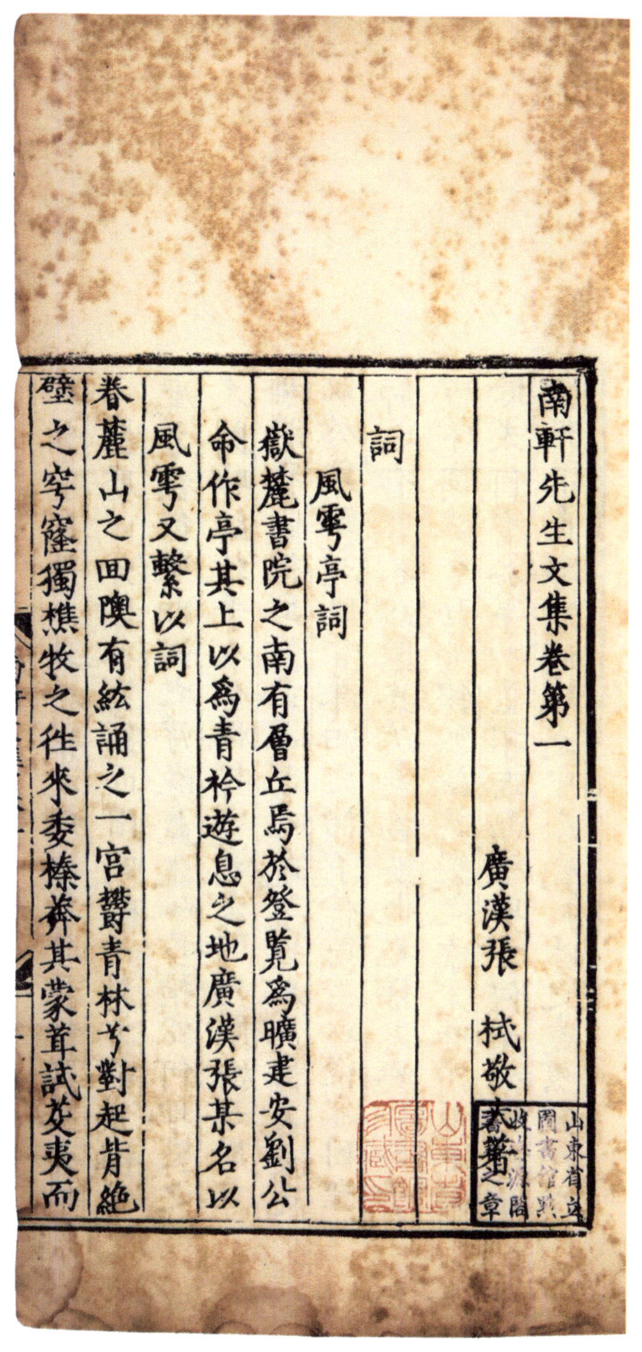

南轩先生文集四十四卷

（宋）张栻撰　明嘉靖缪辅之刻本　集部宋别集类　八册　山东省图书馆藏

十行二十字，白口，四周双边，版框 19.6 厘米×13.3 厘米，开本 29.3 厘米×18.4 厘米。

张栻（1133—1180），字敬夫，号南轩，汉州绵竹（今属四川）人。南宋著名理学家，湖湘学派集大成者，与朱熹、吕祖谦合称“东南三贤”。著有《南轩文集》《南轩易说》等。本书是张栻文集，明嘉靖刻本，较稀见，刻印精美，为海源阁旧藏。入选第二批《国家珍贵古籍名录》，名录号 05709。

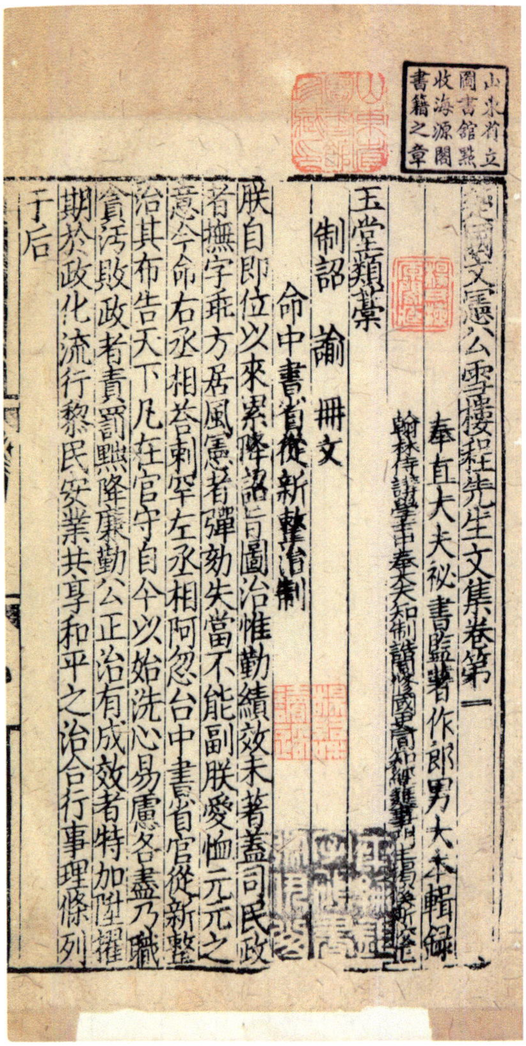

楚国文宪公雪楼程先生文集三十卷附录一卷年谱一卷

（元）程钜夫撰　（元）程世京编　明洪武二十八年（1395）与耕书堂刻本　集部元别集类　十二册　山东省图书馆藏

十三行二十二字，黑口，左右双边，版框 19.1 厘米 ×14 厘米，开本 26.4 厘米 ×15.8 厘米。

程钜夫（1249—1318），初名文海，以字行，号雪楼，建昌南城（今属江西）人。元文学家。宋亡后入大都（今北京），历仕四朝，号为名臣，追封楚国公，谥文宪。著作由其子编为《雪楼集》。此书最早刻于元至正二十三年（1363），甫成十卷，刻未毕而毁。此明洪武刻本为程钜夫集现存最早刻本，存世稀少。此本函套内有清康纶钧跋，书前有杨绍和《跋明本程雪楼集》，曾经康纶均、季振宜、王闻远、杨绍和等人收藏，弥足珍贵。钤有“季振宜藏书”“莲泾”“太原叔子藏书记”“海源阁藏书”“东郡杨氏海源阁藏”“东郡杨氏鉴藏金石书画印”“杨氏海源阁藏”“瀛海仙班”“东郡杨绍和字彦合藏书之印”“彦合珍存”“绍和筠岩”“杨二协卿”“协卿读过”“绍和协卿”等印。入选第一批《国家珍贵古籍名录》，名录号 02087。

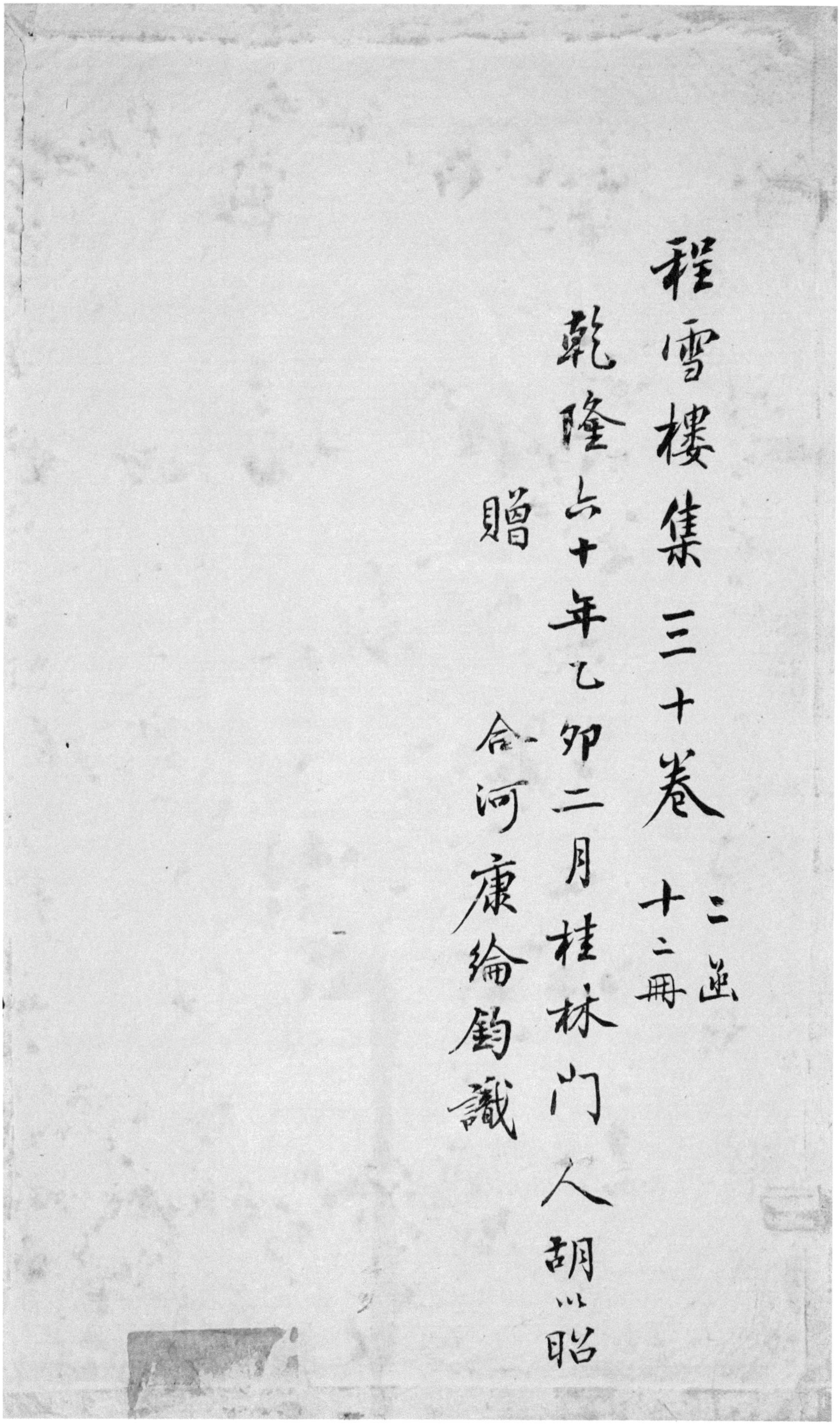

程雪樓集三十卷 二函 十二冊

乾隆六十年乙卯二月桂林門人胡以昭

贈

合河康綸鈞識

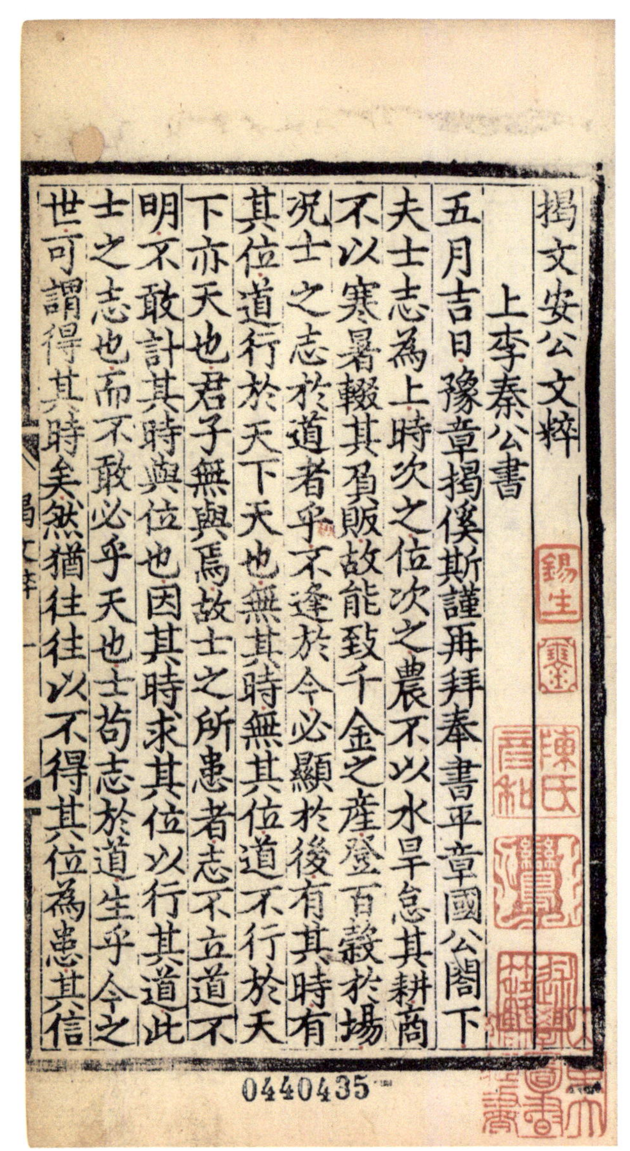
揭文安公文粹

上李秦公書

五月吉日豫章揭傒斯謹再拜奉書平章國公閤下

夫士志爲上時次之位次之農不以水旱怠其耕商不以寒暑輟其負販故能致千金之產登百穀於場況士之志於道者乎不逢於今必顯於後有其時有其位道行於天下天也無其時無其位道不行於天下亦天也君子無與焉故士之所患者志不立道不明不敢計其時與位也因其時求其位以行其道此士之志也而不敢必乎天也士苟志於道生乎今之世可謂得其時矣然猶往往以不得其位爲患其信

0440435

揭文安公文粹一卷

（元）揭傒斯撰　明天顺五年（1461）沈琮广州府学刻本　集部元别集类　一册　山东大学图书馆藏

十一行二十字，黑口，四周双边，版框 18.4 厘米 ×13 厘米，开本 24.6 厘米 ×15.2 厘米。

揭傒斯（1274—1344），字曼硕，号贞文，龙兴富州（今属江西丰城）人。元代著名文学家、书法家、史学家，谥“文安”。揭氏有诗文集若干卷，文集流传颇罕，明天顺时沈琮得杨士奇所选揭文，刻于广州知府任上。沈琮，字公礼，浙江平湖人。明正统七年（1442）进士，曾任南京武库主事，官至广州知府，曾刻印名家诗文集多种。此书刻印较早，海内仅数家收藏。钤有“王受明藏”“锦里王氏图书印”“锡山蕉绿草堂邹氏书画记”“曾在陈彦和处”“柑芳书屋”“陈氏彦和”“锡生”“述簃”“鸾”“孔炳如氏”等印。入选第二批《国家珍贵古籍名录》，名录号 05759。

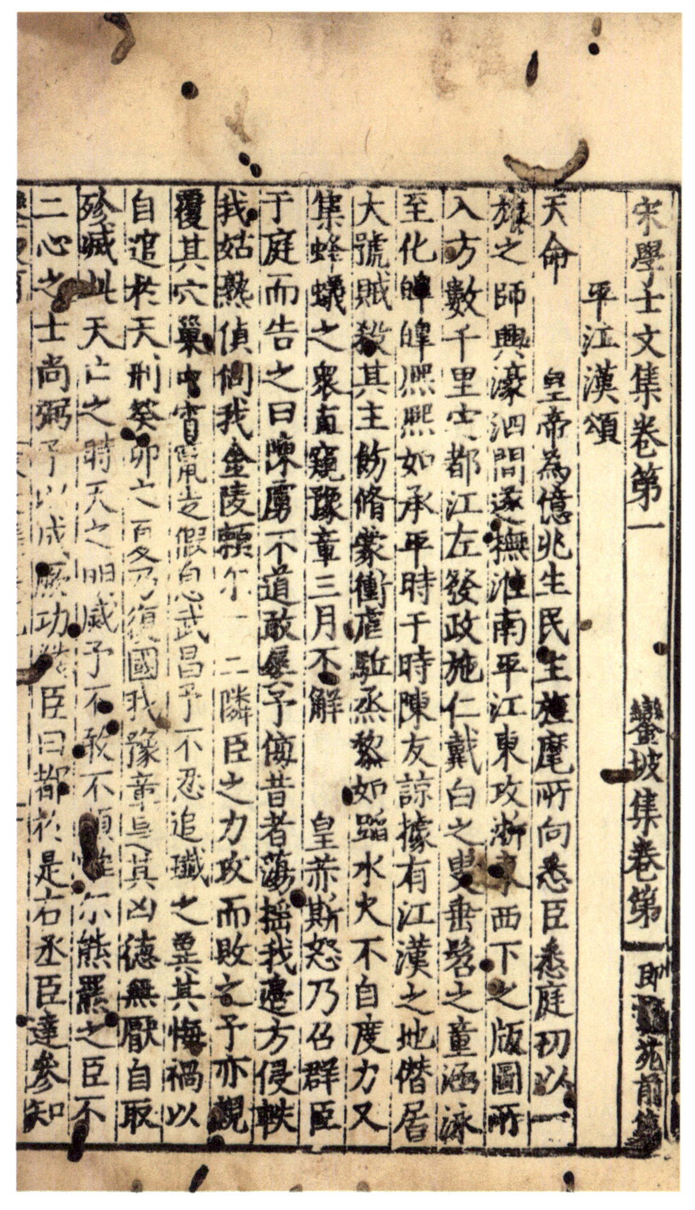

宋学士文集七十五卷

（明）宋濂撰　明正德九年（1514）张缙刻嘉靖四十四年（1565）刘祜重修本　集部明别集类　十二册　山东大学图书馆藏

十四行二十三字，白口，左右双边，版框 20.4 厘米 ×14.5 厘米，开本 26.2 厘米 ×16.7 厘米。

宋濂（1310—1381），字景濂，号潜溪，婺州浦江（今属浙江）人。元末明初文学家，与高启、刘基并称为“明初诗文三大家”，明“开国文臣之首”。宋氏文集在元代即有编刻，此七十五卷本，则系宋濂生前亲手编定，命子宋燧整理缮录而成。张缙“按本翻刻录入”，后人多据此本翻刻，《四部丛刊》初编据以影印。张缙（1439—1524），字朝用，太原（今属山西）人。明成化五年（1469）进士，官至户部左侍郎。钤有“孝陆”“赵氏模𢡟阁收藏图籍书画印”等印。入选第二批《国家珍贵古籍名录》，名录号 05794。

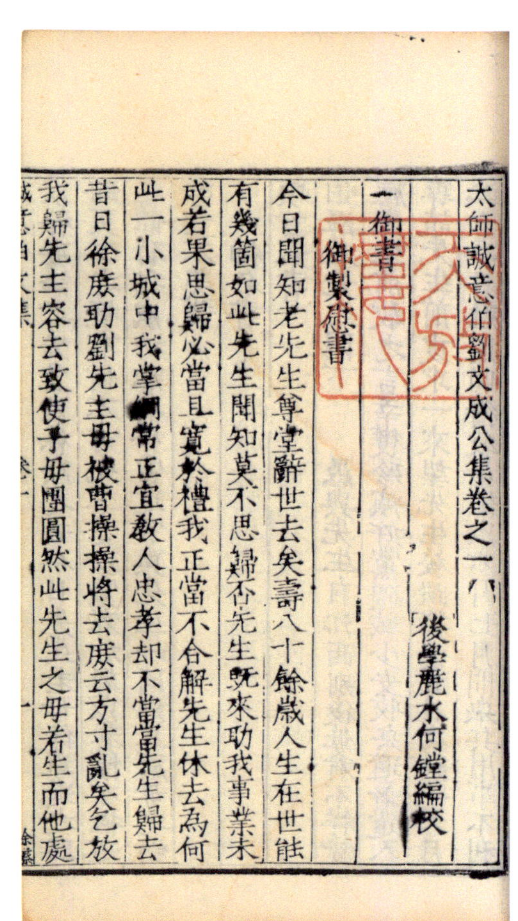
太師誠意伯劉文成公集卷之一

後學麗水何鏜編校

御書

御製慰書

今日聞知老先生尊堂辭世去矣壽八十餘歲人生在世能有幾箇如此先生聞知莫不思歸否先生既來助我事業未成若果思歸必當且寬於禮我正當不合解先生休去為何此一小城中我掌綱常正宜教人忠孝却不當先生歸去昔日徐庶助劉先主母被曹操將去庶云方寸亂矣乞放我歸先主容去致使子母團圓然此先生之母若生而他處

太师诚意伯刘文成公集二十卷

（明）刘基撰　明隆庆六年（1572）谢廷杰、陈烈刻本　集部明别集类　十册　山东大学图书馆藏

十行二十三字，白口，四周双边，版框 20.2 厘米 ×14.2 厘米，开本 25.9 厘米 ×16.5 厘米。

刘基（1311—1375），字伯温，青田（今属浙江）人。元末明初杰出的军事家、政治家、文学家，明开国功臣，封“诚意伯”。著有《郁离子》《覆瓿集》等。刘基文集有单行本与全集本之分，全集本又有合集本与类编本。刘基集的类编本，首次由樊献科、于德昌刊刻于嘉靖三十五年（1556），为十八卷本。此本二十卷，由谢廷杰、陈烈刻于隆庆六年，源于樊本，但内容比樊本有所增加。后世多据此本翻刻，如明崇祯十年（1637）括苍朱葵金陵刻本以及清康熙本等。谢廷杰，字宗圣，号舜卿，新建（今属江西省南昌市）人。嘉靖三十八年（1559）进士，任监察御史，巡抚浙江，另曾刻印过谢一夔《谢文庄公集》等。陈烈，字思绍，福建建安人，嘉靖四十一年（1562）进士，曾任处州知州。佚名朱笔批校。有刻工：张汝德、张汝美、丁大有、邹孙、龚林、龚叶、王以才、吉、徐祭、陆奇、叶立、蔡四、余赐、张二、李三、秦仕、吴四、余蔡、陆于、叶助、陆士可、许明、张兴、张乎、江员、六一、宗仁等。钤有“阳湖赵烈文字惠父号能静侨于海虞筑天放楼收庋文翰之记”“天放楼”“娄东朱氏观海楼书画之印”等印。入选第二批《国家珍贵古籍名录》，名录号 05815。

誠意伯劉文成公文集序

余弱齡侍家長者談國初翊運諸名臣輙凝聴之憬然有懐焉長而宦遊四方竊願表揚先哲愽綜其遺文頗喜善本若宋文憲公諸集海内翻

張汝懋刊

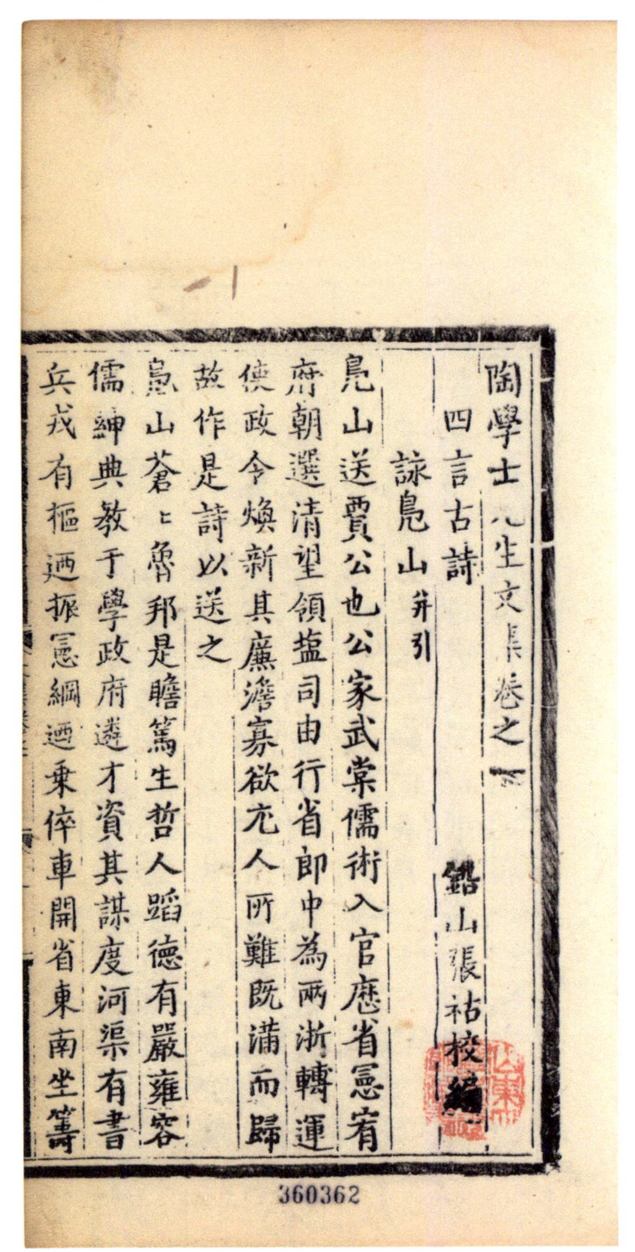
陶學士先生文集卷之一

鉛山張祐校編

四言古詩

詠鳧山 并引

鳧山送賈公也公家武棠儒術入官歷省憲宥
府朝選清望領鹽司由行省郎中為兩浙轉運
使政令煥新其廉潛寡欲尤人所難既滿而歸
故作是詩以送之

鳧山蒼蒼魯邦是瞻篤生哲人蹈德有嚴雍容
儒紳典教于學政府遴才資其謀度河渠有書
兵戎有樞迺振憲綱迺秉倅車開省東南坐籌

陶学士先生文集二十卷

（明）陶安撰　**事迹一卷**　明弘治十三年（1500）项经刻递修本　集部明别集类　十六册　山东大学图书馆藏

十行十八字，黑口，四周双边，版框 18.9 厘米 ×12.5 厘米，开本 29 厘米 ×16.8 厘米。

陶安（1312—1368），字主敬，太平当涂（今属安徽）人。少敏悟，博涉经史，尤长于易。元末大乱，避乱家居，至正十五年（1355）追随明太祖朱元璋，曾任翰林院学士、知制诰兼修国史及江西行省参政等职，卒赠姑孰郡公。本书为其文集，孝宗弘治时项经刊刻。项经（1452—1529），字诚之，嘉善（今浙江省嘉善县）人，明成化二十三年（1487）进士。入选第二批《国家珍贵古籍名录》，名录号 05822。

楊文敏公集卷之一

應制

瑞應騶虞詩 有序

欽惟

皇上涖祚以來天清地寧五行順序仁覆四海澤洞幽冥曩者永樂二年秋騶虞見於河南之鈞州白質黑章虎軀猊首尾長於身性則仁厚不食生物不踐生芻旼〻穆〻姿態異常臣下得之以進于

朝群臣萬姓歡呼踴躍上表稱頌以爲希世之瑞

今兹永樂十一年

大駕巡狩北京而騶虞復見於青兖之間司獸者

杨文敏公集二十五卷

（明）杨荣撰　**附录一卷**　明正德十年（1515）刻本　集部明别集类　十二册　山东大学图书馆藏

十一行二十一字，白口，四周单边，版框 17.5 厘米 ×12.2 厘米，开本 25.5 厘米 ×14.5 厘米。

杨荣（1371—1440），字勉仁，建安（今属福建建瓯）人。明建文二年（1400）进士，初任编修，明永乐十八年（1420）升文渊阁大学士。英宗即位，重修《太祖实录》，杨荣为总裁官。后辞官归里，卒于途中，谥“文敏”。传世杨荣集刻本仅此一种，海内藏家无多，比较稀见。钤有“渠丘曹愚盦氏藏书”等印。入选第二批《国家珍贵古籍名录》，名录号 05853。

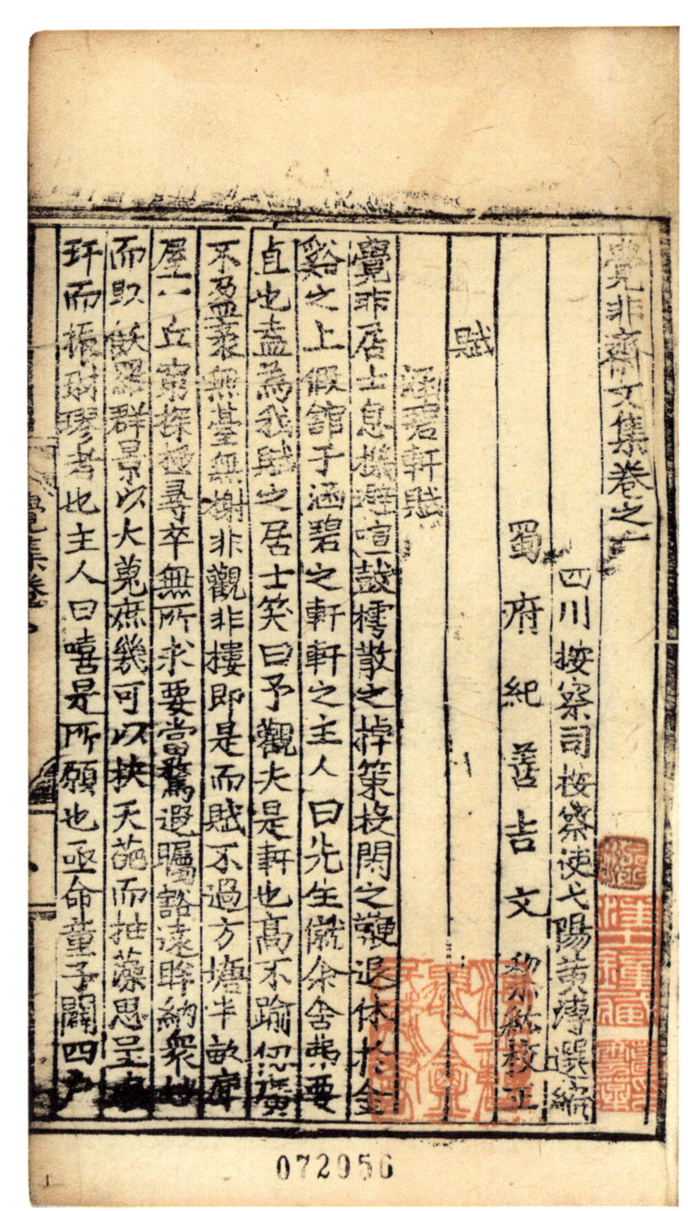
覺非齋文集卷之一
四川按察司按察使弋陽黃溥選編
蜀府紀善吉文郁校正
賦
涵碧軒賦
覺非居士息擲壇鼓樽散之岸策投閑之騣退休於金
谿之上假館于涵碧之軒軒之主人曰先生能余舍乎要
且也盍爲我賦之居士笑曰予觀夫是軒也高不踰仞廣
不盈丈無臺無榭非觀非樓即是而賦不過方塘半畝蔽
屋一丘窮探極尋卒無所求要當驚遐矚遠睇納衆妙
而助馭羣景以大蒐庶幾可以挾天葩而拙藻思呈
玕而振琳璆者也主人曰噫是所願也亟命童子闢四户

觉非斋文集二十八卷

（明）金实撰　**附录一卷**　明成化元年（1465）唐瑜刻本　集部明别集类　十二册　山东大学图书馆藏

十二行二十二字，大黑口，四周双边，版框 17.8 厘米 ×12.2 厘米，开本 22.8 厘米 ×14.5 厘米。

金实（1371—1439），字用诚，开化（今属浙江）人。自幼颖悟绝人，明永乐时入翰林，历左春坊左司直、卫府左长史等职，正统初卒。参与编修《高皇帝实录》《永乐大典》等。唐瑜（1423—1494），字廷美，明景泰二年（1451）进士，历任衢州知府、右副都御史等职。金实文集仅此一刻，且极为稀见。目前所知，海内仅两家收藏：一为南京图书馆藏本，有丁丙跋；一即山东大学藏本。钤有“汪士钟藏”“葛云藻印”“渠丘曹愚盦氏藏书”等印。入选第二批《国家珍贵古籍名录》，名录号 05861。

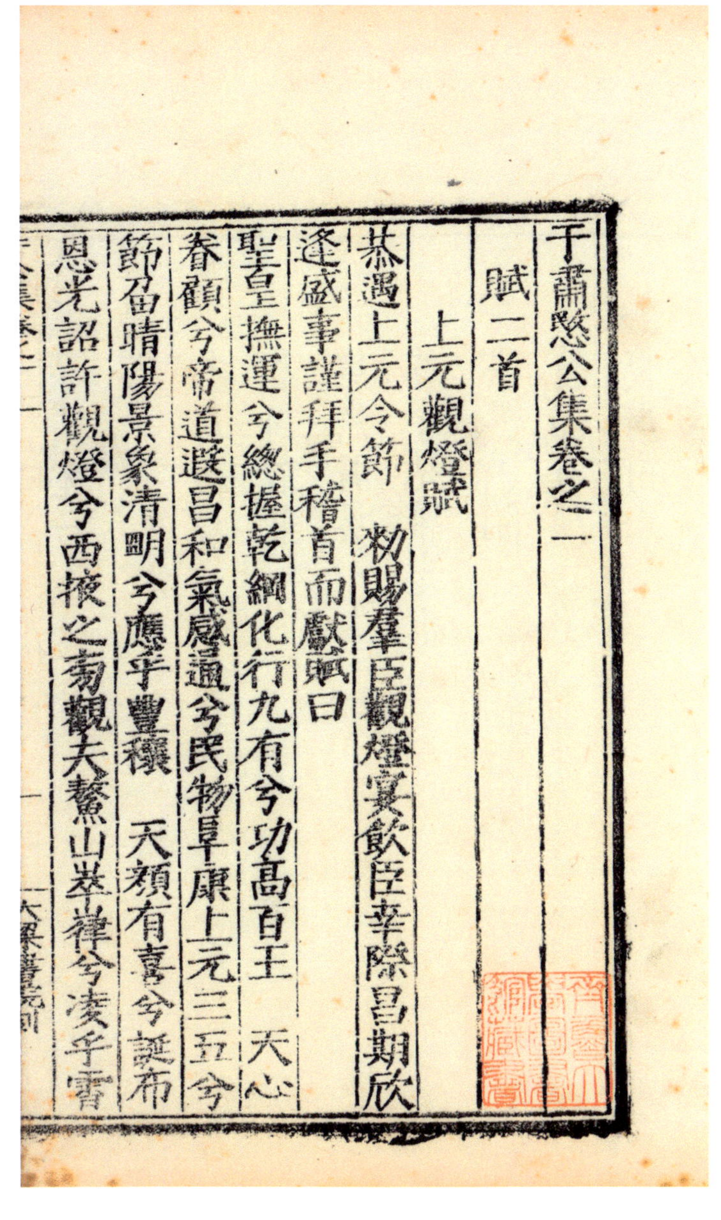
于肅愍公集卷之一
賦二首
上元觀燈賦
恭遇上元令節　勑賜羣臣觀燈宴飲臣幸際昌期欣
逢盛事謹拜手稽首而獻賦曰
聖皇撫運兮總握乾綱化行九有兮功高百王　天心
眷顧兮帝道遐昌和氣感通兮民物阜康上元三五兮
節屆晴陽景象清明兮應乎豐穰　天顏有喜兮誕布
恩光詔許觀燈兮西掖之旁觀夫鰲山崒嵂兮凌乎霄
于肅愍公集卷之一　一　大梁書院刊

于肃愍公集八卷

（明）于谦撰　**附录一卷**　明嘉靖六年（1527）大梁书院刻本　集部明别集类　八册　山东师范大学图书馆藏

九行二十一字，白口，四周双边，版框 19.2 厘米 ×13 厘米，开本 29.7 厘米 ×17.5 厘米。

于谦（1398—1457），字廷益，号节庵，钱塘（今属浙江杭州）人。一生仕途起伏，官至兵部尚书，封少保。天顺元年（1457）被冤杀。宪宗时复官赐祭，孝宗时追谥“肃愍”（神宗时改谥“忠肃”）。于谦诗文，先由其子于冕整理成《节庵存稿》，刊于成化年间，后由河南巡按陈舜江、简霄相继重编，河南按察司副使王应鹏作序刊于开封大梁书院。大梁书院刊刻过不少书籍，此书为存世其最早刊刻者。清光绪二十六年（1900）钱塘丁氏据此本重刻。钤有“翰林院印”（满汉文）等印。入选第二批《国家珍贵古籍名录》，名录号 05869。

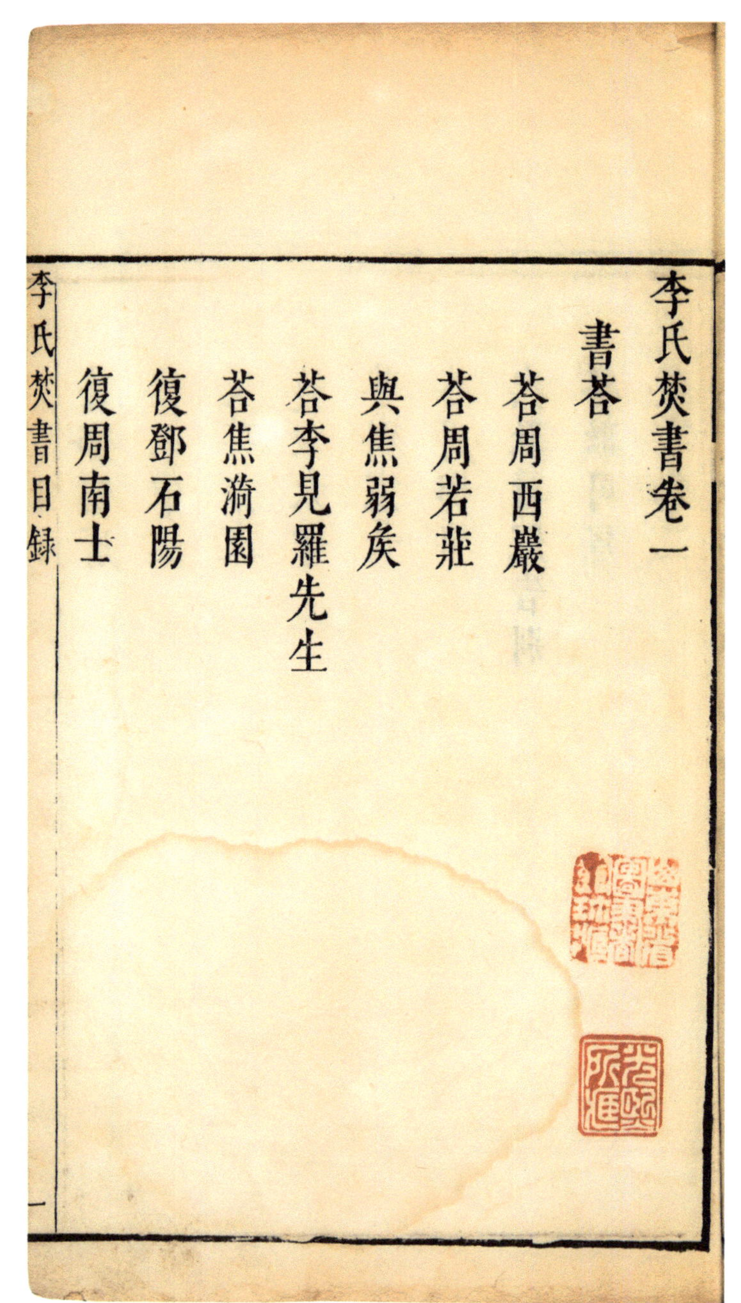

李氏焚書卷一

書荅

荅周西巖

荅周若莊

與焦弱侯

荅李見羅先生

荅焦漪園

復鄧石陽

復周南士

李氏焚書目録　一

李氏焚书六卷

（明）李贽撰　明刻朱墨套印本　集部明别集类　六册　山东省图书馆藏

九行十九字，白口，四周单边，版框 20.2 厘米 ×14.8 厘米，开本 26.4 厘米 ×16.8 厘米。

李贽（1527—1602），初姓林，名载贽，后改姓李，名贽，字宏甫，号卓吾，别号温陵居士，泉州（今属福建）人。明代思想家、文学家。李贽反对思想禁锢，以传统儒学“异端”自居，对封建男尊女卑、假道学、社会腐败大加痛斥批判。著作有《焚书》《续焚书》《藏书》《续藏书》等。本书品相精美，版本稀见。有刻工。钤有“光熙所藏”等印。入选第二批《国家珍贵古籍名录》，名录号 06122。

莊學士集卷一

得全莊天合撰

男以臨校

誥勅

柱國少保兼太子太保吏部尚書武英殿

大學士沈某曾祖父母

制曰公孤論道經邦寵在百僚之上國家報功

崇德恩隆四世之先盇殊勳偕祖烈重光斯異

數與家聲並耀申頒賛册布告中朝爾贈光祿

庄学士集八卷

（明）庄天合撰　明刻本　集部明别集类　一册　存三卷（一至三）　济南市图书馆藏

九行十八字，白口，四周单边，版框 21.2 厘米 ×14.5 厘米，开本 27.3 厘米 ×16.3 厘米。

庄天合，生卒年不详，字德全，号冲虚，长沙（今属湖南）人。明万历十七年（1589）进士，曾任翰林院编修、南京乡试主考官等职。该书由其子庄以临编校刊刻，存世数量较少，现中国大陆仅济南市图书馆存有卷一至卷三，台北“国家图书馆”、日本尊经阁文库尚存全本。钤有“道名佛明”等印。入选第三批《国家珍贵古籍名录》，名录号 09249。

君子務本　節　顔光猷

道生於本務孝弟可以觀仁矣夫事各有本而行仁必自孝弟始人烏可不知務本哉今夫生我者父母人之本也同氣者兄弟人之一本者也類而推之萬物皆吾一體是故得其本則治失其本則不治大抵然也雖然本有以統宗言者總乎萬理之歸隨所變通靡有遺此存乎性情之故也一本有以托始言者操乎百行之先雖有盛美不以越此存乎施爲之序也然而君子務之矣務本則功至體植而本有不立者乎本立則顯仁藏用而道有不生者乎古之君子德同天地功被群倫而推之斯世於變時雍者皆惟本之道得也是以君子必務本也然則吾所謂孝弟也者非即爲仁之本與孝也者愛吾親

顔太史真稿　上論

颜太史真稿一卷

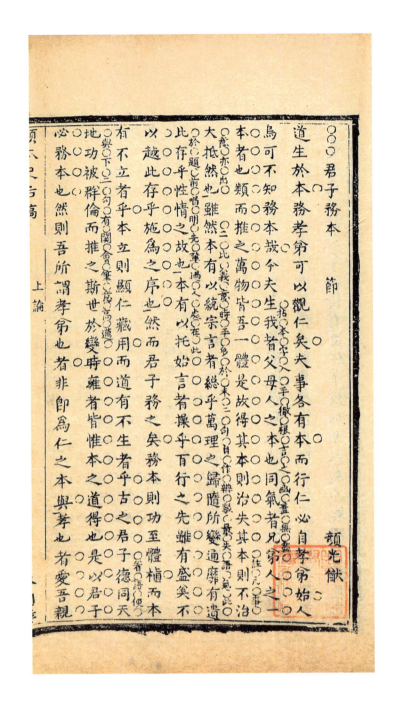

（清）颜光猷撰　清康熙刻本　集部清别集类　一册　曲阜师范大学图书馆藏

十行二十六字，小字单行字数不等，白口，四周双边，版框 18.9 厘米 ×12.1 厘米，开本 23.5 厘米 ×15.8 厘米。

颜光猷，生卒年不详，字秩宗，号澹园，曲阜（今属山东）人。清康熙十二年（1673）进士，著有《易经说义》《澹园文集》《水明楼诗集》等。该书收颜光猷所撰时文，正文以四书分类，系取四书语句章节敷衍成文，间加点评，共计五十三篇。海内孤本。入选第四批《国家珍贵古籍名录》，名录号 10857。

未信堂近稿不分卷

（清）颜光敏撰　清康熙刻本　集部清别集类　二册　曲阜师范大学图书馆藏

十行二十四字，小字单行字数不等，白口，左右双边，版框 20.4 厘米×14.1 厘米，开本 23.6 厘米×15.9 厘米。

颜光敏（1640—1686），字逊甫，更字修来，号乐圃，曲阜（今属山东）人。与兄颜光猷、弟颜光敩并有文名，称“曲阜三颜”。清康熙六年（1667）进士，历任吏部郎中、《大清一统志》纂修官等职。博学多才，书法擅名一时，尤工诗，著有《乐圃集》《未信堂近稿》《旧雨堂集》等。该书收颜光敏所作时文，书名取《论语·公冶长》“吾斯之未能信”句之义，正文分“论语”“学庸”“孟子”三类，系取四书语句章节敷衍成文，间加点评。前有韩菼、徐乾学、苏翔凤之序。入选第四批《国家珍贵古籍名录》，名录号 10854。

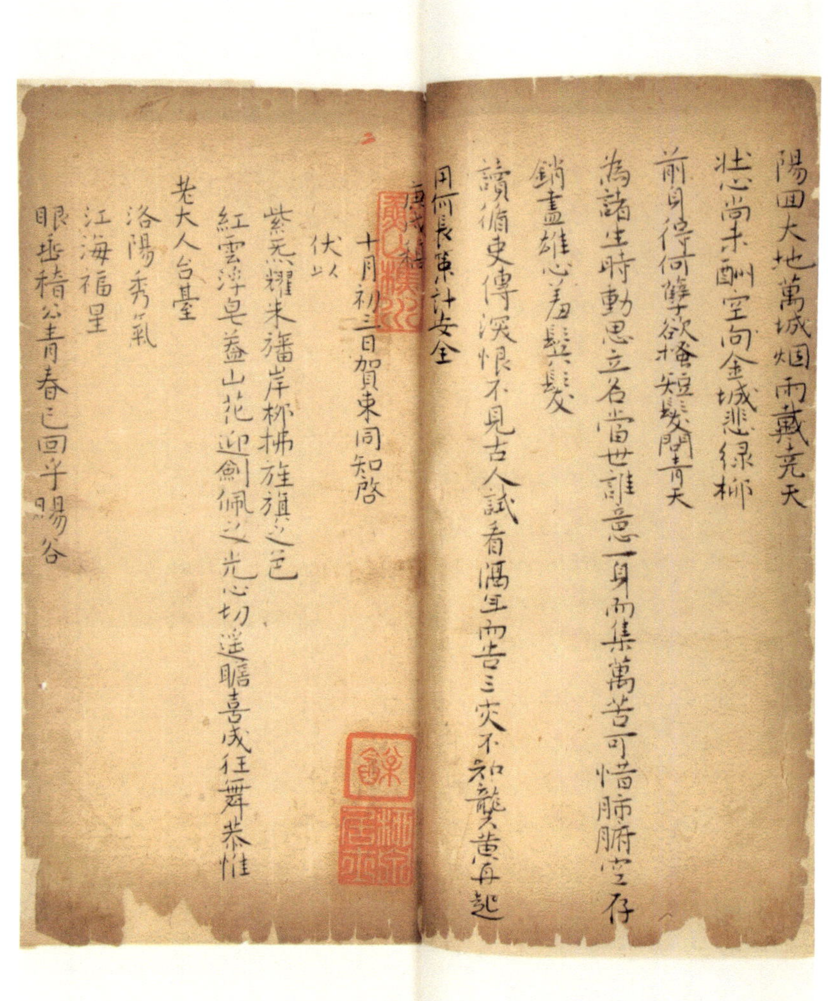

陽回大地萬域烟雨藏堯天
壯心常未酬空向金城悲綠柳
前日停何鮮欲搔短髮問青天
為諸生時動思立名當世誰意一身而集萬苦可惜腑臟空存
銷盡雄心肩髮
讀循吏傳深恨不見古人試看濡生而苦三突不知龔黃再起
因何長策計安全

庚戌稿
十月初三日賀東同知啓
伏以
紫氣耀朱旛岸柳拂旌旗之色
紅雲浮皂蓋山花迎劍佩之光心切遥瞻喜成狂舞恭惟
老大人台臺
洛陽秀氣
江海福星
眼盼稽公青春已回乎暘谷

鹤轩笔札不分卷

（清）蒲松龄撰　稿本　集部清别集类　二册　青岛市博物馆藏

行字不一，开本29厘米×15厘米。

蒲松龄简介见《拟表九篇》。此稿是蒲松龄南游宝应、高邮为孙蕙幕宾时，代孙蕙书写的书启、公文、谕告等文稿八十篇。书衣有蒲松龄题签："鹤轩笔札自庚戌十月初三日起至年终止""鹤轩笔札辛亥正月起五月止"，知写作时间自清康熙九年（1670）十月至次年五月。书前有1956年10月3日山东省文化局局长王统照跋文一通，略述此札之由来。原书由淄川孙家散出。1956年夏，时在山东省文物管理委员会工作的路大荒为整理蒲氏故居返乡，知有李君求售此书，遂返济与王统照商量，以四十元为王统照购置。当年八月中，路大荒利用去北京的机会，将手稿交由琉璃厂萃文斋精工贴装，并加布函。王统照跋语有言："近三百年之草册，竟能流传，淄川人士对蒲氏之尊重，即此可见。"此书后藏青岛市财政局，1971年12月30日由青岛市财政局作价3元拨交青岛市博物馆保存。钤有"柳泉居士""松龄""渔山樵水"等印。入选第四批《国家珍贵古籍名录》，名录号10861。

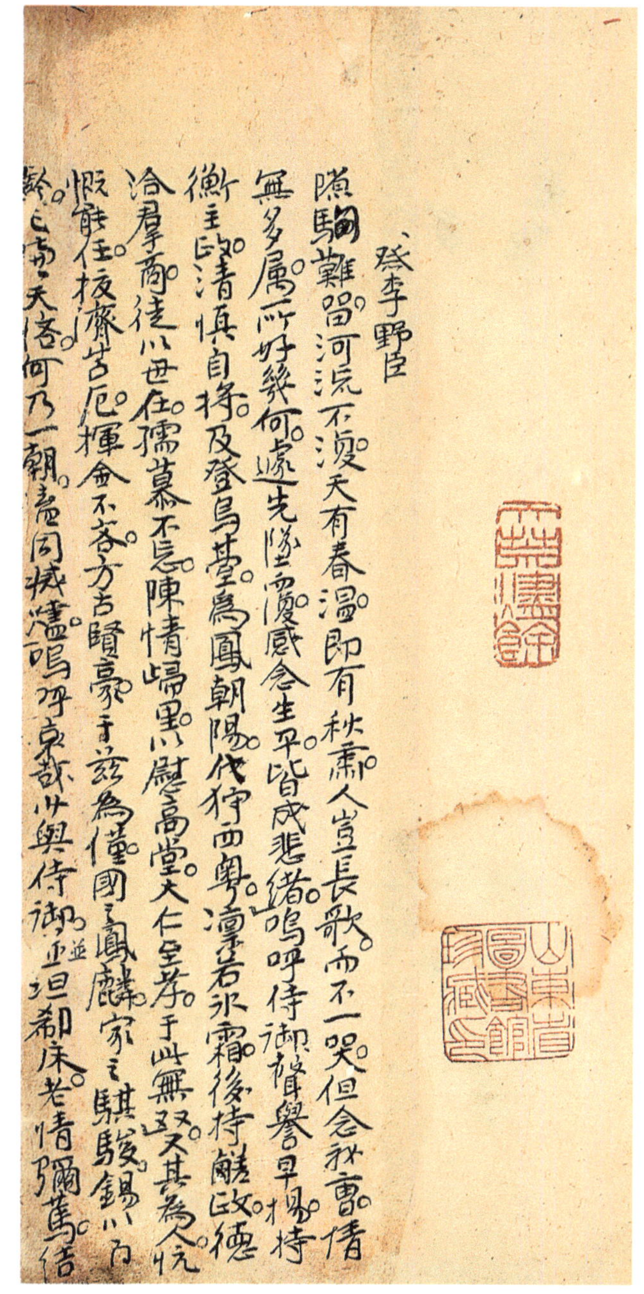

聊斋文集□□卷

（清）蒲松龄撰　稿本　集部清别集类　一册　存一卷（七）　山东省图书馆藏
九行二十六字，开本 25 厘米×13.5 厘米。

蒲松龄简介见《拟表九篇》。蒲氏一生著述颇富，因家贫无力梓行，手稿散失严重。此《聊斋文集》系蒲松龄手稿，虽仅残存第七卷祭文部分，然有不少内容不见于清末行世之《聊斋先生遗集》。此本系路大荒于 20 世纪 30 年代购于蒲氏后人，1963 年捐于山东省图书馆。张元济、王献唐、王统照跋，溥儒绘图。钤有“心畬”“张元济印”“菊生”“琅邪王献唐印”“大荒烬余”等印。入选第三批《国家珍贵古籍名录》，名录号 09299。

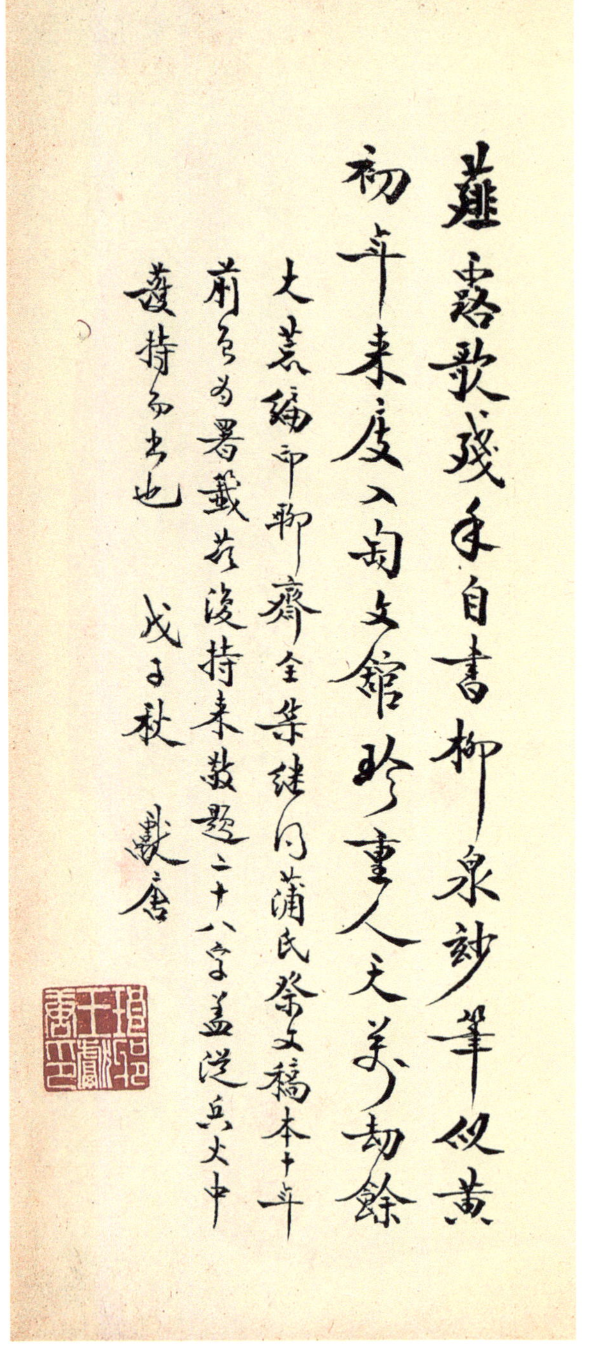
薤露歌殘手自書柳泉紗筆似黃
初年來度入甸文館珍重人天劫餘
大著編印聊齋全集繼得蒲氏祭文稿本十年
前為署簽茲後持來敬題二十八字蓋從兵火中
護持而出也　戊子秋

烟波致爽

熱河地既高敞氣亦清朗無蒙霧霾氛柳宗元記所謂曠如也四圍秀嶺十里澄湖致有爽氣雲山勝地之南有屋七楹遂以烟波致爽顏其額焉

御製詩 烟波致爽 五言排律 二

山莊頻避暑 梁蕭統詩命駕出山莊劉禹錫詩綠蘿陰下有山莊戴叔倫詩芝田秦運往來頻孫逖詩地勝林亭好時清宴賞頻魏徵九成宮醴泉銘皇帝避暑乎九成之宮梁簡文帝納涼詩避暑高梧側輕風時入襟白居易詩望春花景暖避暑竹風涼 靜默少喧譁 南史沈麟士傳年過八十耳目猶聰明人以為養身靜默所致皇甫曾詩單長風光裏鶯啼靜默閒何遜詩視聽絕喧譁 北控遠烟息 李商隱文絳臺北控馬汝驪北嶽詩東銜滄海嶼北控黑河湍舊唐書吐蕃傳邊堠微警戍烽韜煙姚合詩從今萬州路無復有烽烟蔣伸授田牟節度使

御制避暑山庄诗二卷

（清）圣祖玄烨撰　（清）揆叙等注　清康熙五十一年（1712）内府刻朱墨套印彩色绘图本　集部清别集类　二册　孔子博物馆藏

十二行二十字，白口，四周双边，版框 19.9 厘米 × 13.4 厘米，开本 36.8 厘米 × 35.3 厘米。

避暑山庄是清代皇帝避暑和理政的宫苑，位于今河北省承德市北。该书卷首有康熙五十年（1711）《御制避暑山庄记》，卷末有康熙五十一年揆叙等跋。康熙帝从避暑山庄中选出烟波致爽等三十六景，以景点名称作为诗之题名，每景作诗一首，或五言，或七言，并由揆叙等儒臣为其诗逐句注释，注释之引文出处用红线框出，另施朱色句读。此外，每诗前有小记介绍该景，诗后附图一幅。有“体元主人”“万几余暇”等印。入选第三批《国家珍贵古籍名录》，名录号 09303。

烟波致爽

顏學山近稿

郷會總裁同考諸先生鑒定　　同學諸子參訂

節用而愛人　　顏光斆

為道國者求其本則用與人所宜亟也夫君之為國者在民而民之所賴惟貨節焉愛焉此邦本也可不務與嘗謂人君聚天下之人而臨之未嘗分人財而天下之財歸焉其故何哉誠以此一人者儉其德可以阜萬物之財撙其量可以周百族之命而群焉愛藏者固亦若厚於自私也是故儉節而外又有用與人焉生財者天地耳然天

顏學山近稿　上論　懷軒

颜学山近稿一卷

（清）颜光敩撰　清康熙刻本　集部清别集类　一册　曲阜师范大学图书馆藏

十行二十六字，小字单行字数不等，白口，左右双边，版框 19.8 厘米×12.5 厘米，开本 23.6 厘米×15.9 厘米。

颜光敩（1659—1698），字学山，号怀轩，曲阜（今属山东）人。清康熙二十七年（1688）进士。与兄颜光猷、颜光敏并有文名，称“曲阜三颜”。本书收颜光敩所撰时文四十篇，亦依四书分类，于每篇末尾附徐乾学等人评语，有“大总裁徐批”及“曹蓼先生评”字样。评语长短不一，长者二百余言，短者仅十余字。前有徐乾学《颜学山近稿序》。入选第四批《国家珍贵古籍名录》，名录号 10863。

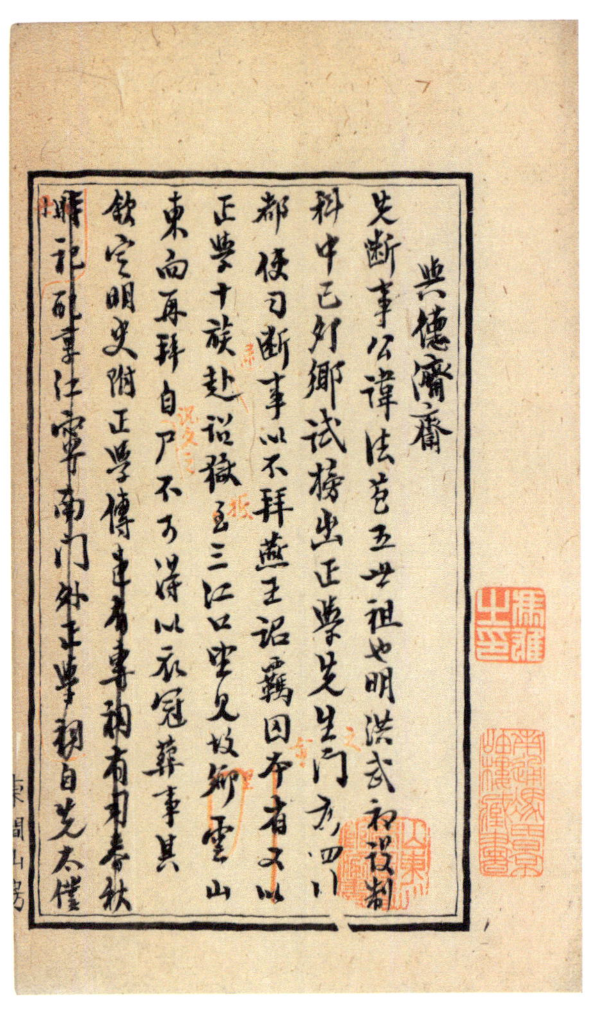

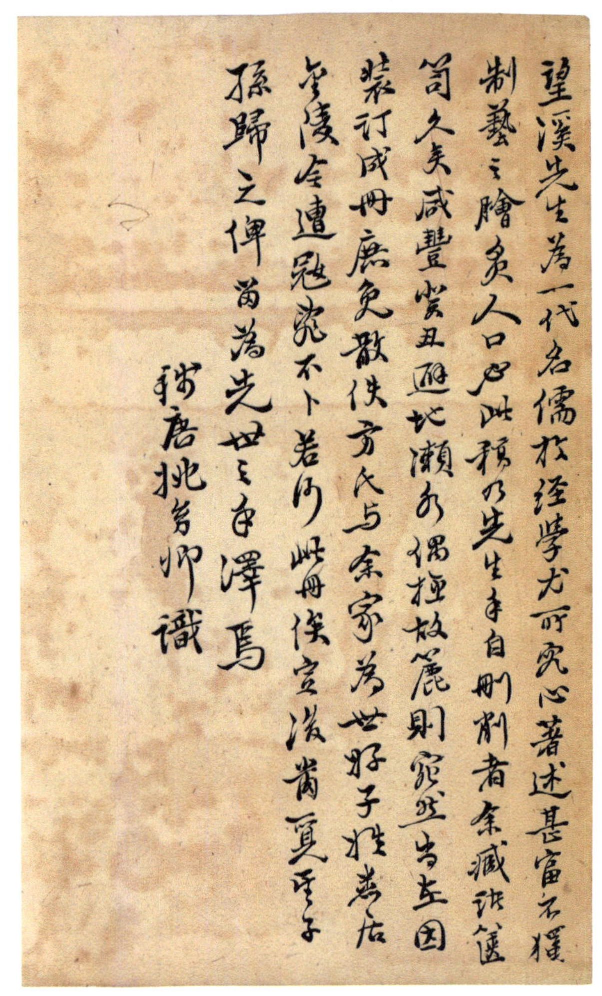

方望溪先生文稿不分卷

（清）方苞撰　稿本　集部清别集类　二册　山东大学图书馆藏

八行十八至二十字不等，白口，四周双边，版框 19.2 厘米 ×11.7 厘米，开本 24.8 厘米 ×17 厘米。

方苞（1668—1749），字凤九，一字灵皋，晚号望溪，桐城（今属安徽）人。“桐城派”创始人和代表人物，累官礼部右侍郎。此书系方氏手稿，且经其手自改定删削，朱墨灿然。观其藏书印，知此书原藏钱塘姚幼卿家，清咸丰三年（1853）姚氏重装并题识，后辗转藏于傅增湘之手，亦有识跋。最后为现代著名藏书家冯雄所得。据傅增湘查考，该书三十八篇文稿中，有三十篇不见于行世各集。傅氏此跋亦为其《藏园群书题记》所未收。钤有“南通冯氏景岫楼藏书”“冯雄之印”等印。入选第一批《国家珍贵古籍名录》，名录号 02142。

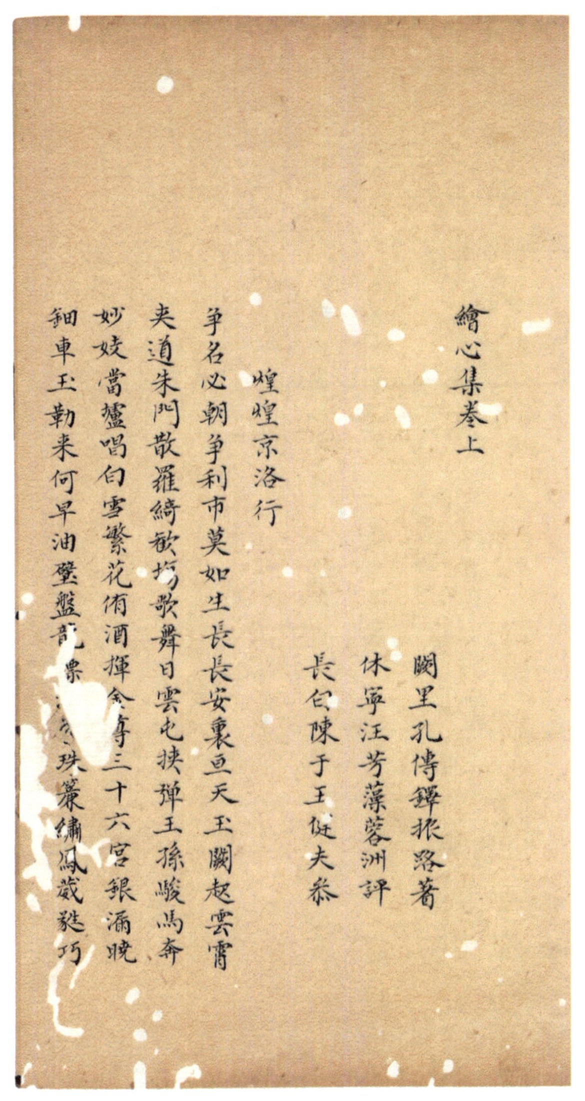

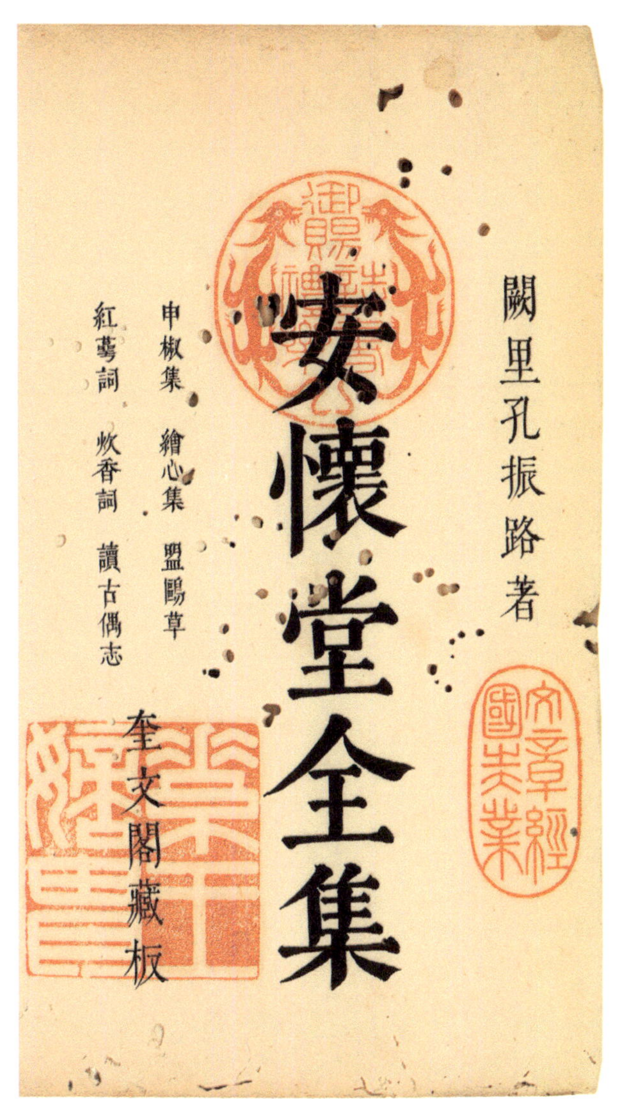

安怀堂全集六卷

（清）孔传铎撰　清抄本　集部清别集类　六册　孔子博物馆藏

九行二十一字，开本 27 厘米×18 厘米。

孔传铎（1673—1732），字振路，号牖民，曲阜（今属山东）人，清雍正元年（1723）袭封衍圣公。好读书，通礼乐，工诗词。今藏孔子博物馆的《安怀堂全集》存《安怀堂文集》二卷、《申椒集》二卷、《绘心集》二卷，计六册，抄写工整。封面题书名并有“奎文阁藏板”字样，亦似手书，奎文阁系孔庙内藏书楼，盖此本或为刻梓前的底本。传世未见《安怀堂文集》二卷刻本，赖此抄本见其风貌。钤有“御赐诗书礼乐”“素王嫡胄”“文章经国之大业”等印。入选第四批《国家珍贵古籍名录》，名录号 10867。

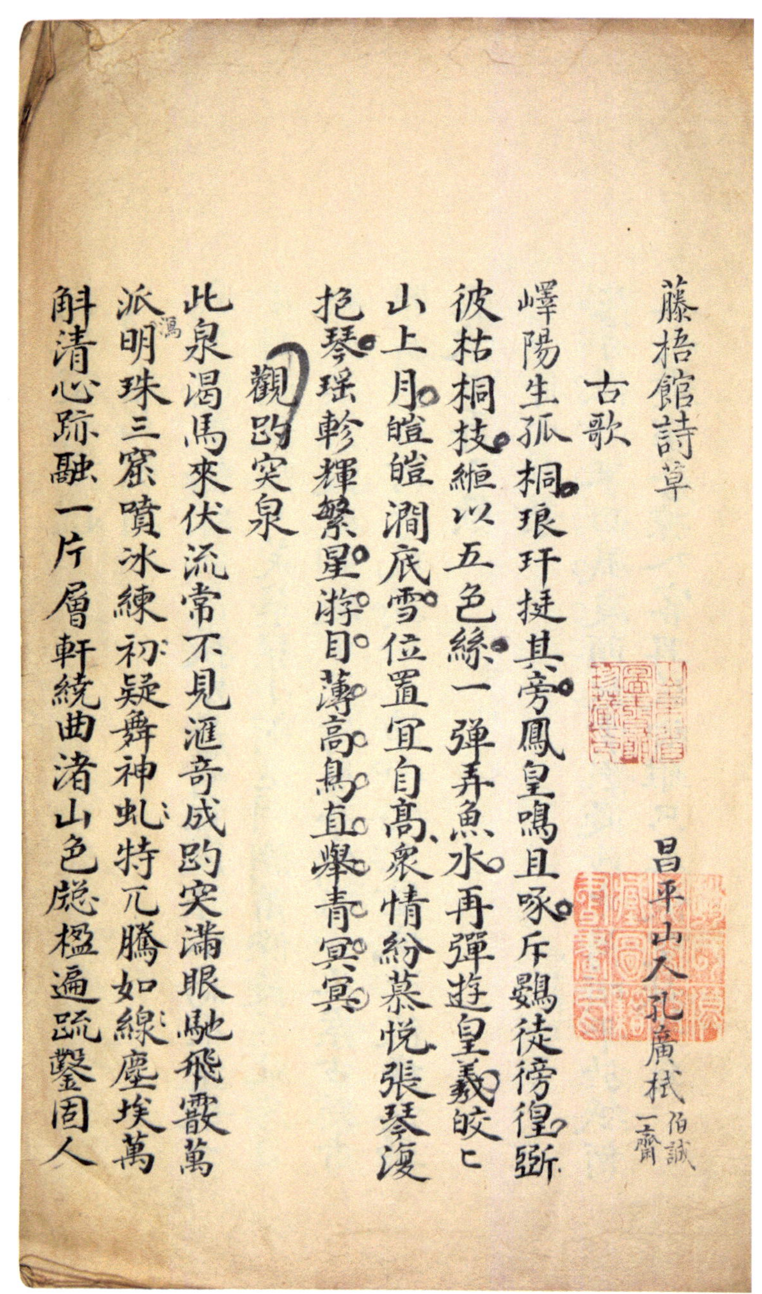

藤梧館詩草

古歌　昌平山人孔廣栻　伯誠　一齋

嶧陽生孤桐琅玕挺其旁鳳皇鳴且啄斥鷃徒徬徨蹶
彼枯桐枝絙以五色絲一彈弄魚水再彈遊皇羲皎皎
山上月皚皚澗底雪位置宜自高衆情紛慕悦張琴復
抱琴瑶軫輝綮星游目薄高鳥直舉青冥冥

觀趵突泉

此泉渴馬來伏流常不見滙奇成趵突湍眼馳飛霰萬
派明珠三窟噴冰練初疑舞神虬特兀騰如線塵埃萬
斛清心跡融一片層軒繞曲渚山色總楹遍蹈鑿固人

藤梧馆诗草一卷

（清）孔广栻撰　稿本　集部清别集类　一册　山东省图书馆藏

十行字不一，开本 26.7 厘米 × 18.8 厘米。

孔广栻（1755—1799），字伯诚，号一斋，孔子七十代孙，孔继涵之子，清乾隆举人。广栻天资聪敏，家教甚严，幼时即能背诵数十万言。清代著名学者戴震、孙星衍等人与其父研究学问，解析疑义，广栻常能发问相质，众人皆赞叹其才智。及长，刻苦治学，爱好广泛，经传子史，无不研究，著有《春秋世族谱》等书十余种。此书为其未刊诗集稿本。钤有“赵氏模邕阁收藏图籍书画印”等印。入选第三批《国家珍贵古籍名录》，名录号 09328。

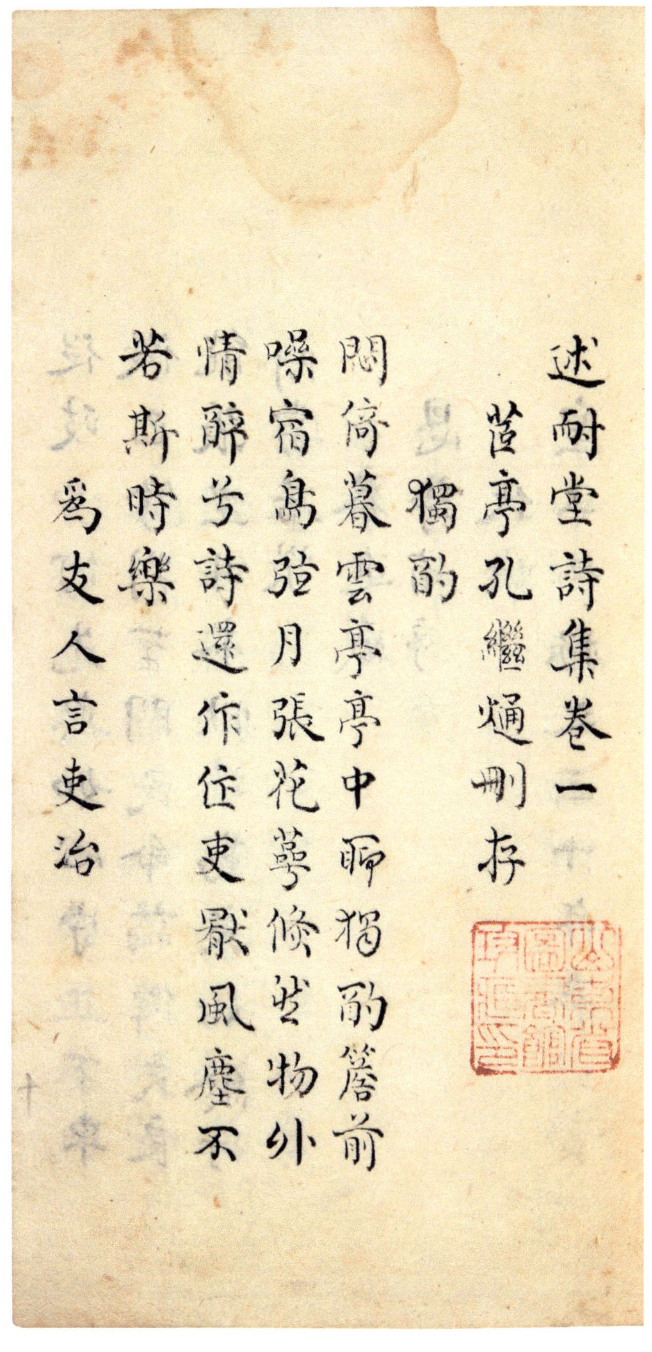
述耐堂詩集卷一
莒亭孔繼熥刪存
獨酌
閒倚暮雲亭亭中聊獨酌簷前
噪宿鳥弦月張花蕚倏然物外
情辭兮詩還作俗吏厭風塵不
若斯時樂焉支人言吏治

述耐堂诗集八卷

（清）孔继熥撰　稿本　集部清别集类　六册　山东省图书馆藏
八行十二字，开本 23.6 厘米 ×14 厘米。

孔继熥，字号不详，曲阜（今属山东）人。清乾隆五十四年（1789）举人。自云“予生江苏，游浙闽，滇南远宦”。以时代推测，应为孔子后人，与孔继涵同辈。著有《述耐堂诗集》八卷。此本为未刊稿本。钤有“孔继熥印”“周丙范印”“叙九”等印。入选第三批《国家珍贵古籍名录》，名录号 09334。

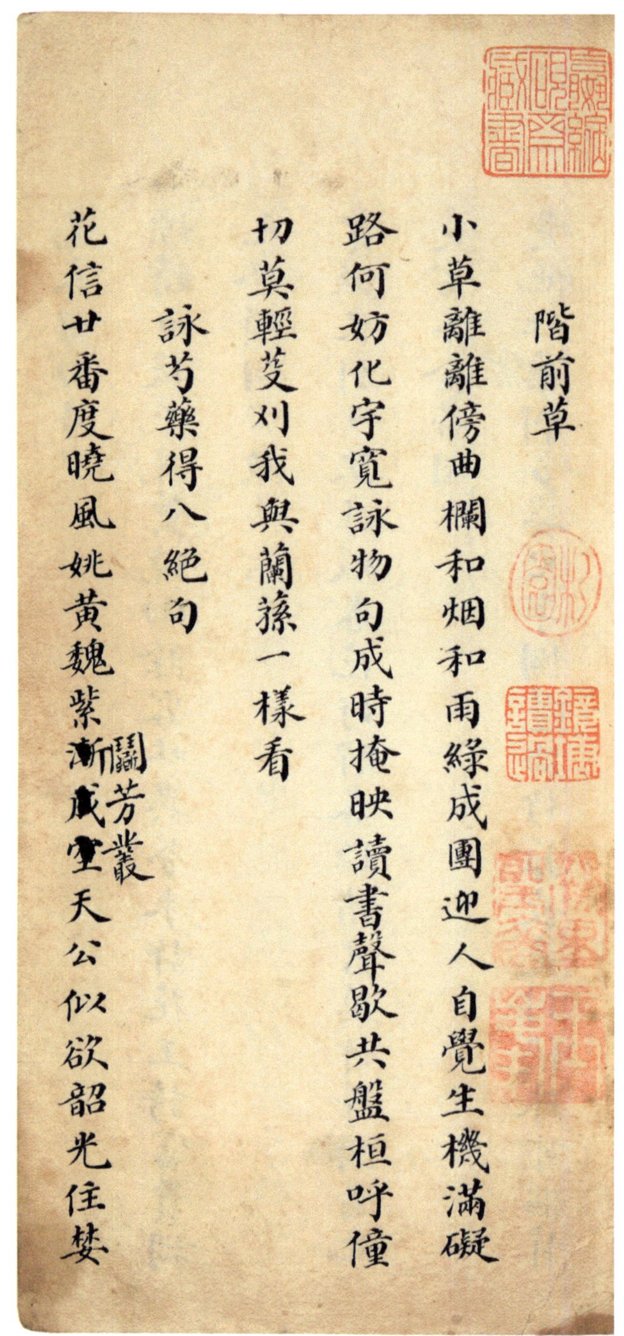
階前草
小草離離傍曲欄和烟和雨綠成團迎人自覺生機滿礙
路何妨化宇寬詠物句成時掩映讀書聲歇共盤桓呼僮
切莫輕芟刈我與蘭蓀一樣看
詠芍藥得八絕句
花信廿番度曉風姚黃魏紫漸成空天公似欲留光住婪
闌芳叢

杞园吟稿八卷

（清）孔昭珩撰　稿本　集部清别集类　一册　山东省图书馆藏
六行二十二字，开本24.8厘米×13.1厘米。

孔昭珩，生卒年不详，曲阜（今属山东）人。清道光二十四年（1844）举人，嘉庆、道光间诗人。其行字为“昭”，或与曲阜孔昭恢、孔昭杰同辈，亦孔子后人。此书为未刊稿本。钤有“杞园”“玉峰”“阙里圣裔”“镜塘读过”“赢缩砚斋藏书”等印。入选第三批《国家珍贵古籍名录》，名录号09342。

古梅吟稿卷之一

明旌德吳惟時中立較

新安吳龍翰式賢

曉發姑孰城

鵑啼驚夢歌春枕花落迎風打曉窗攜杖樓先出城去

角聲吹月墮寒江

浙江姚樓觀水月

翠滾玻璃萬頃秋長江又掛水晶毬水光月色梅邊客

今夜會盟江上樓

晚舟過臨平

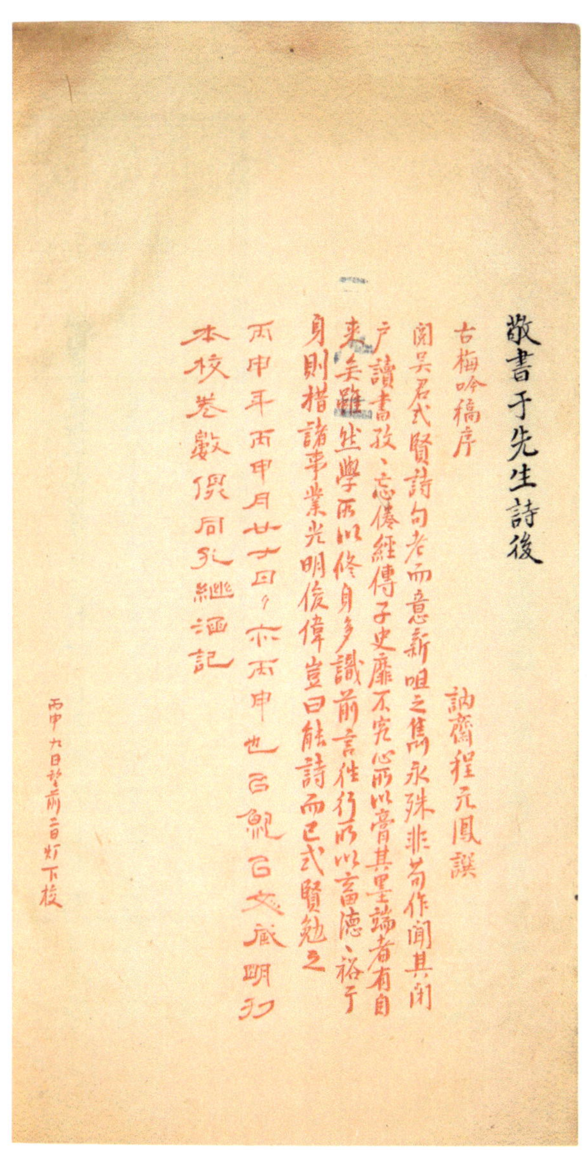

敬書于先生詩後

古梅吟稿序

閱吳君式賢詩句老而意新咀之雋永殊非苟作閱其閒居讀書設、意傳經傳子史靡不究心所以會其要歸者有自來矣雖然學所以修身多識前言往行所以畜德、裕于身則措諸事業光明俊偉豈曰能詩而已式賢勉之

訥齋程元鳳譔

丙申年丙申月廿七日々亦丙申也以鈔以文藏明刻本校卷數與同孔繼涵記

微波榭抄诗三种八卷

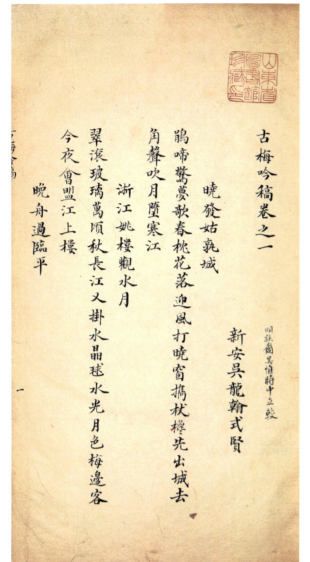

(清)孔继涵编　清孔继涵抄本　集部总集类丛编　二册　山东省图书馆藏

九行二十一字，开本 28.3 厘米 × 17.3 厘米。

孔继涵（1739—1784），字体生，号荭谷，曲阜（今属山东）人，六十七代衍圣公孔毓圻之孙，孔传钲之子。清代著名藏书家、金石学家、校勘学家、刻书家。清乾隆三十六年（1771）进士，官户部河南司主事兼理军需局事，充《日下旧闻考》纂修官。本书为抄稿本，从未刊世，有孔继涵校及跋语。入选第二批《国家珍贵古籍名录》，名录号 06205。

文選卷第一
梁昭明太子選
唐文林郎守太子右內率府録事叅
軍事崇賢館直學士臣李善注上
奉政大夫同知池州路總管府事張
伯顏助率重刋
賦甲賦甲者舊題甲乙所以紀卷先後今卷既改故甲乙並除存其首題以明舊式
京都上
班孟堅兩都賦二首自光武至和帝都洛陽西京父老有怨班固恐帝去洛陽故上此詞以諫和帝大悅也

文选六十卷

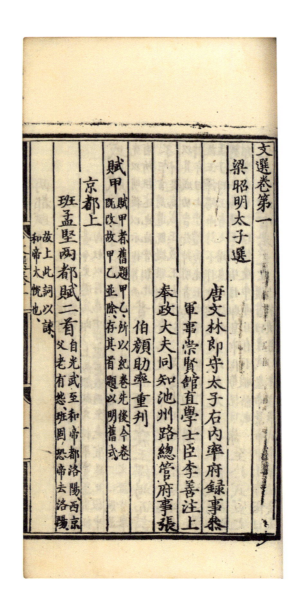

（南朝梁）萧统辑　（唐）李善注　明成化二十三年（1487）唐藩朱芝址刻本　集部总集类通代　二十册　山东大学图书馆藏

十行二十二字，小字双行同，大黑口，四周双边，版框 22.3 厘米×14.7 厘米，开本 30.3 厘米×17.3 厘米。

萧统（501—531），南朝梁武帝萧衍的长子，天监元年（502）被立为太子，未及即位而逝，谥号“昭明”。他主持编纂的《文选》，是我国现存最早的一部诗文总集，对我国后世文学的发展繁荣产生了深远的影响。《文选》有多个版本系统：李善注、五臣注、六家注（李善注在五臣注之后）、六臣注（李善注在五臣注之前）。此本属李善注本系统，系明成化二十三年，位于河南南阳的唐藩庄王朱芝址据元池州路张伯颜本重刻，字体古拙，世称精善。后来隆庆年间朱芝址玄孙朱硕熿养正书院曾据以重刻。入选第二批《国家珍贵古籍名录》，名录号 06217。

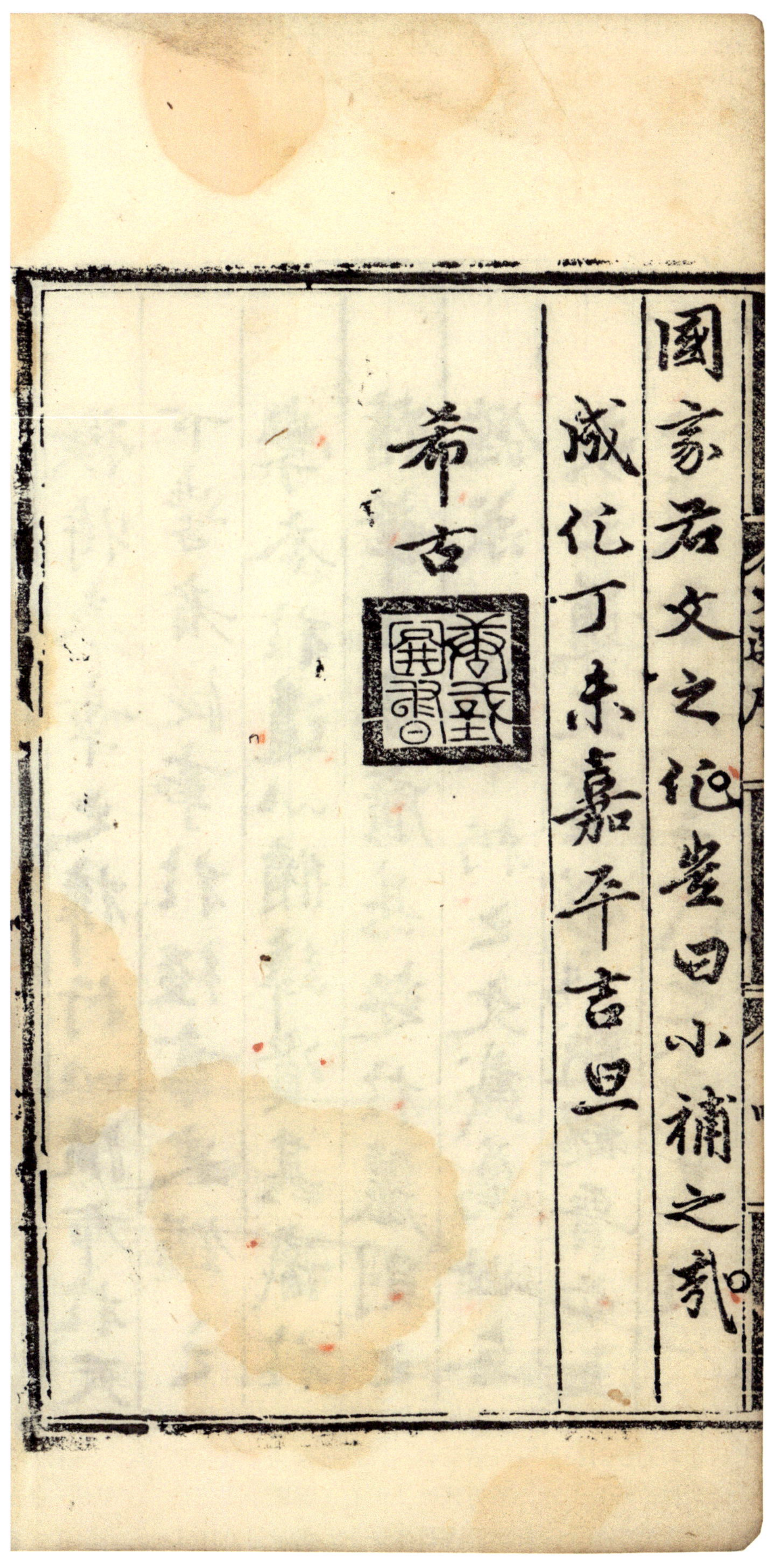

國家君文之總堂曰小補之記

成化丁未嘉平吉旦

希古

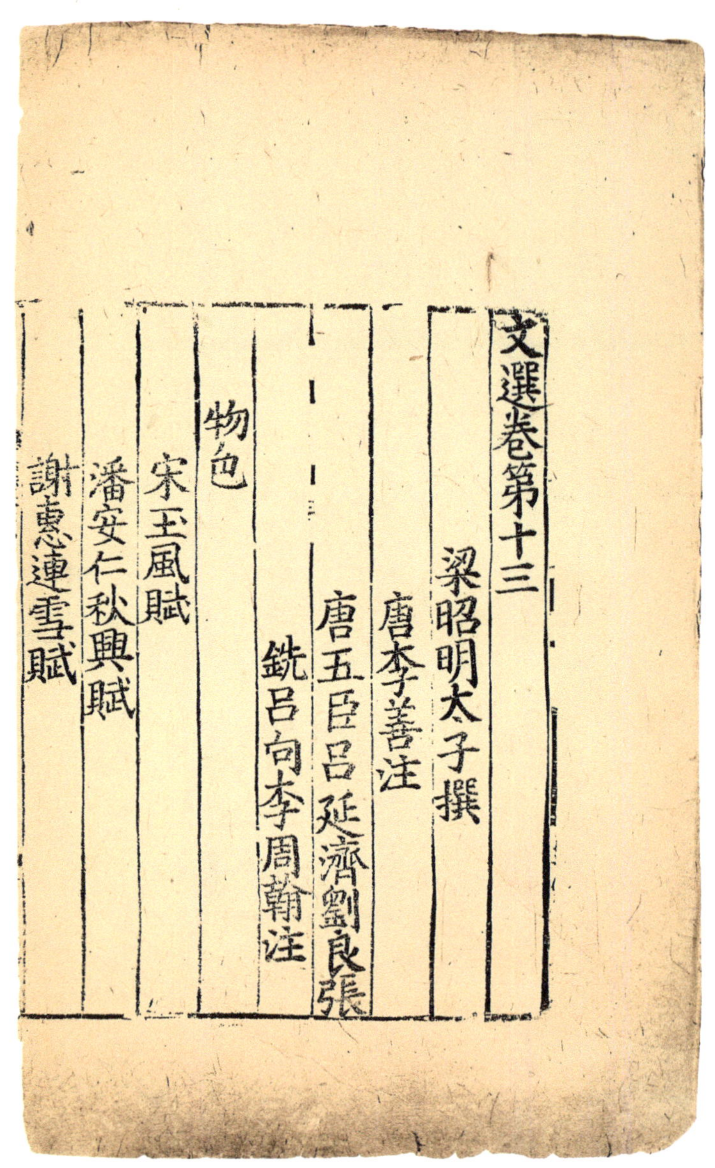
文選卷第十三
梁昭明太子撰
唐李善注
唐五臣吕延濟劉良張
銑吕向李周翰注
物色
宋玉風賦
潘安仁秋興賦
謝惠連雪賦

文选六十卷

（南朝梁）萧统辑　（唐）李善（唐）吕延济（唐）刘良（唐）张铣（唐）吕向（唐）李周翰注　宋赣州州学刻宋元明递修本　集部总集类通代　一册　存三卷（十二至十三、四十二）　山东省图书馆藏

九行十四、十五字不等，白口，左右双边，版框 23.3 厘米 ×18.4 厘米，开本 37.8 厘米 ×24 厘米。

萧统《文选》及注本系统见前。此本李善注列前，五臣注列后，是存世《文选》“六臣注”本系统的最早刻本，南宋建州本即属赣州本系统，元代茶陵陈仁子本又覆刻建州本，均以此本为祖本。卷末列校对校勘覆校诸衔名，缪荃孙推为“《文选》六臣注善本第一”。该书流传颇少，山东省馆所藏三卷，虽为残帙，但有王懿荣、王崇焕、王献唐三人题识，亦足珍贵。有刻工。入选第二批《国家珍贵古籍名录》，名录号 03161。

文苑英華卷第一　賦一

天象一

天賦二首　碧落賦一首

天行健賦一首　乾坤爲天地賦一首

披霧見青天賦一首　鍊石補天賦一首

管中窺天賦二首　三無私賦一首

天賦　劉允濟

臣聞混成發粹大道含元興於物祖首自胚渾分泰階而立極光耀魄以司尊懸兩明而必照列五緯而無言驅馭陰陽晟成風雨叶乾位而凝化建坤儀而作輔錯落九垓岧嶤八柱燦黃道而開域闢紫宫而爲宇横斗樞以旋運

文苑英华一千卷

（宋）李昉等辑　明隆庆元年（1567）胡维新、戚继光刻本　集部总集类通代　二百册　山东师范大学图书馆藏

十一行二十二字，小字双行同，白口，四周单边，版框 20.7 厘米 ×15.7 厘米，开本 26.2 厘米 ×17.2 厘米。

此书是宋代四大书之一。北宋太平兴国七年（982），李昉、徐铉、宋白等二十余人奉敕开始编纂，雍熙三年（986）完成。全书上起萧梁，下迄唐五代，选录作家近二千二百人，文章近二万篇，卷帙浩繁。此书传世有南宋嘉泰元年至四年（1201—1204）周必大校订刻本，此本为明隆庆元年福建官员捐俸刻印而成，主持者是时任福建巡抚胡维新和总兵戚继光。有刻工：陆旺、陆文、刘和、长、詹祟。入选第二批《国家珍贵古籍名录》，名录号 06300。

西山先生真文忠公文章正宗卷第一

辭命一

周襄王不許晉文公請隧國語下同○僖公二十四年初甘昭公有寵於惠后惠后將立之未及而卒昭公奔齊王復之頹叔桃子奉太叔以狄師伐周大敗周師王出適鄭二十五年晉侯殺太叔納王晉侯朝王王享醴命之宥請隧弗許與之陽樊溫原欑茅之田太叔即甘昭公也

晉文公既定襄王于郟韋氏曰郟洛邑王城之地也王勞之以地辭辭不受也請隧焉賈侍中云隧王之葬禮闕地通路曰隧王弗許曰昔我先王之有天下也規方千里以為甸服規規畫而有之以供上帝山川百神之祀以共其職貢供王祭也以備百姓

西山先生真文忠公文章正宗二十四卷

（宋）真德秀辑　明嘉靖四十三年（1564）李豸、李磐刻本　集部总集类通代　二十四册　山东省图书馆藏

十行十九字，小字双行同，白口，左右双边，版框21.5厘米×15.8厘米，开本32.4厘米×18厘米。

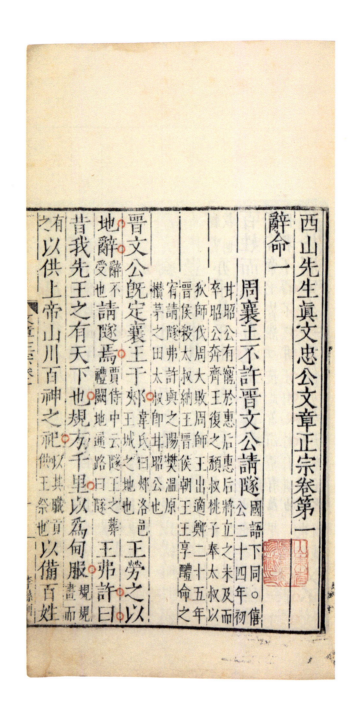

真德秀简介见《大学衍义》。此书系真德秀所编选自《左传》《国语》至于唐末的历代诗文作品，大抵主于“论理”而非“论文”。此本刻印精美，较稀见。有刻工：夏文祥、李孙、唐林、章循等。钤有“经耒堂印”。入选第二批《国家珍贵古籍名录》，名录号06357。

晉魏六朝文選

蘭亭記

王羲之

永和九年歲在癸丑暮春之初會於會稽山陰之蘭亭脩禊事也群賢畢至少長咸集此地有崇山峻嶺茂林脩竹又有清流激湍映帶左右引以為流觴曲水列坐其次雖無絲竹管絃之盛一觴一詠亦足以暢敘幽情是日也天朗氣清惠風和暢仰觀宇宙之大俯察品類之盛所以遊目騁懷足以極視聽之娛信可樂也夫人之相與俯仰一世或取諸懷抱晤言一室之內或因寄所托放浪形骸之外雖取舍萬殊靜躁不同當其欣於所遇暫得於己快然自足曾不知老之將

魏晋六朝唐宋文选三卷皇明文一卷

明紫薇轩抄本　集部总集类通代　六册　山东大学图书馆藏

十行二十一字，白口，四周双边，版框 22 厘米×14 厘米，开本 29.2 厘米×18.1 厘米。

编选者不详。此书收魏晋文十八篇，六朝文二十一篇，唐文七十六篇，宋文六十二篇，有朱笔圈点改字，版心上镌“紫薇轩”三字，后人重装为金镶玉样式。钤有“秀水王相”“粹芬阁”“好德而文以世其家”“书初氏”“郁郁三槐惟德之符”等印。入选第三批《国家珍贵古籍名录》，名录号 09459。

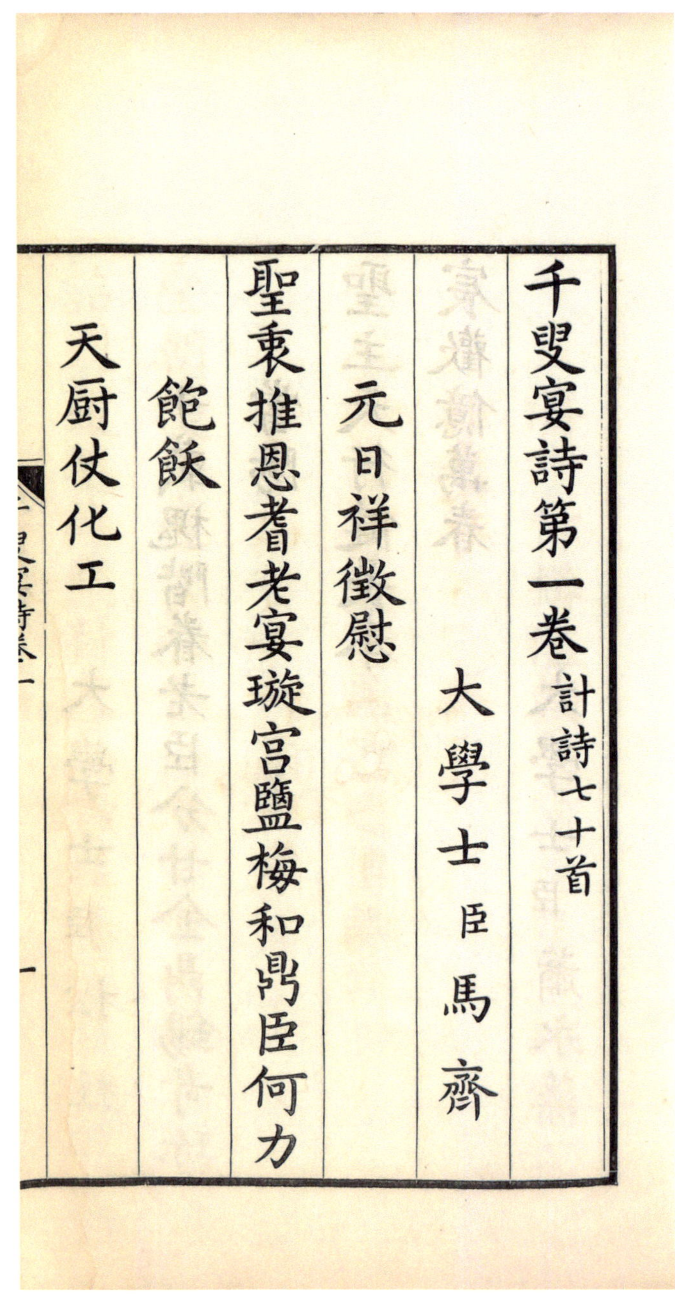
千叟宴詩第一卷 計詩七十首

大學士臣馬齊

元日祥徵慰

聖衷推恩耆老宴璇宮鹽梅和鼎臣何力

飽飫

天厨仗化工

千叟宴诗四卷

（清）圣祖玄烨等撰　清康熙六十一年（1722）内府刻本　集部总集类断代　三册　曲阜师范大学图书馆藏

六行十六字，小字双行同，白口，左右双边，版框19.3厘米×12.5厘米，开本26.6厘米×16.3厘米。

该书收录清圣祖于康熙六十一年春举办千叟宴时君臣所撰诗，首列康熙皇帝御制诗及群臣之和诗，后列诸臣及参宴人员所作之诗。钤有“吴氏收藏”“明善堂览书画印记”等印。入选第二批《国家珍贵古籍名录》，名录号06475。

大宋眉山蘇氏家傳心學文集大全卷一

老泉先生　閩進士　樂易　李良卿　公輔　校正

論

易

聖人之道得禮而信得易而尊信之而不可廢尊之而不敢廢故聖人之道所以不廢者禮為之明而易為之幽也生民之初無貴賤無尊卑無長幼不耕而不飢不蠶而不寒故其民逸民之苦勞而樂逸也若水之走下而聖人者獨為之君臣而使天下貴役賤為之父子而使天下尊役卑為之兄弟而使天下長役幼蠶而後衣耕而後食率天下而勞之一聖人之力固非足以勝天下之民之衆而其所以能奪其樂而易之以其所苦而天下之民亦遂肯

大宋眉山苏氏家传心学文集大全七十卷

（宋）苏洵（宋）苏轼（宋）苏辙撰　明正德十二年（1517）刘弘毅慎独斋刻本　集部总集类家集　十册　山东大学图书馆藏

十二行二十五字，上白口，下黑口，四周双边，版框18厘米×11.6厘米，开本23.8厘米×13.5厘米。

此书收录“三苏”即宋代文学家苏洵、苏轼、苏辙父子三人之文。刘弘毅慎独斋见《十七史详节》。此本藏家无多，比较稀见。钤有“张问陶印”“船山”“何焯之印”“焦氏藏书”“半九书塾”“刘佩宜印”等印。入选第二批《国家珍贵古籍名录》，名录号06494。

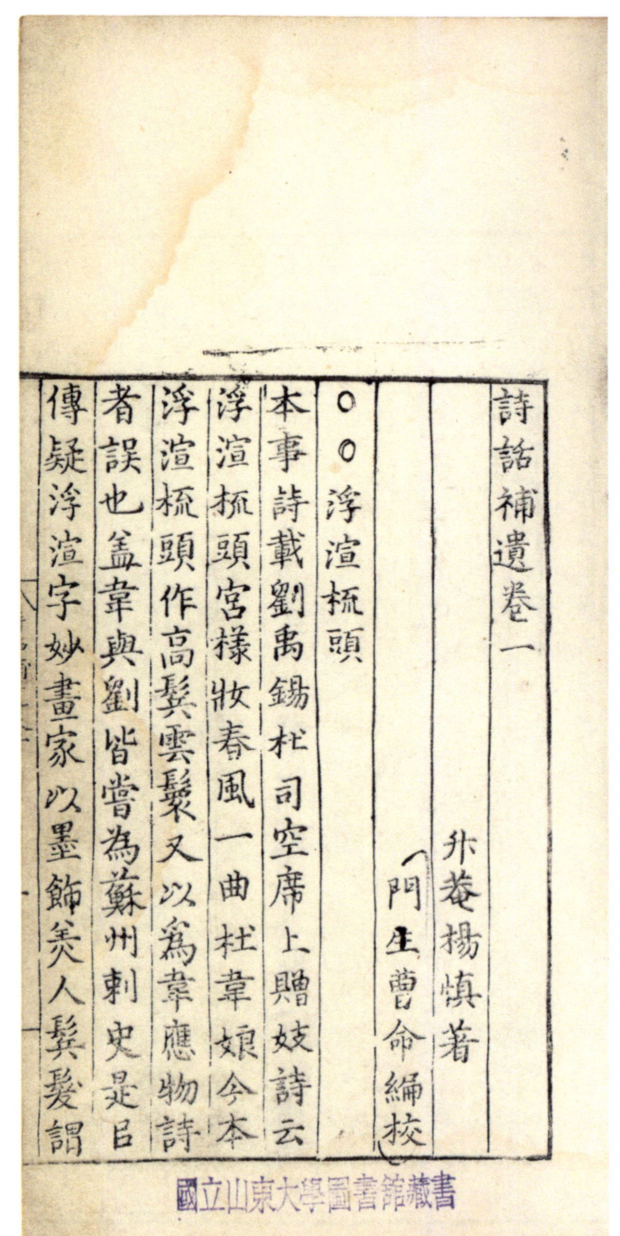

詩話補遺卷一

升菴揚慎著

門生曹命編校

○○浮渲梳頭

本事詩載劉禹錫杜司空席上贈妓詩云

浮渲梳頭宮樣妝春風一曲杜韋娘今本

浮渲梳頭作高髻雲鬟又以為韋應物詩

者誤也蓋韋與劉皆嘗為蘇州刺史是已

傳疑浮渲字妙畫家以墨飾美人鬢髮謂

诗话补遗三卷

（明）杨慎撰　明嘉靖三十五年（1556）曹命刻本［四库底本］　集部诗文评类　三册　山东大学图书馆藏

九行十六字，白口，四周单边，版框 18.5 厘米 ×12.3 厘米，开本 28.5 厘米 ×17.3 厘米。

杨慎简介见《古音丛目》。此书系杨慎谪戍云南后所作，由其门人曹命编次并刊印。曹命，字寿甫，号月轩，明嘉靖间平定州人。较为稀见，海内仅存数部，分藏于四川省图书馆、南京图书馆（有丁丙跋）、山东大学图书馆等馆。此本正文末有墨书“是书为天一阁范懋柱家藏本”，为四库底本，钤满汉文“翰林院印”，有墨笔钩乙。另钤有“一六渊海”“渠丘曹愚盦氏藏书”等印。入选第二批《国家珍贵古籍名录》，名录号 06525。

谈龙录一卷

（清）赵执信撰　清李文藻抄本　集部诗文评类　一册　曲阜师范大学图书馆藏
九行字数不等，开本 25.4 厘米×12.7 厘米。

赵执信简介见《碧云仙师笔法录》。《谈龙录》为赵执信所撰诗话体著作，该书专为批驳王士禛诗论而作，反对王士禛“神韵说”，批评王士禛诗伪饰失实，以富贵而作穷酸之语。该书持论多本常熟冯班、昆山吴乔之说，提出“诗之中须有人在”“诗之外尚有事在”“文以意为主”等主张。此书后有佚名跋语：“此为李南涧先生手抄赵秋谷《谈龙录》之本，上有南涧先生钤记数颗，以后辗转藏于各家，亦各有私记……”钤有“古宣堂”“孙文澜印”“观亭”“近思斋”“率我真”“黄梅石谷风藏书印”“馆陶张氏所得金石书画之章”“墨泉”“李文藻”“时还读我书”“益都孙文澜藏书画记”“香草”“曾经我眼即我有”等印。入选第二批《国家珍贵古籍名录》，名录号 06527。

盼思互校皆门弟子为其所引绳削墨不失尺寸惜才
力穷弱对其篇幅御之生气故常不满人亦不满于人
常熟门人仲是保美梅
男 念寿 馀
庆 幼石 仝校

乾隆壬申夏六月同邑后学李文藻素伯氏重钞于近田寓

此为李南涧先生手抄赵秋谷谈龙录之本，上有南涧先生钤记数颗，以后康
转藏於吾家，亦各有私记。十数年前，余在济南，得自黄谷风手。其间有后
人另钞所书黏粘於后者，乃是释草书真，便於阅读，亦或有以今行刻本
对之耶，均粗浅无足取。此本抄於乾隆十七年六月，尚能保存原稿之本来面
目。余尝取卢雅雨刊本、贷园丛书本及天壤阁丛书本合校之。雅雨本
因此录攻击时人之处甚多，有意回护，节删太多，几失原稿三之一，且有
还改原文之处。如此本「常熟钱木庵良择，推本冯氏，著唐音审体一书」
之语，雅雨本改为「钱塘洪昉思昇，久推本冯氏，著唐音审体一书」。按
唐音审体一书，实出钱木庵手，本不误，贷园本及天壤阁本均因之
无异，雅雨非不知，而故意改之，不仅失原稿之旧，且与事实不合矣。贷

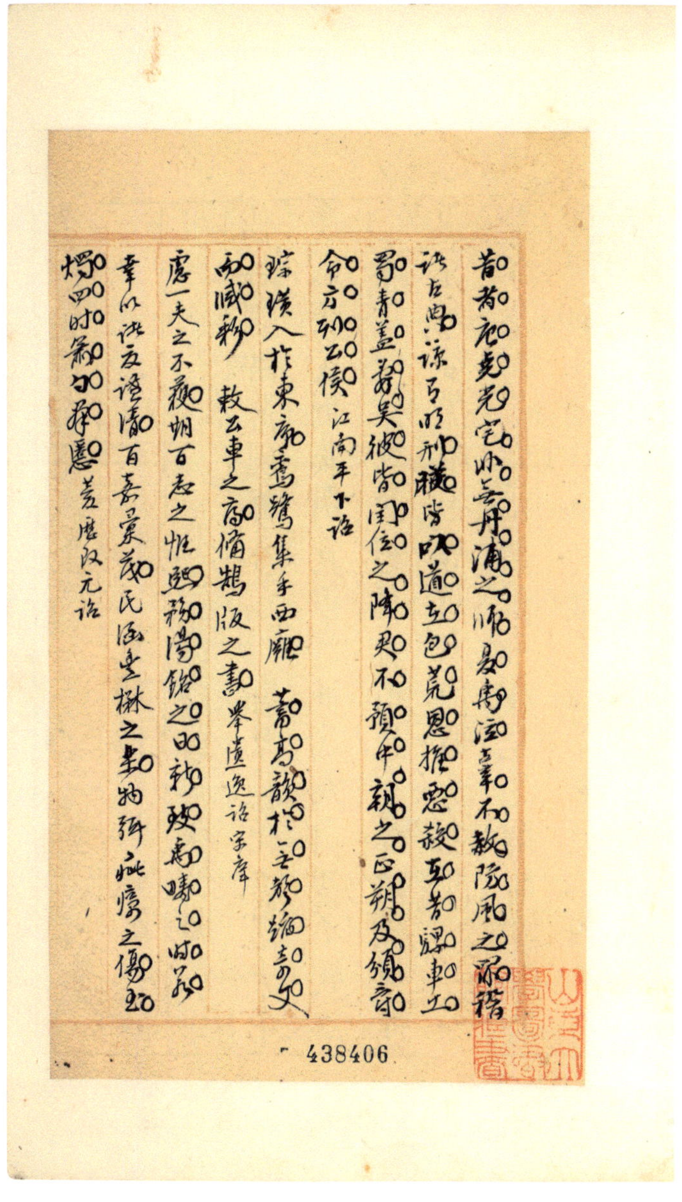

官台公手书宋四六话不分卷

（清）彭元瑞撰　稿本　集部诗文评类　二册　山东大学图书馆藏

九行二十二字，小字双行二十九字，白口，四周双边，版框 19.9 厘米 ×12.2 厘米，开本 29.6 厘米 ×19.9 厘米。

彭元瑞（1731—1803），字掌仍，一字辑五，号芸楣，南昌（今属江西）人。清乾隆二十二年（1757）进士，累官任礼、兵、吏部尚书，加太子少保，协办大学士，卒谥“文勤”。工词翰，有《恩余堂经进稿》《知圣道斋读书跋尾》等著述。此书为彭元瑞手稿，十分稀见。书衣题：“官台公手稿宋四六话乙册，寿臻敬藏。”寿臻，不详何人。四六话是关于骈文的重要文论形式，与诗话、词话并列于文学批评史。此书是对宋代四六话的全面辑录，反映了乾嘉之际文坛骈文、散文逐步走向融合的情况。入选第四批《国家珍贵古籍名录》，名录号 10935。

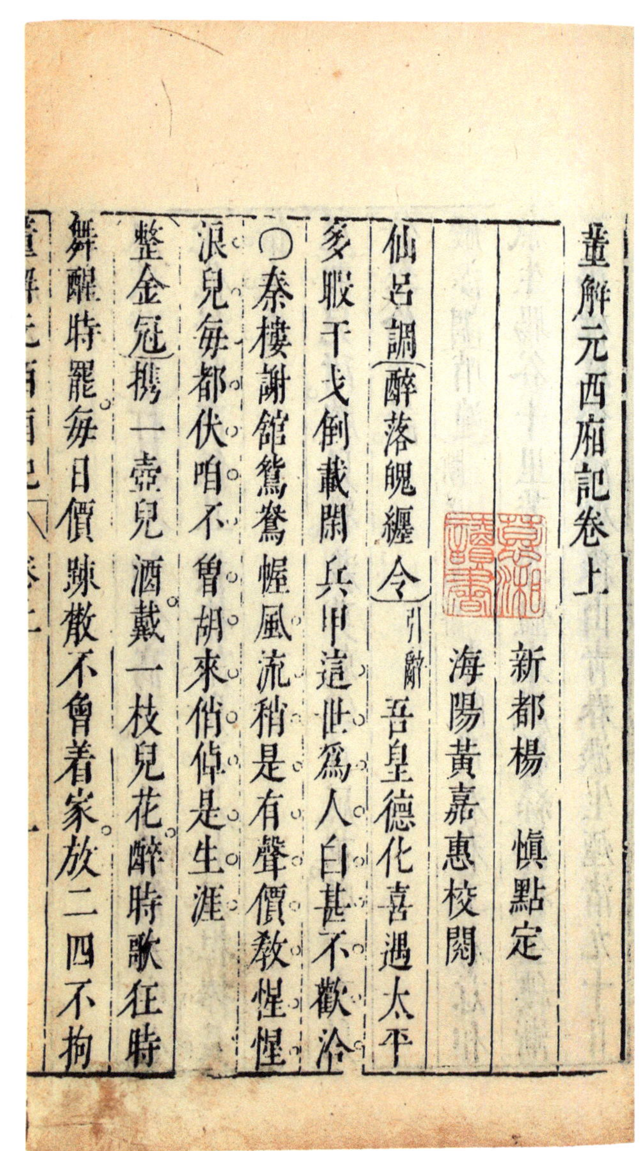
董解元西廂記卷上
新都楊　愼點定
海陽黄嘉惠校閲
仙呂調〔醉落魄纏令〕引辭　吾皇德化喜遇太平
多暇干戈倒載閑兵甲這世爲人白甚不歡洽
〔秦樓謝館鴛鴦幄風流稍是有聲價教惺惺
浪兒每都伏咱不曾胡來俏倬是生涯
〔整金冠〕携一壺兒酒戴一枝兒花醉時歌狂時
舞醒時罷每日價疎散不曾着家放二四不拘

董解元西厢记二卷

明黄嘉惠刻本　集部曲类诸宫调　二册　慕湘藏书馆藏

九行十八字，白口，四周单边，版框 19.5 厘米 ×13.9 厘米，开本 25.4 厘米 ×15.9 厘米。

董解元，生平事迹无考。《董解元西厢记》诸宫调是以唐代元稹《莺莺传》传奇小说为基础而写成的，直接影响了王实甫《西厢记》杂剧的产生。它是今存宋金诸宫调最完整的作品，代表彼时民间文艺的最高水平。此书有二卷本、四卷本、八卷本等不同版本系统。八卷本有明嘉靖张羽刻本、明适适子刻本存世，四卷本有明末闵齐伋《西厢六幻》朱墨套印本，二卷本有明万历周居易刻本、明黄嘉惠刻本、清道光刻本等。黄嘉惠本世不多见，国家图书馆藏一部，缺序少图；山东省图书馆藏一部，有清王筠跋；中山大学图书馆藏一部。慕湘藏书馆此本有慕湘将军为中国书店影印本所作序。钤有“森我氏”“积庆堂”“慕湘读书”等印。入选第二批《国家珍贵古籍名录》，名录号 06538。

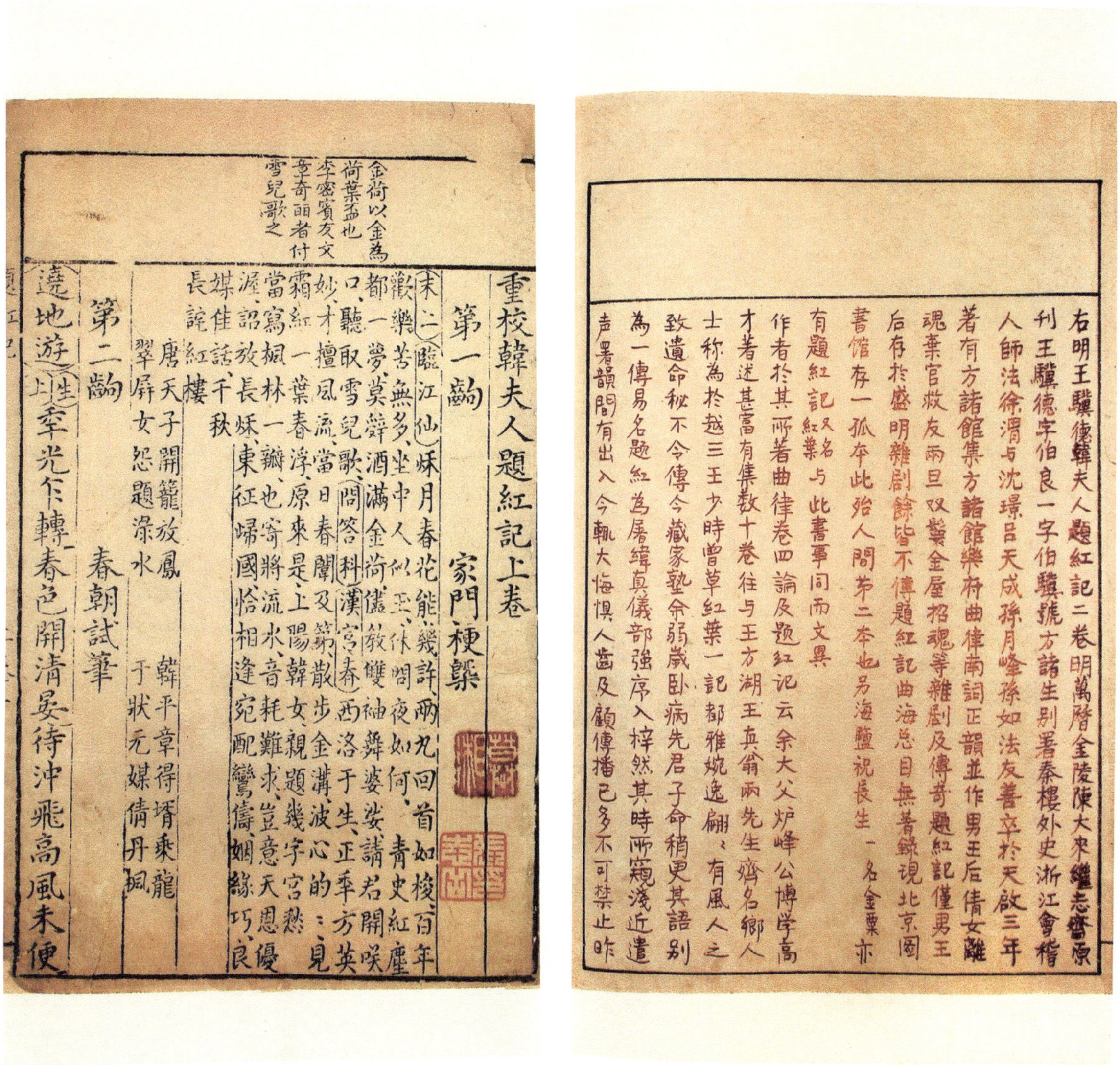
重校韓夫人題紅記上卷
第一齣　家門梗槩
（末上）（臨江仙）妖月春花能幾許，兩九回首如梭，百年歡樂苦無多，坐中人似玉，休問夜如何。青史紅塵都一夢，莫辭酒滿金荷，儘教雙袖舞婆娑，請君開口，聽取雪兒歌。（問答科）（漢宮春）西洛于生，正季方英妙，才擅風流。當日春闈及第，散步金溝，波心的的，見霜紅一葉，春浮，原來是上陽韓女，親題幾字宮愁。當寫桐林一瓣，也寄將流水，音耗難求。豈意天恩優渥，詔放長妖。東征歸國，恰相逢宛配鸞儔。姻緣巧，良媒佳話，千秋長詫紅樓。
唐天子開籠放鳳　韓平章得婿乘龍
翠屏女怨題溝水　于狀元媒倩丹楓
第二齣　春朝試筆
（生上）（遶地遊）華光乍轉，春色開清晏，待沖飛高風未便

金荷以金為荷葉盃也李密賓友文章奇麗者付雪兒歌之

右明王驥德韓夫人題紅記二卷明萬曆金陵陳大來繼志齋原刊王驥德字伯良一字伯驥號方諸生別署秦樓外史浙江會稽人師法徐渭与沈璟呂天成孫月峰孫如法友善卒於天啟三年著有方諸館集方諸館樂府曲律南詞正韻並作男王后倩女離魂棄官救友兩旦双鬟金屋招魂等雜劇及傳奇題紅記僅男王后存於盛明雜劇餘皆不傳題紅記曲海总目無著錄現北京圖書館存一孤本此殆人間第二本也另海鹽祝長生一名金粟亦有題紅記又名紅葉与此書事同而文異
作者於其所著曲律卷四論及題紅記云余大父炉峰公博学高才著述甚富有集數十卷往与王方湖王真翁兩先生齊名鄉人士称為於越三王少時曾草紅葉一記都雅婉逸翩翩有風人之致遺命秘不令傳今藏家塾余弱歲臥病先君子命稍更其語別為一傳易名題紅為屠緯真儀部強序入梓然其時所窺淺近遺声畧韻間有出入今輒大悔惧人齒及顧傳播已多不可禁止昨

重校韩夫人题红记二卷

（明）王骥德撰　明陈氏继志斋刻本　集部曲类传奇　二册　慕湘藏书馆藏

十行二十字，白口，四周单边，版框 21.3 厘米 ×13.9 厘米，开本 27.6 厘米 ×17.1 厘米。

王骥德（？—1623），字伯良，一字伯骥，又号秦楼外史，会稽（今属浙江绍兴）人。明代戏曲家、曲论家。师从徐渭，与沈璟、孙如法、吕天成等人交谊深厚。作杂剧五种，今仅存《男王后》；传奇戏曲四种，仅存《题红记》。此书是王骥德据祖父王炉峰所作《红叶记》改编而成，二卷三十六出，写宫女韩翠屏红叶题诗为儒生于佑所得及最后两人美满结局的故事。此书现存刊本仅有继志斋本。继志斋是明代万历后期南京地区较大的书坊，所刊行戏曲等通俗书刊最为有名。坊主陈邦泰，字大来，又署陈甫，秣陵人，生平事迹不详，曾刊刻传奇二十余种，《题红记》即是其一。此书图文并茂，十分精美。目前所知，此本海内现仅存两部，另一部藏国图。慕湘跋。钤有“张志岳印”“慕湘”等印。入选第二批《国家珍贵古籍名录》，名录号 06565。

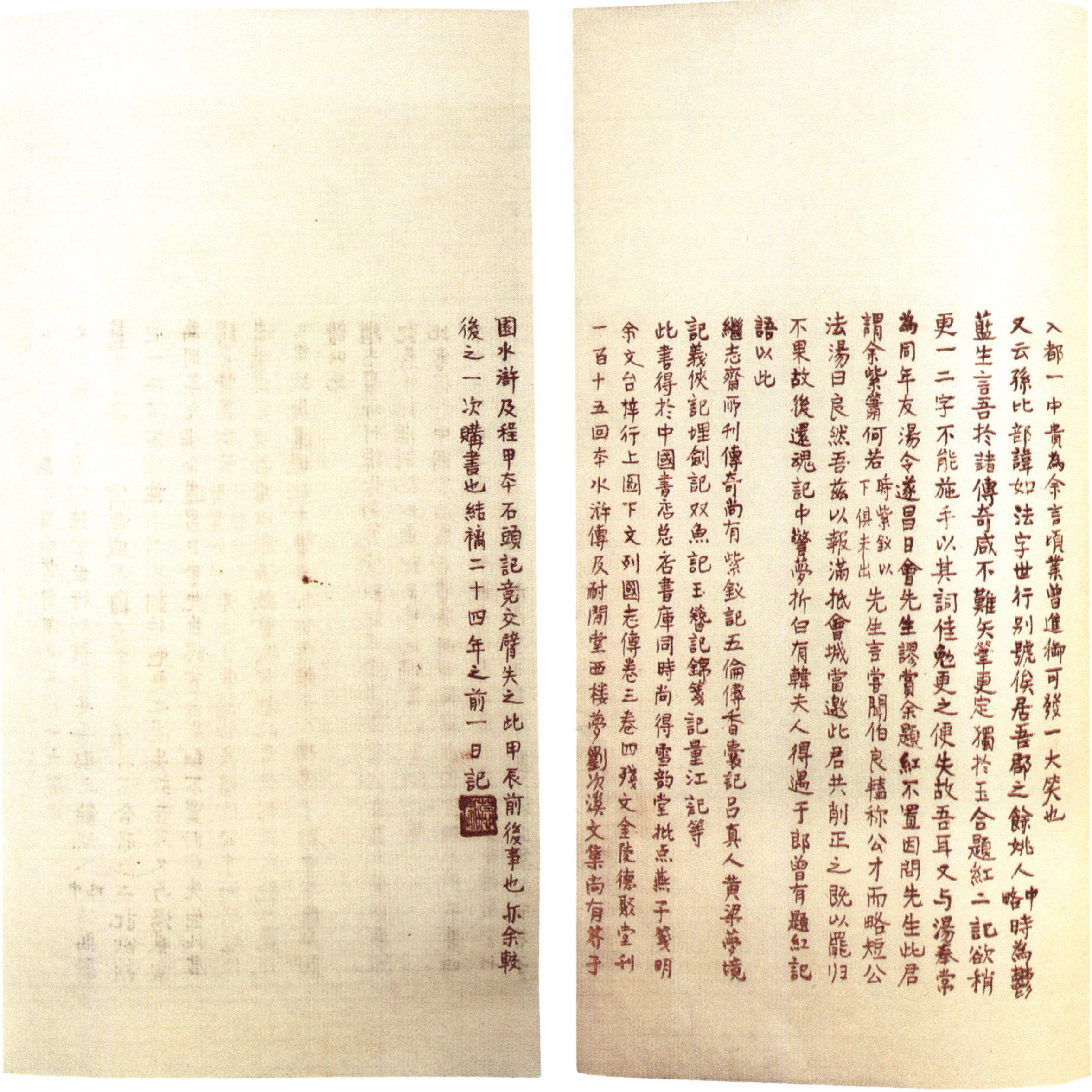

入都一中貴為余言頃業曾進御可發一大笑也
又云孫比部諱如法字世行别號俟居吾鄉之餘姚人中時為藝
藍生言吾於諸傳奇咸不難矢筆更定獨於玉合題紅二記欲稍
更一二字不能施手以其詞佳勉更之便失故吾耳又与湯奉常
為同年友湯令遂昌日會先生謬賞余題紅不置因問先生此君
謂余紫簫何若時紫釵以下俱未出先生言嘗聞伯良藉称公才而略短公
法湯曰良然吾兹以報滿抵會城當邀此君共削正之既以罷归
不果故後還魂記中警夢折白有韓夫人得遇于郎曾有題紅記
語以此
繼志齋所刊傳奇尚有紫釵記五倫傳香囊記吕真人黄粱夢境
記義俠記埋劍記双魚記玉簪記錦箋記量江記等
此書得於中國書店总店書庫同時尚得雪韵堂批点燕子箋明
余文台梓行上圖下文列國志傳卷三卷四殘文金陵德聚堂刊
一百十五回本水滸傳及耐閒堂西樓夢劉次漢文集尚有芥子
園水滸及程甲本石頭記竟交臂失之此甲辰前後事也亦余較
後之一次購書也結褵二十四年之前一日記

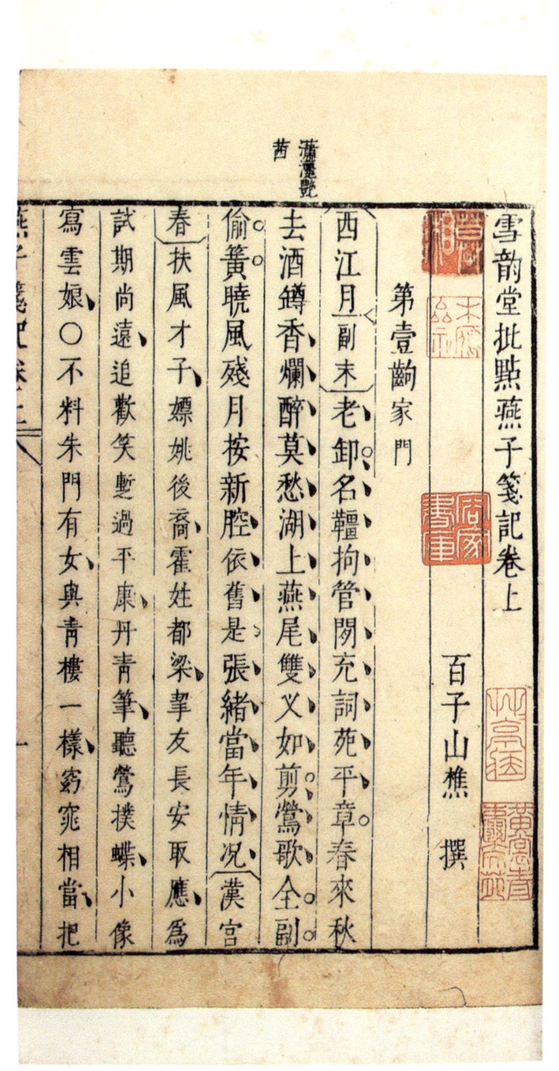

雪韵堂批点燕子笺记二卷

（明）阮大铖撰　明末刻本　集部曲类传奇　二册　慕湘藏书馆藏

九行二十字，白口，四周单边，版框 20.9 厘米 × 14.3 厘米，开本 29 厘米 × 18.1 厘米。

阮大铖（1586—1646），字集之，号圆海、石巢、百子山樵，桐城（今属安徽）人。明万历四十四年（1616）进士，历官兵部尚书、右副都御史、东阁大学士。著名戏曲家，所作传奇有《春灯谜》《燕子笺》《双金榜》《牟尼合》，合称“石巢四种”，其中，尤以《燕子笺》最胜。《燕子笺》版本众多，有咏怀堂新编本、怀远堂批点本、雪韵堂批点本等，三种皆有明末刻本。清人李慈铭《越缦堂读书记》曾载：“得《燕子笺》一册，大字旧纸，尚是百子山樵原刻也。直六千，上、下卷各有图六幅，极精妙。首标雪韵堂批点。……此亦甚难得也。”较稀见。黄裳跋。钤有“孝慈点翰”“来燕榭珍藏记”“黄裳百嘉”“黄裳”“冰雪为心”“黄裳珍藏善本”“平妖堂”“鄞马廉字隅卿所藏图书”“慕湘”等印。入选第四批《国家珍贵古籍名录》，名录号 10986。

近日華東戲曲會演有崑曲數場中有狗洞一折絕妙即此本之好處也歸寓檢書復閱一遍阮髯筆墨之妙今猶可于紙上覘之燕子春鐙才人筆墨永壽歌壇殺青甚草草易姓青樓為幸遠矣

甲午秋日

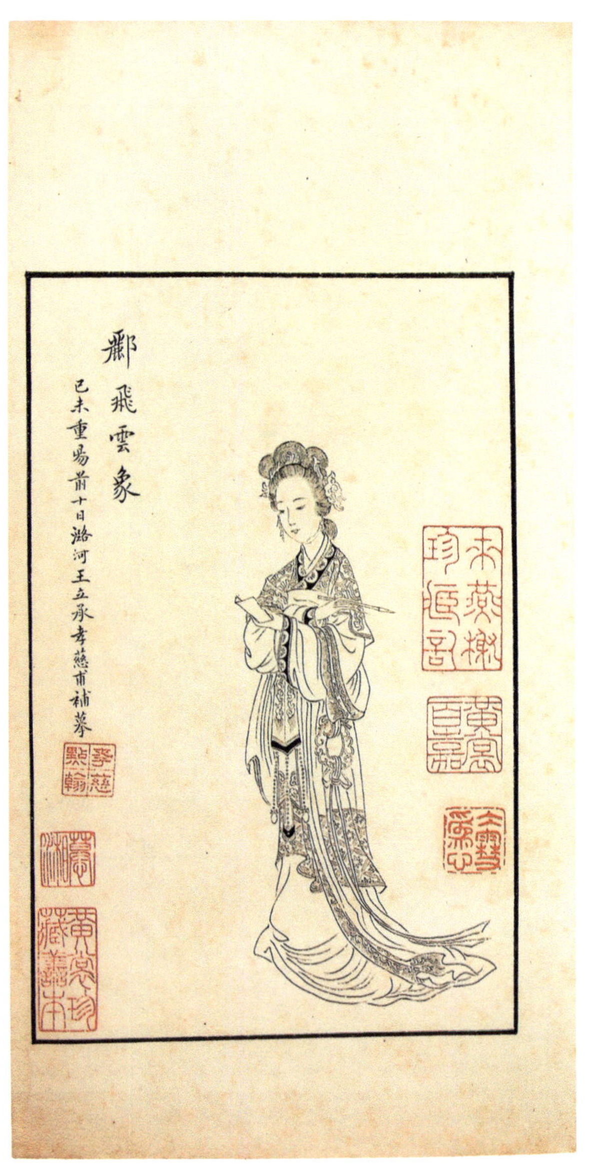

酈飛雲象
己未重陽前十日潞河王立承李慈市補摹

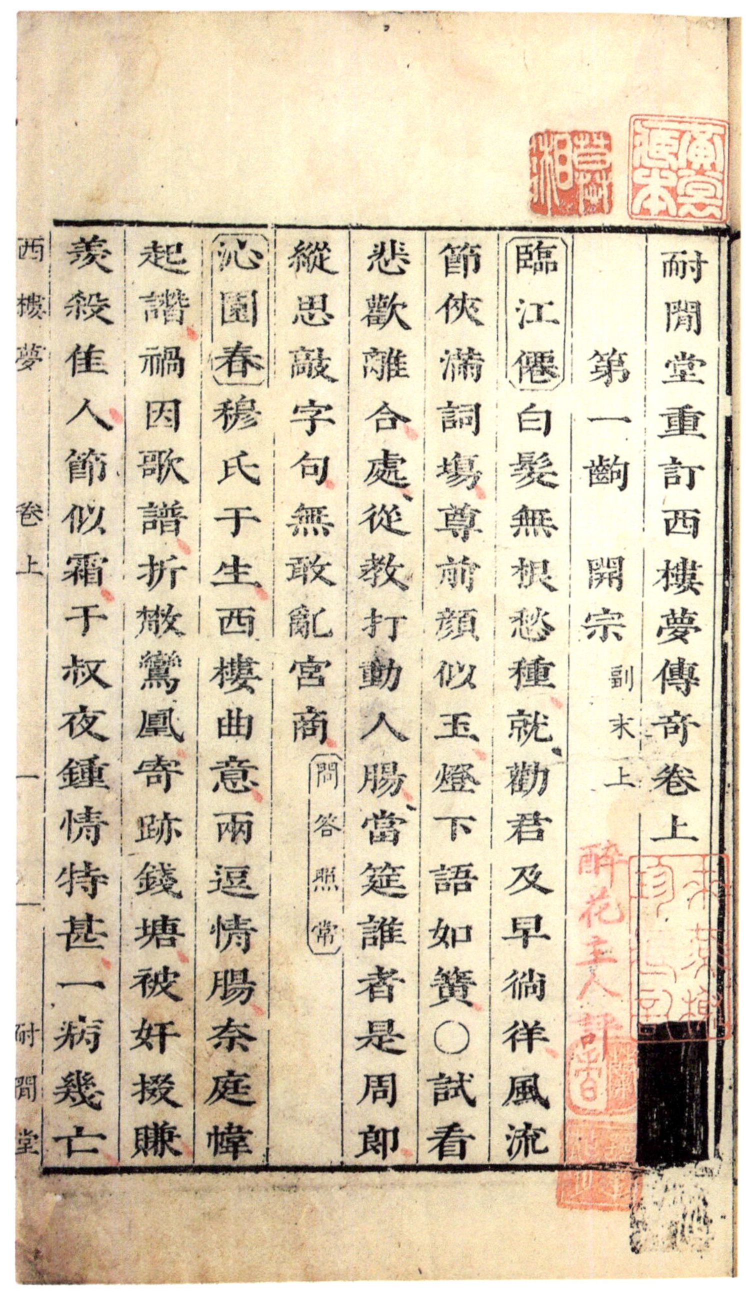

耐閒堂重訂西樓夢傳奇卷上

第一齣 開宗 劉末上

臨江仙 白髮無根愁種就勸君及早徜徉風流節俠滿詞場尊前顏似玉燈下語如簧○試看悲歡離合處從教打動人腸當筵誰者是周郎縱思藏字句無敢亂宮商 問答照常

沁園春 穆氏于生西樓曲意兩逗情腸奈庭幃起譜禍因歌譜折散鸞鳳奇跡錢塘被奸撥賺羨殺佳人節似霜于叔夜鍾情特甚一病幾亡

西樓夢 卷上 一 耐閒堂

耐闲堂重订西楼梦传奇二卷

（清）袁于令撰　清初耐闲堂刻本　集部曲类传奇　二册　慕湘藏书馆藏

九行十八字，白口，左右双边，版框 19.2 厘米×13.9 厘米，开本 25.8 厘米×16.8 厘米。

袁于令（1592—1672），原名韫玉，又名晋，字令昭，号凫公、箨庵、幔亭、白宾、吉衣主人等，吴县（今属江苏苏州）人。此书描写江南才子于鹃与名妓穆素徽之间悲欢离合的爱情故事。此书版本稀见，日本内阁文库藏一部，国内除慕湘藏书馆这部外，国图藏本只存下卷。黄裳、慕湘跋。钤有“黄裳藏本”“来燕榭珍藏记”“黄裳小雁”“兰香”“慕湘”等印。入选第二批《国家珍贵古籍名录》，名录号 06576。

定山堂集有袁鳧公水部招飲演所著西樓傳奇同秋岳賦二首靜惕堂集亦有令昭水部招同百史岂凡兩少宰芝麓奉常孝緒太史雪航侍御爾唯舒章兩中翰演自度西樓曲即席賦二首龔曹詩同時所賦席間皆南中故人溧陽吳江兩相時皆為少宰芝麓為奉常貳臣傳言順治二年九月龔遷太常寺少卿作此詞時當在乙酉也是亦可證此本墨板在崇禎中也

乙未三月初四日雨窗少記故事數則遣悶 黃裳

艷塵詩話卷中云顧使君觀西樓傳奇云翠鈿指得在花園月動花精宿夜魂今日樽前看白美眉尖一半舊啼痕自注白美木姬本名也故址在秀野園亭案今院本作穆素徽蓋假木之音為穆假白美之美為素徽耳樓後為余婦家所得婦翁為太守雨軒公生于此樓今不知更屬何姓矣 案此又一異說与前跋所引孟心史說不同惜孟擬考證時未見此也 乙未四月初十夜記

此晚明刻西樓夢二卷今春得于吳下護龍街上頗自得意袁于令西樓記崇禎末造盛行一時有劍嘯閣刻本此則作西樓夢未之前見惜圖象佚去三葉付工重裝今始寄至遂記卷尾乙未雨水

册府千華
山东省藏国家珍贵古籍特展图录
丛　部

漁樵對問

康節先生邵　雍　堯夫

漁者垂釣于伊水之上樵者過之弛檐息肩坐于磐石之上而問于漁者曰魚可鉤取乎曰然曰鉤非餌可乎曰否曰非鉤也餌也魚利食而見害人利魚而蒙利其利同也其害異也敢問何故漁者曰子樵者也與吾異治安得侵吾事乎然亦可以爲子試言之彼之利猶此之利也彼之害亦猶此之害也子知其小未知其大魚之利食吾亦利乎食也魚之害食吾亦害乎食也子知魚終日得食爲利又安知魚終日不得食不爲害如是則食之害也重而鉤之害也輕子知吾終日得魚爲利又安知吾終日不得魚不爲

百川学海一百种一百七十九卷

（宋）左圭编　明弘治十四年（1501）华珵刻本　丛部汇编类　六十四册　山东大学图书馆藏

十二行二十字，小字双行同，白口，左右双边或四周单边，版框 19.5 厘米 ×14 厘米，开本 24.7 厘米 ×17 厘米。

左圭，字禹锡，号古鄮山人，生平事迹不详。该书系其于南宋咸淳九年（1273）辑刊的丛书，共十集，虽成书晚于《儒学警悟》，但流传更广、影响更大，开后世辑印丛书之风。此书存世宋刻本有残缺，此明弘治华珵刻本为存世最早、最全之本。华珵（1438—1514），字汝德，无锡（今属江苏）人。富藏书，所制活版甚精密，每得秘书，不数日而印本即出。又善鉴别古奇器、法书、名画，筑尚古斋，储存其中。钤有“九峰旧庐藏书记”“杭州王氏九峰旧庐藏书之章”等印。入选第二批《国家珍贵古籍名录》，名录号 05006。

历年“册府千华”系列展览举办情况

年份	场次	举办单位	展览名称
2014	3	湖北省图书馆	册府千华——湖北省藏国家珍贵古籍特展
		山东省图书馆	册府千华——山东省藏国家珍贵古籍特展
		江苏南京图书馆	册府千华——江苏省藏国家珍贵古籍特展
2015	4	湖南图书馆	册府千华——湖南省藏国家珍贵古籍特展
		国家图书馆	册府千华——西域文献保护成果展
		国家图书馆	册府千华——珍贵古籍雕版特展
		国家图书馆	册府千华——民间珍贵典籍收藏展
2016	2	浙江图书馆	册府千华——浙江省藏国家珍贵古籍特展
		广东省立中山图书馆	册府千华——广东省珍贵古籍特展
2017	6	贵州省图书馆	册府千华——贵州省藏国家珍贵古籍特展
		内蒙古自治区图书馆	册府千华——内蒙古自治区藏国家珍贵古籍特展
		四川省图书馆	册府千华——四川省图书馆藏国家珍贵古籍暨四川省古籍保护十周年成果展
		河南省图书馆	册府千华——河南省藏国家珍贵古籍特展
		云南省图书馆	册府千华——云南省藏国家珍贵古籍特展
		青海省图书馆	册府千华——青海省藏国家珍贵古籍特展
2018	8	江苏南京图书馆	册府千华——2018 江苏省藏国家珍贵古籍特展
		广西壮族自治区图书馆	册府千华——广西壮族自治区藏国家珍贵古籍特展
		吉林省图书馆	册府千华——吉林省珍贵古籍特展
		云南迪庆藏族自治州图书馆	册府千华——纳格拉洞藏经修复成果展
		山西省图书馆	册府千华 妙手匠心——山西省古籍保护成果展
		浙江绍兴图书馆	册府千华——绍兴市古籍保护成果展
		山东省图书馆	册府千华 守望文明：泰山·黄河·孔子——山东珍贵古籍展
		宁夏回族自治区图书馆	册府千华——宁夏回族自治区珍贵古籍特展

续表

年份	场次	举办单位	展览名称
2019	2	黑龙江省图书馆	册府千华——黑龙江省藏国家珍贵古籍特展
		辽宁大连图书馆	册府千华——大连地区藏国家珍贵古籍特展暨古籍保护成果展
2020	2	重庆图书馆	册府千华——重庆市藏国家珍贵古籍特展
		江西省图书馆	册府千华——江西省藏国家珍贵古籍特展
2021	3	江苏苏州图书馆	册府千华——苏州市藏国家珍贵古籍特展
		浙江大学图书馆	册府千华：中国与亚洲——浙江大学藏中外善本珍本图书
		南京大学图书馆	册府千华·南雍撷珍——南京大学古籍菁华展 暨中国古代套色版画特展
2022	4	四川大学图书馆	册府千华·锦水含章——四川大学古籍菁华展
		苏州图书馆	册府千华——《永乐大典》与苏州文献展
		扬州市图书馆	册府千华——扬州运河文化典籍展
		湖北省图书馆	册府千华——湖北省藏珍贵古籍特展